幼兒教育課程設計

□陳淑琦著□

作者簡介

陳淑琦

學歷：台灣師範大學人類發展與家庭教育學系博士班畢業
　　　中國文化大學兒童福利研究所碩士班畢業
經歷：中國文化大學教育學系講師
現任：台北市立教育大學幼兒教育學系副教授

序　言

　　動筆寫這本書雖是七、八年前的事，但接觸並關心幼教課程，卻是大學時代選擇以幼教爲主修就開始了。當時，還和同組同學共組「童心小組」，以關心幼兒提昇幼教爲己任；經常討論幼兒需要何種課程，及如何做才是啓發或開放教育等問題。

　　於是幼教前輩張雪門、陳鶴琴等先進的名字、著作與貢獻，逐漸出現在所收集的資料中；對他們在我國幼教開創之初所做的努力，及結合研究於實務之中，以發展出本國幼教課程的精神感到相當的敬佩。尤其是閱讀張雪門先生的授課實錄，看他輕鬆的引導學生探討課程設計的理論，集豐富的實務經驗與學識於一身；深感幼教人的理論必來自現場。這樣的信念也成爲自己在幼教路上的寫照。

　　接著上了研究所，遇到另一群主動學習的同學；以及剛從美國學成歸國的邱志鵬所長。一下子，兒童發展不再只是各階段各特質的發展，還有各種不同的觀點及理論；課程也不再只是五指活動課程、行爲課程、單元教學活動設計或發現學習課程；更是一套套有著洋名字的教育方案。對於幼教，除了老問題，更有一直存在而未探討的問題；諸如：幼兒何以需要教育？那些因素影響幼教？我國需要何種幼教？自然又成爲同學間談論的焦點。

　　隨之，國內談論幼兒教育或教養的書籍也逐漸多了起

來，不過，有系統地談論幼教課程設計的專書卻仍然有限。因此，當自己必須教授這門課時，除了整理市面上五花八門的現成教材，更直接從第一線的幼教經驗中，去分析國內幼教課程發展與設計的問題；天真的希望自己能整理出一本脈絡清楚，兼具理論與實務的專書。怎料，越是整理就越覺得不足；加上個人的教學與幼教現場工作，已佔去每天太多的時間與精力，使得完成此書的日期總遙遙無期。

終於，今年暑假時決定對本書做最後一次的修改，並接受其中的不成熟與不周全，例如：尚未探討特殊需求幼兒的課程等。而將書中所探討的課程概論、幼教課程發展與設計、幼兒單元教學活動設計，以及方案式課程；當成是過去多年來所關心、投入、觀察與思考幼教課程的一段記錄。

然後，如果有幸蒙幼教前輩或課程專家的賜教，或是莘莘學子求知的討論，想必會是另一段記錄的開始；這又何嘗不是一件好事呢？是故，在心理出版社的支持及編輯蔡幸玲的專業與費心下，這本書得以不再害羞的和大家見面。

回顧此書，最要感謝的是許多幼教前輩鑽研幼教及發展課程的成果，沒有他們也就沒有今日可以思辨的內容。其次，是從大學獲得幼教啟蒙以來，受到周圍良師益友的鼓勵支持最多；特別是在兒童福利研究所讀書及青少年兒童福利學系所附設兒童中心工作的歲月裡，雖然辛苦，但也因此驗證理論與實務間，並非空想而是執著與理想。

故謹以此書向兒福系所兒童中心的幼兒、教師及歷屆主任，熊慧英教授、俞筱鈞教授、周震歐教授、邱志鵬教

授，及現任主任郭靜晃教授致敬；沒有這個可愛的中心，書中的理論將會因為缺乏起始與驗證的現場而失色。

　　最後，祝福疼愛幼兒、關心幼教的伙伴們，因著大家的耕耘；這門專業也能得到相同的疼愛與關心！

陳淑琦　謹誌

目　　錄

第一篇

課程概論

提起課程成為一種研究的領域應是近七十多年的事，雖然研究不少，但爭議也很多（Ornstein & Hunkins, 1988；王文科，民77；黃政傑，民80）；一來課程的研究者往往是來自不同背景的專家，共同分享對課程此一領域的興趣與心得，角度上有許多的不同；再者，課程的發展易受社會變遷及思潮的影響，不僅不同階段有不同的看法，就是同一時期也未必意見一致。所幸，課程論間雖出現不一致的觀點，但大家關心的大方向倒還相同。

至於國內對課程領域的研究起步又更晚，不免以吸收國外學者的看法為起點；加上許多課程研究者往往不是實務工作者，而實務工作者卻缺乏時間將實際與課程有關的問題，進行系統化的研究與分析。故有關課程理論的建立與實施效果的評估及改進，仍有待加強。

尤其國內機構式的幼兒教育雖漸被重視，但發展的條件尚不十分理想；目前，不管是幼稚園或托兒所教師的工作量都很大，一頭埋入實務工作的狀況將更形嚴重；其中工作人員對課程理論的瞭解不足者為數不少，而專門研究幼教課程理論者又未必全都熟悉幼教工作的情形。故面對學院派所研討的課程，如何與實務界所實施的課程相互銜接，互為修正；不僅是課程研編者所關心的問題，更是幼教界必須努力的方向。

因此，本篇擬將與「課程」有關的論題，如：課程觀點、課程定義、課程的基礎、課程內涵（課程發展與課程設計）、課程評量及課程實施等，稍做整理；但文獻間的意見並不一致，故本篇只能盡量呈現有關的看法，希望有助於大家在探討幼教課程前，澄清一些課程的基本概念。

第一章

緒論

● 知道課程發展爲研究領域的過程

● 認識課程的觀點

● 建立本身對課程的觀點

● 認識課程的定義

● 知道學者對幼兒教育課程所下的定義

● 瞭解學校課程的結構

● 澄清自己對幼兒教育課程定義的看法

● 認識課程組成的要素

● 建立對課程此一領域的基本概念

　　談起「課程」成爲教育機構爲學生所計畫安排的學習活動，且被視爲一個有系統的研究領域；應是一九一八年以後的事了。在這七十多年的研究過程中，許多課程的論

題，如：課程的觀點、定義、結構、基礎、內涵（發展與設計）、課程理論與實務，以及課程與教學；都成為課程專家探究的範圍。

本章擬先說明課程如何成為一研究領域的過程，再就其中較基本的概念，如：課程觀點（curriculum approaches）、課程的意義與結構，進行討論，然後簡介課程的組成要素；以便在眾說紛紜的課程論中，取得探討往後各章的共識。

第一節　課程成為一研究的領域

　　基本上，在一九一八年巴比特 (Bobbit, 1918) 出版「課程」一書之前，他已從事與課程設計有關的工作；但書的出版，使得課程理論與設計的方法有了具體的方向；而一九二四年他又推出「如何編製課程」一書，更奠定課程成為一研究領域的基礎。本節根據歐用生(民72)；黃炳煌(民75)；黃政傑（民80），以及翁斯坦與漢京斯 (Ornstein & Hunkins, 1988) 的說明，將課程成為一研究領域的過程摘要如下：

一、巴比特 (Bobbitt, 1876-1956) 與查特斯 (Charters, 1875-1952)

　　一九一八年，巴比特將當時科學管理的原則應用於課程設計上；並將目標概念化應用於課程發展上。其步驟有三：

1. 把人類需要的能力，列成一個完全的表，定為教育目標。
2. 提出許多的兒童動作與經驗，以實現其目標。
3. 對於各學科加以價值討論，以為編製課程的原理。(楊國賜，民78)

第一章　緒論

009

他將課程工學比喩爲鐵道工學。此種「學校如工廠」的課程理論及「活動分析」(activity analysis)，特別注重生產的標準化、預定和效率。但此法會有兩大困難：

1. 活動分析法所得到的是人類實際從事的活動，而不是人類依其理想和價值標準所應當從事的活動。
2. 即使可用此法得到人類所應從事的活動，只怕社會情形已變，失去時效。且成人生活的需要並不等於學生的需要。

接著查特斯(Charters, 1924)則依「工作分析法」(job analysis) 將教學活動加以分析，並依此提出課程編製的方法。即首先決定教育的理想，然後確定這些理想所應包含的活動，因爲理想要透過活動達成；最後把這些理想和活動分析爲施教單元，以便學生一一加以學習。

二、洛格 (Rugg, 1886-1960) 與凱斯威爾 (Caswell, 1901-　)

在一九二〇年後期至一九四〇年之間，出版了不少有助於教師設計課程的書籍。其中洛格除是當時全國教育研究會 (NSSE: National Society for the Study of Education) 的主席，還於一九二七年和會員共同完成一本包涵課程設計的過去與現在及課程設計的基礎的年刊。

雖然，洛格頗受巴比特的影響，但他更是一個主張完整兒童教育及教育應配合社會脈動的進步教育思想家，及重建主義的先驅。不過，即使是如此，洛格也不認爲學生偶發的需求與興趣可作爲課程的基礎，因爲這樣的課程既

缺乏順序也無法預知後果；所以他相信課程應由教師加以設計出目標與相關的活動。

　　至於凱斯威爾，除認為課程有三個主要的成份：內容、教師的教學及學生的學習，三者必須兼顧方是完備的課程外；為了要幫助教師更有系統的設計課程，他和同事提出下列七個問題，至今都還相當適用：

　　1.何謂課程？
　　2.課程何以需要修訂？
　　3.科目教材具有何種功用？
　　4.如何決定教育目標？
　　5.如何組織課程？
　　6.如何選擇科目教材？
　　7.如何評量教學的結果？

三、泰勒 （Tyler, 1902- ） 的基本原理

　　泰勒認為教育是改變人類行為形式的一種過程。而課程、教學與學習的範圍都是可以感覺得到，可以量化、操作、外表性的行為。因此，編製課程的第一步是以行為主義的觀點，來訂立明確而不含糊的行為目標，依據這些目標選擇教材，組織內容，發展教學程序，並實施教學評鑑。因此，他提出四個發展課程的根本問題：(1)學校應該追求那些目標？(2)要提供那些經驗才可達成目標？(3)如何有效的組織這些經驗？(4)如何確知這些目標正被實現？（Tyler，1949）對課程理論所造成的影響頗大。

　　然後，泰勒的學生塔巴（Taba, 1962）則對目的（aims）

和目標（objectives）的異同，做了明確的區分，認為「目的」是廣泛的敍述意向或意圖；而將一般敍述的目的分析為特定的行為目標，是課程發展的重要功臣之一。

另布魯姆（Bloom, 1956）、克羅斯華等（Krathwohl, Bloom & Masia, 1964）、及哈羅（Harrow, 1973）等更將教育目標分成三個領域：即認知的、情意的、技能的，並認為教育目標應敍述教學的結果，即：學生如何行動，如何思考，如何感覺，這些行動從低層次到高層次，從表面到內在，從被動到主動，從不安到穩定，從機械、模仿到有意向與創造；於是在不斷的發展中，課程目標的訂定趨向明確、清晰及特殊化。目標的用語也由教學目的，變成教學目標，再變為行為目標或作業目標，行為導向的特徵越趨明顯。

不過，自一九七○年以後，針對課程是達成「有意圖的學習結果」的手段，及課程發展是標準化、理性化的過程的論點；又引起改革的聲浪。改革者認為教育並非達成目的的手段，而是一種過程；課程設計或發展應以兒童的興趣、能力和經驗為中心，而非依據所欲達成的結果。但不可諱言的，今日國際間的競爭，學業成就又再度受到重視。而課程發展的要素也離不開泰勒所提的目標、內容、方法及評量等四項。

總之，在這七十多年裡，課程的研究逐漸成為一門科際整合、並有專門的方法與理論的領域。而其中各家根據本身的專業背景相繼提出盛行一時的課程觀點，將於下一節繼續討論。

本節思考重點

1. 試從上述課程成為研究領域的過程中，找一位有關人士的著作，研讀它；並寫下心得？

第二節　課程的觀點

所謂「課程觀點」（curriculum approaches），指的是一組整體性的觀點，包括對課程基礎（本篇第二章將專文說明），即影響和形成課程內容與組織的基本力量；如：哲學觀、歷史觀、心理學及社會論題等的看法。且由於各課程專家或研究者的背景及關注點不同，所產生的課程觀點自然也有不同。

故本節僅以黃政傑（民80）書裡，提到艾斯納與范蘭絲（Eisner & Vallance, 1974）所歸納的五種課程的觀點，及翁斯坦與漢京斯（Ornstein & Hunkins, 1988）書中所介紹的工業科學觀(technical scientific approaches, 簡稱工學觀) 與非工學觀 (nontechnical & nonscientific approaches) 說明之：

一、艾斯納與范蘭絲所歸納的課程觀點

根據艾斯納與范蘭絲的說法，課程的觀點可歸納為認知過程發展觀、科技觀、自我實現或完全經驗觀、社會重建或社會關聯觀與學術理性觀；現分述如下：

㈠認知過程發展觀

主張以學生如何學為觀點，即重視求知的過程及心智技能的運用，因而貶低學習內容的價值。

㈡科技觀

重視課程計畫的過程及教學方法，強調有效的包裝及呈現教材。

㈢自我實現或完全經驗觀

主張學校應重視此時此刻，提供豐富的個人經驗給學習者，幫助學生透過現在的自然經驗，成長發展，朝向各人的自主。

㈣社會重建或社會關聯觀

主張課程應導引學習者探討當前的社會問題，協助學習者適應社會的變動，並促進社會的改變。

㈤學術理性觀

主張教育的目的在傳遞偉大思想家的觀念與作品，故學校教導的是選擇性的知識，及探究這些知識的方法。

二、翁斯坦與漢京斯所介紹的課程觀點

翁斯坦與漢京斯則將課程觀點分為工學觀及非工學觀兩大類：

㈠工學觀

　　此觀點主要與傳統的學說及具形式的教育模式有關。在此觀點下又可分行爲哲理觀、系統管理觀及知識理論觀三種：

1. 行爲哲理觀 (behavioral-rational approach)

　　起源於美國支加哥大學，代表人物有巴比特、查特斯及泰勒。由於它用於所有的學科已有三分之二個世紀之久；稱得上是最老且最主要的課程觀點，其特點是具有明確的目標，及配合目標而來的內容與活動，並在學習之後針對目標加以評量。不過，隨著時代的演變，以此觀點來發展或設計課程的人，往往與自己或他人是否以此觀點來歸類他們無關。

2. 系統管理觀 (systems-managerial approach)

　　此觀點視學校爲一個由學生、教師、課程專家及其它相關人員，根據特定的常模及行爲來互動的社會系統，盛行於一九五〇至六〇年間。主要是將組織的方式反應在課程上，包括方案、時間表、空間、教材、設備、人事及資源等。更重要的是，此觀點在課程決策上，還要注意如：選擇、組織及人員的督導。故對課程委員間的溝通、領導方式與策略、人際關係與做決策也相當重視；其概念與原則多源自社會科學家，實務面高於理論面。

3. 知識理論觀 (intellectual-academic approach)

　　此爲一種傳統、百科式的及知識取向的課程觀點，主要任務在分析與綜合課程的角色、趨勢與概念，盛行於一九三〇至五〇年間；其根源來自杜威等對哲學與知識方面的研究，故此觀點的本質是來自學者與理論而非實務。

不過，由於一九五○年之後，課程研究者的興趣轉向學科的結構及質的方法；知識理論觀在課程論上也就失去其部份的焦點。

(二)非工學觀

由於非工學觀起源於實驗哲學與教育政策，對傳統的學說及具形式的教育模式，可說是一種挑戰。大致包括人性美學觀及觀念重建觀兩種：

1.人性美學觀 (humanistic-aesthetic approach)

一九二○年與一九三○年間，進步教育哲學及活動課程的運動興起，強調兒童的需要與興趣；正與工學觀在課程及教學上較缺乏藝術及人格層面，且未顧及學習者自我回映及自我實現的需求，又忽略課室與學校中社會心理動力相反。

此運動主要是針對初級學校的課程，其策略包括以生活經驗為基礎的課程、團體遊戲、團體設計教學法、戲劇、參觀、社會課題、興趣中心及重視兒童與青少年的需求。而在活動內容上則以問題解決、學生的主動參與、學生的社會化與生活適應為主，並強化家庭與學校社區的連結。

到了一九七○年代，此種運動受到相當程度的歡迎，成為一種教育改革運動；在課程上，不僅考慮到具形式的課程，所謂不具形式或潛在課程也值得重視。此外，除認知層面外，音樂、藝術、文學、健康教育等，以完整兒童發展為主的課程也一樣重要。不過，由於今日的學業成就要求較高層次的認知形式；使得人性美學觀在課程上較處於次要的地位。

2.觀念重建觀 （reconceptualists）

　　由於觀念重建觀並未具有課程發展與設計的模式，故並不能算是一種課程觀點。不過，有關它在哲學與政策面的論點卻值得介紹。首先，這些觀念並非自來教課書作者，而是來自一群教育評論者，他們視學校為社會的延伸；其次，在課程方面，他們強調重新思考及觀念重建，以便控制及保存既定秩序的功能。

　　從課程成為一個研究領域的七十多年裡，課程研究者與學者對課程所抱持的觀點，其實與當時流行的哲學觀、心理學與社會學的論點有著密切的關係，故上述二書所整理的課程觀點，在脈絡上並無太大的不同。

　　其中科技觀或行為哲理觀認為課程應從目標、內容、方法與評量逐步形成；是最早最久的觀點，對國內課程發展的影響頗巨。以幼教課程來說，便也離不開部訂之課程標準，及教育廳局編印輔助教材；不過其內容也頗重視幼兒的能力、興趣與需求；顯示幼教課程的發展也受到其他觀點的影響。

本節思考重點

1.試從自己各階段教育的經驗分析我國對課程所持的觀點？然後，也想一想自己的觀點有沒有受到這些經驗的影響？

第三節　課程的定義與結構

　　課程是什麼？具有何種目的？其實也會隨著時代背景與思潮的變遷而有更動。但最重要的是，課程學者或設計者應清楚自己所持的定義。故本節擬談談課程研究者與學者對課程的定義，再分析學校課程的結構；最後則探討今日幼兒教育課程的定義。

一、課程的定義

　　翁斯坦與漢京斯認為課程的定義往往能反映出課程的觀點，甚至是重疊的。如：行為哲理觀與系統管理觀視課程為計畫（plan）或文件（document）；知識理論觀與人性美學觀則視課程為學習者的經驗（experiment）；而系統管理觀也視課程為系統（system）；知識理論觀亦視課程為研究的領域（a field of study）。至於課程即科目（subject matter）則不專屬於某一課程觀點，而是適用於各種觀點。

　　另康尼里與藍茲（Connelly & Lantz, 1985）在國際教育百科全書中，亦表示課程的定義因各家所持觀點不同而分歧；在分析各家定義後，課程的定義可分為學科、經驗、目標或計畫。故看到各種定義時，可先分析其歸屬何

類；並確定該定義的提出是基於何種目的：課程設計、實施、基礎、或研究？又所針對的是普遍性的科目，還是特殊性的科目？以及此定義所概括與排除的內涵，優點與限制。以下是我國課程研究者與學者對課程所下的定義：

辭海：課程是功課的進程，即學校中將各種科目有系統的排列，並規定其教學時數等項，謂之課程。

孫邦正(民60)：課程是學生在學校內循著一定的程序而進行的各種學習活動。(摘自方炳林，民72)

方炳林（民72）：課程是學生在學校安排與教師指導下，為達成教育目的所從事的一切有程序的學習活動與經驗。

此外，王文科（民77）更將課程所包含的概念整理如下：(1)以目標或預期的學習結果為導向；(2)以學校為計畫、實施課程的主體，而學習者（學生）為對象；(3)團體或個別為實施方式；(4)以校內或校外為實施地點；(5)以提供科目、教材、知識、經驗或學習機會（活動）為類型。

由上述的定義來看，從強調目標、計畫，到重視系統、經驗與學科；其觀點是多方且折衷的。這可能是長久以來，國內課程的發展模仿西方，故除受到循序漸進、有目標有計劃的科學化運動的影響；也頗接受後來進步主義與人性美學觀等信念的影響，強調學習者及其經驗的重要性；這也提醒設計者要以更廣更完整的觀點來思考課程的定義。

二、課程的結構

　　雖然多數人對課程的印象是學校為學生安排的學習內容或科目，但隨著課程觀點的改變，學者如：艾斯納 (Eisner, 1979)、哈葛雷夫斯 (Hargreaves, 1982) 及黃政傑 (民80) 等，都紛紛提出有關學校課程的結構的看法；探討學習者在教育場所裡，可以接收到那幾種課程。以下就是這些看法的摘要：

　　艾斯納將學校教導的課程分為：顯著或外顯課程 (explicit curriculum)、潛在課程 (inplicit curriculum) 及虛無或空無課程 (null curriculum)。所謂「顯著課程」指的是外顯的、有計畫、有組織、有意圖的經驗；「潛在課程」則是指教學方法、獎懲制度、組織結構、物質環境等的副產品；至於「虛無」或「空無」課程是一種相對於顯著與潛在課程的課程，指的是課程中所缺乏的部份，即學校沒有教或有意忽視及不提供的教材。

　　哈葛雷夫斯則認為學校教導的有兩種課程，一為形式或正式課程 (formal curriculum)，即教師有意計畫和教導的科目；一為潛在課程 (hidden curriculum)，包括有意且善意的設計，如：境教與身教；有意但惡意的設計，如：政治意識型態或性別刻板化的傳遞；以及無意也未經設計的，如：學生未能享受學習的樂趣因而逃學等；雖不全是教師有意計畫的，但影響兒童很大應多加注意。不過，也不能為了顧及潛在課程，而疏忽了顯著課程。

　　國內，黃政傑更將學校課程的結構整理為「實有課程」

及「空無課程」兩大類；其中「實有課程」又可分為：外顯課程 (explicit curriculum) 與潛在課程 (inplicit curriculum)。而外顯課程則包括有正式的規定與課程控制的「正式課程」(formal curriculum)；及正式課程之外，以學生興趣及活動為主的學習經驗，如：朝會、運動會等；由於這些經驗所受到課程控制較少，學生自主性較大，影響較自然、間接，故稱為「非正式課程」(informal curriculum)。

至於「潛在課程」是學生在正式課程與非正式課程之外的許多學習經驗，可能是有意或無意，也可能是有利或有害，它隱藏在學校的各種情境之中，無處不在，無時不在。

上述課程的結構確有提醒課程設計者注意到學校裡，除了一些計畫中的課程外，還有潛在及空無課程的存在。但把課程弄得太廣泛，不僅增加研究的困難度；也可能使課程失去獨立研究的意義。舉例來說，如果課程是所有的經驗，則課程不僅與教育同義，甚至會因為什麼都可以是課程，而不必再討論何謂課程了。

至於，我國幼兒教育課程應持何種定義？是應包括園所有意安排的，及一些無意計畫卻影響幼兒的廣義課程；還是專指園所針對幼兒有意安排的狹義課程呢？

三、幼兒教育課程的定義

在本書中，「幼兒教育」指的是六歲以下的幼兒，所接

受的幼稚園或托兒所的教保教育。故關於我國幼兒教育課程方面，雖有黃瑞琴（民75）；李駱遜、翁麗芳（民77、75）；黃薏舒（民76）；陳淑芳（民80）；高敬文（民79）等的研究，但實況調查為多，課程理論的探討較有限。故僅能就其中黃薏舒，及其他如：林朝鳳（民75）、盧素碧（民79）等的定義，以及國外舒瓦茲與羅碧生（Schwartz & Robison, 1982）的看法相互比較，然後再綜合之。

林朝鳳（民75）書中所言，幼教課程不外是學科（教材）、經驗、目標與計劃四項的組合。

黃薏舒（民76）在其研究中界定為：(1)幼稚園為幼兒所安排的一切活動；(2)幼兒在幼稚園安排下所經歷的一切經驗；(3)活動與經驗統整於幼兒生活中；(4)一切以幼兒生長與發展導向為考慮原則。

盧素碧（民79）除了在學校有計畫的、有意圖的學習經驗之外，更應注意沒有計畫、沒有意圖以及教育環境的所有因素。

而國外，舒瓦茲與羅碧生（Schwartz & Robison, 1982）曾實地觀察美國幼兒教育課程，歸納出五種形式或定義為：

1. 課程即發生中的經驗與活動 (curriculum as happening)。
2. 課程即幼兒在學校的所有經驗 (curriculum as all the experiences at school)。
3. 課程即教案 (curriculum as teaching plan)。
4. 課程即學科大綱 (curriculum as syllabus)。
5. 課程即方案 (curriculum as program)。

如同課程的定義一般，上述幼教課程的定義必然也受到不同觀點的影響，故有的人用狹義的觀點來定義，也有的人在有意圖的學習經驗外，也不忘無意圖的經驗。當然，所有有意、無意、善意、惡意的材料，只要幼兒能接觸得到，或多或少都會影響到幼兒；卻不能顧此失彼，否定有意圖的課程。

　　故除非「教育無目的論」能被全人類接受；不然，為了要達到教育的目的，「透過有計劃的安排，選擇對幼兒有益的經驗，並以具彈性且適合的活動或教學法，在良好的課室氣氛與團體動力下進行，讓幼兒得到充份的的發展與適應，達到教育的目標」，仍是較周延的定義。

　　換言之，幼教課程設計者或教師當然會十分注意各種「有意」的課程，但若有其他因素會影響幼兒學習，即使是非計畫、非意圖之內的經驗，也不會輕忽；甚至可調整為當時或下次課程所要計畫與安排的重點。故不管幼教課程是持狹義或廣義的定義，最重要的關鍵應是幼兒是否獲得良性生長與全面性發展的機會。

本節思考重點

1. 未上課之前，對「課程」這兩個字，所代表的意義有何認識？上課之後呢？
2. 瞭解學校課程的結構對教師在課程設計上有何影響？
3. 幼兒教育課程該採何種定義呢？是廣義的，還是狹義的？所依據的論點為何？不妨和同學或同事討論一下。

4.拜訪一些幼教機構，了解他們對幼教課程的界定與看法，並與同學分享。

第四節　課程的要素

　　除了澄清課程的觀點與定義外，課程到底是由那些要素所組成的呢？義許(Eash, 1985)表示隨著泰勒提出發展課程的四個根本問題之後，數十年來課程學者所探討的仍離不開下列五個方向：有關學習者及社會的假說、宗旨與目標、內容或教材的選擇與組織、執行，如：方法與環境等；以及評量。現分項說明之：

一、與學習者及社會有關的假說或理論基礎

　　課程的教育功能是因著學習者的存在而存在；若無學習者也就無所謂課程；故架構或組織課程時，有關學習者需要何種課程？以及如何學習這些課程？便成為課程發展與設計者必須關心的問題。而學習者何以需要這些課程，除與學習者本身的發展有關外，也與社會的需求息息相關。

　　因此，若想要解開「學習者」與「社會」這兩因素如何影響課程的發展與設計，除了要熟知與學習者有關的心理學、人類學或社會學在教育方面的研究，以期瞭解學習者的能力及影響學習者學習的因素外；更要清楚學習者所生長的這個「社會」，因為社會的走向將影響教育的方針與

人力資源的需求。不過，最後在國家的宗旨及教育的目標上，到底是學習者的需求與社會的需求等重？或孰重孰輕？就得看所持的假說或理論基礎而定。

二、宗旨與目標

當課程學者從有關的假說或理論基礎中，理出學習者與社會所需要的方向後，緊接的就是發展出教育的目標。這些目標雖廣泛、概括，卻要能反映出理論基礎的精神；即教育哲學觀、對學習者與社會的看法；然後再逐步往下發展為較具體明確的目標。事實上，目標應隨著當時的社會文化與學習者的研究而調整，只不過，時下的課程常常被詬病的就是不符合時代及學習者的需求，值得深思。

三、內容或教材的選擇與組織

為了要達到教育的宗旨與目標，各種經過選擇、組織，並富有文化傳承的課程內容，被呈現在教師與學習者的眼前。今日更因電腦資訊的發達，不僅可以增加課程內容的廣度，對於如何有效的找到科目間的關聯性亦有助益。但不管科技如何發達，關於那些科目或內容是屬於學習者的共同必修科，又那些是屬於專門的學科領域，仍是課程學者得繼續研究的領域。

四、執行

當課程有了目標，也依此選出學習者所需的內容之後，該如何呈現在學習者的眼前呢？是以學習者為中心，還是教師為中心呢？或者是直接教學法還是間接教學法呢？其實答案就在先前對學習者或社會的假說之中。換言之，當一開始設計者所持的信念是學習者是主動，且是全然的善，則所使用的方法極可能是完全讓學習者自己來且不加干涉；反之，若認為學習者是被動的，便可能採取以教師或教材為中心的方式。故從一開始的信念到執行的方法，環環相扣，需要很多的研究及實際的觀察來支持其中的想法與做法。

五、評量

評量在課程中所扮演的是引導課程設計或執行者，去注意到整個課程在實施的方法或順序上有無問題，尤其是學習者是否能跟上進度，教育的目標是否達成，以及這樣的教育方案所具有的價值等；對於發展及改進課程有重大的意義。

上述五項是一般所認同的組成課程的要素。有關這些組成的進一步資料，將在往後二、三、四章中，按影響課程發展的理論基礎，課程發展的模式及如何組織與呈現的

設計問題，繼續研究探討。

本節思考重點

1.就自己接受過各階段課程的經驗，是否可以感受到這些課程組成要素的存在；舉例說明之。

參考書目

方炳林（民72）：國小課程發展（二版）。臺北：正中。

王文科（民77）：課程論。臺北：五南。

林朝鳳（民75）：幼兒教育原理。高雄：復文。

黃炳煌（民75）：課程與教學的基本原理。臺北：桂冠。

黃政傑（民80）：課程設計。臺北：東華。

黃蕙舒（民76）：我國幼稚園課程發展模式——質的分析研究。師大家研所論文。

黃瑞琴（民75）：幼稚園教育目標理論與實際之研究。師大家研所論文。

李駱遜、翁麗芳（民75）：我國幼稚園課程現況調查。教育部國教司。

李駱遜、翁麗芳（民77）：我國幼稚園課程現況之調查與分析。教育部國教司。

高敬文（民79）：我國幼稚園教材使用之分析與評估。教育部。

陳淑芳（民80）：幼稚園課程研究：蒙特梭利教學模式和一般單元教學模式之實證比較。師大家研所論文。

楊國賜（民78）：現代教育思潮（七版）。臺北：黎明。

盧素碧（民79）：幼兒教育課程理論與單元活動設計。臺北：文景。

Bloom, B. S. (ed.) (1956). *Taxonomy of Educational Objectives: The Classification of Educational Goals. Handbook 1 : Cognitive Domain.* N.Y.: McKay.

Connelly, F. M. & Lantz, O. (1985). Definitions of curriculum. In T. Husen & T. N. Postleth waite (ed.). *The International Encyclopedia of Education, Research and Studies.* Oxford: Pergamon.

Eisner, E. W. (1979.). Humanistic trends and the curriculum field. In P. H. Taylor (ed.). *New Directions in Curriculum Studies.* London: The Faimer Press.

Eash, M. J. (1985). Curriculum components. In T. Husen & T. N. Postlethwaite (ed.). *The International Encyclopedia of Education, Research and Studies.* Oxford: Pergamon.

Harrow A. J. (1973). *A Taxonomy of the Psychomotor Domain: A Guide for Developing Behavior Objectives.* N.Y.: McKay.

Hargreaves, D. H. (1982). *The Challenge for the Comprehensive School.* London: RKP.

Krathwohl, D. R., Bloom, B. S. & Masia, B. B. (1964). *Taxonomy of Education Objectives: The Classification of Educational Goals. Handbook 2: Affectivew Domain.* N.Y.: McKay.

Ornstein, A. C. & Hunkins, F. P. (1988). *Curriculum: Foundations, Principles, and Issues.* N.J.: Prentice Hall.

Schwartz, S. L. & Robison, H. F. (1982). *Designing Curriculum for Early Childhood.* Boston: Allyn and Bacon.

Taba, H. (1962). *Curriculum Development: Theory and Practice.* N. Y.: Harcourt, Brace & World.

Tyler, R. W. (1949). *Basic Principles of Curriculum and Instraution.* 臺北：雙葉 (民69)。

第二章

課程的基礎

　　課程的理論基礎或假說，所代表的是組成課程的外圍
力量，但到底是那些力量呢？一九五三年美國輔導及課程
發展協會年刊曾提到四種影響學校課程的重要力量：一為
文化背景，包括社會結構、經濟情況、價值觀等。二為各
種社會集團，包括政治、商業、民族、宗教及其他。三為

大眾傳播媒介，包括報紙、雜誌、廣播、電影、電視及書籍。四為各種研究結果，如訓練遷移是有限度的，文法教學對語文能力的增進是微弱的等。

　　而林本與李祖壽（民65）則綜合各方論點，歸納出影響課程的因素如下：一為歷史傳統，二為文化背景，三為政治力量，四為社會需求，五為世界潮流，六為教育制度，七為有關人員，包括校長、教師、家長、以及在政治、社會、學術方面具有影響力的人員。其中尤以人的因素關係最重。事實上，筆者認為「有關人員」之中，還應列入「學習者」，雖然，發展課程可能是「大人」的事，但學習者的發展需求才是決定課程的關鍵，不可輕忽。

　　彭駕騂（民67）便是將個體、社會及人類知識視為課程發展的基礎。而我國國教研習會（民76）則對文化、社會、教育及學生的需要進行分析，不僅注意到「人」的因素，更清楚的指出「學習者」與課程基礎的關係。此外，黃炳煌（民80）也說，課程的發展會受到心理學、社會學、哲學與知識等輸入來源的不同，而有不同的產物。

　　由上可知，各學者對課程的理論基礎雖非完全一致，但不管是文化、社會、哲學、心理學等，其實都屬於社會科學的領域，且往往互為彼此的研究重點；其中像政治、經濟、文化等既是獨立的學科，同時也是社會學的分支。

　　故為簡化探討的方向，本章僅就學問之母——「哲學」，與人類生活息息相關的「社會」及研究人類認知與行為的「心理學」等三方面，來探討這些力量對課程發展所造成的影響。

第一節　哲學基礎

　　雖然今日大學中的哲學科系不如過去興盛，但哲學所具有的澄清功能卻沒有更改；當大家熱列討論課程的意義時，哲學的思辨就已經在大家的腦中運作。故有人說哲學是教育的核心，教育是哲學的實驗室；許多哲學的論點須透過教育來肯定，而教育的價值則透過哲學來澄清。不少課程專家更宣稱哲學是課程的來源。

　　但是哲學派系眾多，不是一下就能說清楚的；本節在參考方炳林（民72）；葉學志（民74）；楊國賜（民78）；陳迺臣（民79）及翁斯坦與漢京斯（Ornstein & Hunkins, 1988）書中論點之後，決定以近年來影響我國教育較多的美國思潮為探討的重點，先介紹美國社會中的主要的四大哲學思潮，分別是理想主義（idealism）、實在主義（realism）、實用主義（pragmatism）及存在主義（existentialism）。

　　接著，再說明此四大思潮影響下，所產生的四大教育哲學理論。永恆主義（perennialism）、精粹主義（essentialism）、進步主義（progressivism）、重建主義（reconstructionism）。其中由於精粹主義（essentialism）是在反對進步主義（progressivism）教育下產生的理論；因此，關於這兩派的觀點會做比較多的說明。

一、影響美國社會之四大哲學思潮

㈠理想主義（idealism）

　　理想主義或有譯爲觀念論者，相信精神或觀念的實體，即唯心論。如：柏拉圖便認爲一切存有的本質，不是物質世界這些感官所能觸及的東西，而是抽象、超經驗的觀念，故人類要不斷思考及追求宇宙永恆不變的眞理。因此，課程中強調：基礎學科、古典或博雅藝術；至於在學科的階層中，則以哲學、神學及數學爲最重要。

㈡實在主義（realism）

　　實在主義或有譯爲唯實論者，是以自然的法則來看世界，認爲世界的實體雖如柏拉圖所言是「形相」（form），但沒有質料（matter）則無以造形相。故在亞理士多德繼承柏拉圖形相的概念之後，更對應以質料，開啓二元本體論的體系。其知識便包括感覺與抽象兩方面；故課程強調基礎學科、藝術及科學；學科的階層爲人文及科學。

㈢實用主義（pragmatism）

　　實用主義認爲知識爲實用而有，也由實用而起，世界上沒有永久眞理存在，眞理存在不斷的運動狀態中，亦即來自個體與環境的互動，故一直在變動。因此，實用主義認爲沒有固定的知識或學科，而重視傳遞文化與爲個體改變做準備的經驗；以及解決問題的能力等。

㈣存在主義（existentialism）

　　由於主張存在主義者往往出自於不同國籍、背景及不同的宗教信仰，加上強調個別化，實在難有一致的觀點。且因知識是來自個體內在的體驗，每個人都不同、體驗也不同，故是主觀的、是個別的。每個人可自由的選擇所要的知識，知識只是為了實踐存在，知識是否有效，就看個人存在的價值觀。故重視學科教材的選擇性，以及情緒、美學、哲學等學科。

二、四大教育哲學

㈠永恆主義（perennialism）

　　永恆主義教育哲學的基礎是實在主義，不過，也受到部份理想主義者的支持。強調對過去與永恆的研究，注重事實與無時間性的知識；其教育目的在培養理性的人，及增進智能。其教育理論的基本原則如下：

1. 教育的本質具有不變性，永恆主義者認為儘管環境變化無常，但人性與知識始終如一，故教育的本質自當不變。
2. 人是自由的，教育的目的是在啟發理性，控制其本能或慾念與慎密決定的目的相配合。
3. 教育的任務是傳遞永恆的真理。
4. 教育不是模仿生活，而是預備生活。故主張為兒童設立一種人為的環境，發展兒童智力；同時，教育亦負

有達成傳遞文化的任務。

5.教育應教學生學習基礎學科，以得到世界永恆性的知識。

6.學生必須研讀文學、哲學、歷史及科學的偉大著作。

㈡精粹主義（essentialism）

基本上，精粹主義是教育運動下的產物；主要是反對進步主義下的教育。其哲學的基礎是理想主義與實在主義，是一種綜合的教育思潮。由於進步主義極端重視「以兒童為中心的教育」，在這一點上，精粹主義和永恆主義一樣，均主張恢復以學科為中心的教育。不過，與永恆主義不同的是，精粹主義並不強調偉大的著作；而以基礎學科及讀寫算的技巧為首要；來提高智力的發展。其教育理論的基本原則如下：

1.學習重視努力、自律與自制

以培養學生堅強的理性。

2.教育上特別重視教師的主動性

強調教師在其專長中的權威性。認為要實現兒童的潛能，則接受成人的指導與管理，極為必要。

3.教育歷程的中心在吸收學科知識

兒童上學的目的在獲得世界的知識，然此知識並非依其自我興趣加以解釋，而是依照他所遵從的世界法則；故有賴教材的論理組織來完成。因此，課程須由教師預定計畫並予組織；以實際活動開始，逐步推向抽象符號為主的學科課程。

4.採用傳統官能心理學的教學方法

精粹主義者認為進步主義採用的問題解決法及「做中

學」，對某些課程及某些兒童確有益處，但不能運用於整個學習過程之中。反之，官能心理學強調人的各種心理能力，如：想像、記憶、判斷等，可因訓練而增強；故精粹主義採用此說。

5. 重視學科及論理的組織

所謂「學科」是指有組織的經驗與文化。對教育目的而言，學科是一種工具，而非目的的本身。在這樣的原則下，新的知識及新的事實，可以有系統的增加上去。且因與教育過程的基本概念相吻合，故極適合於發展學生的智力。

其實精粹主義與進步主義的教育並非全然不同，只是精粹主義想矯正進步主義偏重「兒童中心」的論點。故在此強調「個人」或重視「社會」的爭論下，到底何種思想較適合幼兒，便是大家必須澄清的。

(三)進步主義 (progressivism)

進步主義是教育上的一項改革運動，係以實用主義哲學為基礎，其思想又淵源於希臘早期的「變的哲學」思想，因它介於兩種模式之間，一為迅速擺脫舊日西方文化的生活方式，一為迅速趨向於未來的新的生活方式，故是一種變化的哲學；同時，它也擷取經驗主義、自然主義、與進化論思想的精華而成，是歐洲與美國思想的產物。

其特徵是強調經驗世界的變動性，而不認事物的恆定性；因經驗的世界即生活的世界，也是哲學的世界；在此變動的世界中，真理須待行動的考驗，所謂「有用者為真」。故主張學校應放棄形式訓練，代之以自由活動，讓兒童按

自己的發展速率從事實際的操作與探索，給予他們選擇的機會……。

美國進步教育協會成立於一九一九年，曾發表共同的基本信念，議定「進步教育七原則」為：

1. 兒童本能的自由發展

給予兒童創造與自我表現的充份機會，以及富有興趣的設備環境，並讓兒童自由利用。

2. 興趣為一切工作的動機

故教師的任務在於擴大學生的興趣，以期學生致力於學習。

3. 教師為指導者而非監督者

進步主義教育雖以兒童為中心，但絕非對兒童極端的放任；如何擴展兒童的經驗，而使兒童自己決定其有用及有價值的工作，從而對於變化無常的社會，予以必要的展望，這些都需要教師給予合理的指導。故教師在開始教學活動前，自應預定一種包括一般教育之工作計劃；但學生還是應該自由計劃與自動工作。要知在一定的社會條件與教師輔導下，從事目的性的活動，乃是教育的真正理想。

4. 運用科學方法來研究兒童的發展

包括學生身體、心理、品行以及社會等方面的特性，凡足以影響其學校或成人生活者，或足以被其學校與家庭所影響者，均屬之。

5. 注意各種影響兒童生理發展的因素

進步主義的教育要確定兒童有健康的身體發展。

6. 學校與家庭應合作，以滿足兒童生活的需求

家庭教育是學校教育的基礎，也是學校教育的補充，為使兒童充份發展，二者需要合作，方可實現。

7. 主張進步教育的學校是教育運動的領導者

認為學校是一種社會事業機構，因為教育是社會進步與社會改革的基本方法，也是最有效的工具。

早期的進步主義教育個人主義色彩較濃，後來，隨著經濟大恐慌及社會的變遷，進步主義教育的主張趨向合作與民主，而有了新的發展：

1. 重視個人的社會性，個人與社會是相關聯的，個人具有社會性。故學校生活須與社會生活相關聯，但教育不是生活的準備，教育本身就是生活。
2. 採取有機的動力心理學，故教育被認為是一種主動、繼續發展的歷程，同時是個人與社會環境雙方力量的一種有機的相互作用的歷程。
3. 在快速變遷及緊張的社會裡，個人的適應變成一個很重要的課題。

基於進步主義者相信教育無一般或最後的目的；教育只是生長。因此，學校課程的安排是以兒童的經驗為基礎，強調自由活動，以及獨立思考。故主張以有意義的經驗代替無意義的死材料；以心理組織代替論理組織；以生活問題代替抽象問題；以動的文化代替定型的文化；以兒童主動代替教師主動；以有趣的學習代替鞭策的學習；以創造性的課程代替課室的呆板教學；以身心一元（整體兒童）的活動代替偏重理智的陶冶，及以統整課程和活動教學代替分科課程和講解背誦。

㈣重建主義（reconstructionism）

重建主義的哲學基礎也是實用主義，算是進步主義論的繼承者；認爲教育目的在促進與重建社會，以因應社會的改變與重整。故所強調的是能夠辨認及解決社會問題的學科與技巧；及主動並關心現代和將來社會的學習。其基本原則如下：

1. 教育必須負起創造社會新秩序，實現本國文化價值；以及與世界社會經濟的力量相調和。
2. 強調社會的民主與教育機會均等。
3. 教師被視爲改變及重整的媒介，如同方案的指導者及研究的領導人，謹愼的符合民主程序，以幫助學生覺察到人類所面臨的問題。
4. 課程方面強調社會科學及社會研究的方法，檢視社會、經濟與政治的問題，並關心過去與未來，國內與國外所發生的事件。

由上面的介紹，相信大家不難看出教育信念是如何影響著課程；以及教育思想家是如何在此快速變動的社會裡，找尋適合未來的教育方針。然而，即使是大革命大破壞，新的思潮也無法完全抹去舊的痕跡。因此，觀看現階段的教育與課程，大家便可以看到新與舊、傳統與開放，個人與社會需求並存；在課程目標方面，培養健全發展的好學生，好國民可說是大家的共識；而課程內容的選擇也盡量兼顧學習者與社會的需求，強調生活化、多元化。故教育工作者應好好的澄清所傳承的教育信念，瞭解自己爲何敎？敎什麼？以及如何敎？進而呈現在課程的發展與設

計上。

本節思考重點

1. 組成課程的外圍力量有那些？

2. 哲學理念如何影響課程，試說明之？

3. 試分析自己的教育理念，是否受到何種流派的影響？

第二節　社會基礎

學校是實行教育的場所之一，它透過課程編訂者決定學習者社會化的內容、活動與環境；一方面反映社會的需求，另一方面又具有改造社會的功能；換言之，社會可以影響個人，個人也可以改造社會。課程編訂者若能正確的分析與評估社會的走向，就可以為明日世界的學習者擬訂適當的課程目標，並提供他們作決策所需要的知識與價值。

可是人類社會所涵蓋的層面如此之廣，變動又如此之快；即使是社會學家窮畢生之力也只能探知一二。因此，本節也不可能做到全面性的探討；僅能就國內社會上一些明顯的改變，如：家庭結構的改變、性別角色與成就的轉變、傳統文化與價值的衝突、知識爆炸，經濟條件、政治環境，與社會人格典範的追求等進行概要的分析，並探討其對課程發展的影響。

一、家庭結構的改變

家庭對社會及個人的重要性眾所皆知，舉例來說，家庭是個人社會化的第一個主要單位。在過去，家庭中的年幼子女，不但有人照顧，一些生活習慣也有人督促與教導；

近來因家庭結構的改變，小家庭急增、單親家庭（離婚家庭）也逐漸增多，再加上婦女必須投入生產線，年幼的子女乏人照顧，就連簡單的吃飯、穿衣，往往也缺乏時間來慢慢教他們。於是學前教育或托育機構因而取代了家庭照顧及教育子女的部份功能，甚至還要預防單親家庭可能對幼兒所造成的身心傷害。

而這種改變所帶來的問題自然也波及兒童與青少年，學校對人類社會化的功能越發明顯；故在課程上，如何幫助幼兒、兒童與青少年獲得健康的身心、良好的生活習慣、以及群體關係等，都變成非常重要的課程目標與學習的內容。

二、性別角色與成就的轉變

過去「男主外、女主內」是天經地義的性別角色，女生不僅無法就學更沒有就業的機會。如今，不僅教育機會均等，學校中也出現所謂「無性別歧視」或「平等教育」的課程。同時，女生也可以加入生產線；原本刻板化的性別角色也開始有了轉變。

只不過，當就學機會均等，而女學生在學業上又表現優異，甚至在聯考榜單上也呈現優勢時，有關課程是否安排不當，或女老師太多，以致不能顧及男學生的興趣與需求的質疑，便不逕而走。雖然這些事件的前因後果仍有待研究，但面對這樣轉變，如何發展符合兩性需求的課程，使兩性都能得到平等的對待，真的是課程編訂者必須多加關心的問題。

三、傳統文化與價值的衝突

林頓（Linton, 1947）說：「『文化』是人類習得行為及其行為結果的綜合結構，其組成因素為一特別社會份子所共有，並代代相傳。」至於「傳統」，就字義來說，是過去歷史流傳下來的風俗、習慣、典章、制度，甚至道德等。故中國文化經過五千餘年不同時代與社會形態的流傳，是否仍適合現在的中國人，當然是一個必須關心的問題。

尤其教師或課程設計者均具有文化傳承的使命，面對流傳下來的風俗、習慣、典章、制度，雖有好有壞，但總有研究與參考的價值；其中如儒家的思想對我國教育課程內容便有極深的影響。故理性的做法應是優良的加以發揮，不好的則予改進。

如此一來，便牽涉到「價值」的部份，方炳林（民72）表示：「『價值』是文化中非常重要的部份，與人的信仰、觀點、標準有關，影響人的行為、態度與社會期望，和個人人格、社會系統及文化間，都有交互作用。」故「價值」所反映的是社會所共同追求的目標，如：和平、正直、愛好家庭生活等。

但處於交通、社會流動及媒體傳播發達的現今社會裡，價值衝突的問題相當明顯，舉例來說，「孝道」原是我國社會追求與稱許的價值，但現代父母對待子女的態度卻有極大的改變，致使「孝子」有了新解。然而，這真的是現代人所要的嗎？課程編訂者應審慎評估社會文化價值，針對固有價值導向的缺點，進行有計劃的補救措施，提供

合適的價值或標準；做爲課程目標的依據和選擇教材內容的準則，以引導學習者學習。

　　綜合上述傳統文化與價值對課程發展的影響可知：傳統對於我國歷來課程的發展，如：課程類型、學科的設置、課程的內容及教學方法，多有影響。只是課程並非只是反映傳統，它也選擇、改進及發揚傳統。更經由價值的澄清決定課程的目標與方向，使得課程不僅傳遞既有的文化與價值，也積極協調與現勢的衝突，幫助學生澄清價值、建立正確的價值並欣賞之。

四、知識爆炸

　　知識其實是文化的一種形式，因爲知識是人類企圖解開對社會與物理環境的謎團，所形成及累積的。面對知識不斷增加的壓力，學校成爲系統追求知識的主要來源；因此學校必須篩選並淘汰與社會目的不合的知識，辨識何者是最值得學習的知識？決定何種知識該教，以及如何組織、如何教？正如前述所探討的文化因素一樣。

　　幸好，哲學家及教育家對這些問題也都有其專業的論點，舉例來說，亞理斯多德把知識分爲理論知識（如數學及科學），實用知識（如政治學及理論學）及生產知識（如藝術與工程）三大類型（摘自彭駕騂，民67）。費尼克斯（Phenix, 1964）則認爲知識包括符號（symbolics）、實證學（empirics）、美學（aesthetics）、存在學（synnoetics）、倫理學（ethics）、統合學（synoptics）等領域。而梯可辛

納（Tykociner）則將知識分爲藝術、訊息的符號、材料及能量的科學、生物科學、心理學、社會學等（Ornstein & Hunkins, 1988）。

可是在這麼多知識中，到底那些是學校應該教給學生的？這便產生許多選擇的效標，諸如：可促進學習、合於眞實世界、增進學習者自我概念、解決問題的能力、洞察技巧、個人的統整、具有很多形式與方法、可爲個體預備各種世界上的新科技、允許個體重覆讀取等。

此外，布魯納（Bruner, 1979）更企圖找出知識的關鍵概念及基本結構，來幫助選擇與排列教材內容；因爲他認爲各種學習領域，均有其必須學習的基本構成要素，如概念、原則、法規和研究方法等。而概念與概念間，則有其連貫、順序及整合的關聯，這種關聯便是結構或構造。如果能找出這些關鍵概念與結構，學習者就不必擔心知識的龐雜。克拉戈（Craig, 1966）曾以「科學」爲例，分析出空間、時間、改變、適應、變異性、關聯、平衡等七個關鍵概念，學習者若能加以運用，將發現科學課程內容間的相通與關聯。只不過，布魯納也承認分析知識的關鍵概念及基本結構是相當不容易的工作。

此外，威恩斯坦與范提尼（Weinstein & Fantini, 1970）則企圖以認知及人性觀來組織知識與學習；認爲知識並非只是傳統的科目，還有學科、學校外的經驗及學習者本身的經驗；提醒大家人比科目或學科重要，但也不可忽視科目教材的重要性。另外，范提尼還提到認知並不等於行爲表現，因爲知識未必能影響行爲，惟有知識加上對學習者情感或情緒的考量，才可能影響行爲。

總之，知識雖如此龐雜，但以上學者對知識的分類、選擇與組織的種種建議，正告訴課程編訂者亂中必有序；且知識將永遠是力量，因爲藉由學者對知識的研究，課程編訂者不正可以從中找到課程的目標，以及值得學習的內容嗎？

五、經濟條件

　　在臺灣，經濟的開發增加了國民的就學機會已是不爭的事實。而國家的經濟水準也反映在學校的建築、教學的設備、班級的大小、教師待遇及教學方法上；同時，經濟的繁榮，教育經費的充裕，各種教學方案亦有了施行的可能；如：全體國民都有接受九年義務教育的權利，且在一般課程之外，資賦優異、智能不足或殘障的學童教育也有了適合他們的教育機會，帶動了各種特殊教育課程的發展與設計。

　　只不過，基於教育經費的限制，並不是各種需求的學童都能得到所需的教育；故如何幫助弱勢兒童達到受教育的目的，也成爲未來教育與課程發展必須注意的問題。

六、政治環境

　　根據力普西特 (Lipset, 1960) 對人民教育程度與民主政治穩定性間的關係分析，發現愈民主的國家，教育的指數愈高。這也可以從我國在封建制度下，貴族進的是國學、

平民只能進鄉學看出端倪。

如今現在的臺灣，施行的是民主政治；主張教育機會均等，對於教育的問題，除了是學生，家長、教育工作者、研究組織、商業組織、政府官員、壓力團體、專業組織、政府組織，以及各組織的成員；也逐漸有了影響力。

不過，離教育的眞民主卻仍有段距離；因爲眞正的民主所追求的不僅是教育之前人人平等，受教育率提高；更重要的是人人有適合他的教育的場所，或至少有適合不同需求的課程；藉此傳遞理性、開放、尊重與鼓勵的教育觀；引導學生自由的思考，尊重自己與他人，並自我實現。

可是，目前升學主義下的教育，使得有些人還是得不到適合他的課程；甚至被貼上「放牛班」的標籤。所以，在追求民主與教育普及的同時，民主政治在教育與課程上的實質意義更不可忘記。

七、社會人格典範的追求

人們似乎已把暴力、犯罪、色情與環境污染，視爲社會變遷必會引發的社會問題；只不過，大家同時也相信教育可以改善這些問題；因此，在課程目標上總不忘要幫助學生建立正向的社會行爲、道德觀念，以及正確的性觀念；遺憾的是，分數主義導致課程執行的偏差。

但不管如何，課程編訂者對於社會需要什麼樣人格的典範，仍是相當的注意。畢竟人是社會的動物，生存於社會之中，如何才合於正常？或才叫適應呢？這個問題引起許多研究者的研究；其中如：哈維赫斯特（Havighurst,

1972）提出「人的發展任務」，課程編訂者在編訂課程時，可依循人類發展的任務，安排所須的知識、技能與情操。而皮亞協或柯爾堡等所研究的道德發展，除了幫助編訂者瞭解人類道德發展的階段外，對於不同階段的學生該透過何種課程去進行道德教育，也有具體的貢獻（林清山，民70）。

　　不過，費尼克斯（Phenix, 1964）則認為道德教育並非僅來自學校，更來自每日生活中的法律、習俗與儀式。此種觀點不僅肯定來自社會與生活的影響力，也提醒課程編訂者注意相關的因素，如：人權、家庭關係、社會關係、經濟與政治等。

　　由此可見，未來的教育與課程的發展，除需要更專業的課程編訂人員，同時也需要更多不同領域的學者、科學家、教師、學習與學科專家、行政人員，及熟悉學校環境願意負擔重任的人士一起參與，提供課程發展更周延的理論基礎。

本節思考重點

1. 課程應呈現何種目標及內容來彌補現今家庭教育的不足？
2. 試分析有那些文化傳統透過課程，由你的身上被傳遞下來？
3. 試從目前所處的社會，分析社會所須的人格典範？
4. 試舉出值得延續給下一代的傳統文化與價值？

5. 課程受到那些社會因素的影響？影響爲何？

第三節　心理學基礎

　　隨著心理學脫離哲學成為獨立的學科，研究者的焦點除擺在可見的人類行為外，近代更強調認知歷程與行為的關聯性；因此，今日的心理學被定義為「行為與認知科學」。但因此一學科有許多分支；本節僅就其中與人類發展及教學有關的「發展心理學」及「學習心理學」進行討論。

一、發展心理學

　　有關人類發展的研究，國內雖有不少，但成為理論者，則仍以西方的派別較有系統，黃慧真（民78）譯著中，將之分為：

㈠機械論

　　此論的代表即是行為學派，其中華生（J. B. Watson, 1878－1958）、桑代克（E. L. Thorndike, 1874－1949）及施京納（B. F. Skinner, 1904－）等是代表人物。從刺激反應的聯結、外顯行為的研究、測量到有關的改變技術，架構出明確的學習原理；對於協助幼兒建立行為或修正行為，提供一套科學的方法。

(二)有機體論

　　主要代表是皮亞傑(J. Piaget, 1897—1980)的認知發展理論，此理論是探索兒童的思考過程。包括：

1. 感覺動作期 (sensorimotor stage)

　　約在出生至二歲時，主要是以感覺、知覺活動及動作來適應環境，此階段又可分為六個小階段：

　　(1)反射動作階段：約自出生至一個月，純為反射動作。

　　(2)初級循環反應階段：約自一個月至四個月間，除了反射動作外，有了動作與感覺間的協調，視、聽、觸覺皆可和動作配合，主要去尋求環境中的刺激。

　　(3)次級循環反應：約自四至八個月間，已能預料一些簡單的行為後果，能有意的去重覆某種行為，發現某些物體可永久性的存在。

　　(4)次級基模協調階段：約自八至十二個月間，已知道方法與目的物的連繫，當玩具擺在餐桌拿不到，會拉動餐巾以取得玩具。

　　(5)高級循環反應：自十二至十八個月，漸能利用所習得的心理結構或行為模式來探求外界的目的物。

　　(6)透過心理結構發現新手段階段：自十八至二十四個月，能對目的物與方法間有新的連繫，能先思考再行動，如幼兒與玩具間有一透明障礙物，幼兒能繞過障礙物以取得玩具，而不會盲目衝撞此物。

2. 具體運思前期 (preperational stage)

　　約二至七歲，又可分為兩階段：

　　(1)前具體運思階段：約二至四歲間，主要特徵是以「自

我中心」來推測週遭的事物，尚不能從他人的觀點
來想；只注意到物體的一面，而不注意另一面，思
想常不合邏輯。

(2)直覺運思階段：約四至七歲，主要特徵是用直覺來
認識外界事物，瞭解事物的關係和數目的觀念，帶
有一點「嘗試錯誤」的性質，而不是用運用分析思
考的結果。一般來說，此期兒童缺乏可逆性的概念。

3. **具體運思期** (concrete operations stage)

約七至十一歲；兒童的認知結構已具有抽象概念，故
能進行邏輯推理。其特徵是：

(1)多重思考：能同時考慮不同的屬性，故此思考又叫
「去集中化」(decentration)。

(2)具可逆性 (conservation)：即面對物體轉換的歷
程，瞭解物體特質不變的能力。

(3)去自我中心觀 (loss egocentrism)：兒童漸能從他
人的觀點來看問題，瞭解他人持有與他不同的看法
與想法。

(4)能反映事物的轉化過程 (transformation)：能意
識到物體轉換的過程，思考不再侷限於靜止的表
象。

(5)具體邏輯推理：即雖缺乏抽象推理的能力，但可借
具體形象的支持來進行邏輯推理。

4. **形式操作期** (formal operations stage)

約在十一歲以後，其思考特徵如下：

(1)可進行假設─演繹的思考。

(2)可用符號進行抽象思考。

(3)能清楚的分離及組合問題中的變量，進而解決問

題，故是一種系統性的思考能力。

以上是皮亞傑根據他個人的觀察，所做的分期，或許各位也根據他的實驗，進行了研究，發現現在的孩子在階段上有提早的趨勢，但不可否認的是發展的順序卻是相同的。

(三)心理分析論

此派的代表人物首推佛洛依德（S. Freud, 1856－1939），以下是他對人格的結構與發展的看法：

1.人格結構

包括本我（id）、自我（ego）及超我（super ego）三部份交互作用形成內動力，支配了個人的行為。

2.人格發展

從出生至成熟分為口腔期、肛門期與性蕾期等關鍵期；個體在各期若未獲得良好的發展，將造成負面的影響。

口腔期(出生至週歲)：主要是以口腔為主的基本需求的滿足，此期在「唯樂原則」的支配下，故口腔的滿足與否影響其性格的形成，是為「口腔性格」，即在口腔的活動受到限制，可能導致以後貪心、吸煙、酗酒、咬指甲、吸手指等行為。

肛門期(一歲至三歲)：此期兒童對肛門糞便的溺留與排泄，均感到愉快與滿足，故父母在入廁訓練時，要特別注意，以免造成「肛門性格」，即冷酷無情、頑固、剛愎、吝嗇、暴躁、迂闊等性格。

性蕾期(三歲至六歲)：兒童的性器官變為獲取快感的

中心，此期兒童行為上開始有了性別之分，不僅對自己的性器發生興趣，也會模仿同性別的父母、愛慕異性的父母。

潛伏期（六歲以後）：即小學階段，由於生理的發展處於穩定的狀況，性驅力被壓抑在潛意識中。

兩性期（青春期）：隨著第二性徵的出現，兒童開始注意到自己的改變，並對異性產生好奇。

另外，艾立克遜（E. H. Erikson, 1902－）更在心理分析論中加入社會因素，稱之為「社會認同危機說」。因為人的發展會經過很多階段，而每一階段都有其主要的挑戰、任務或危機；在嬰兒期是信任感的建立、而幼兒期則是自主性等的學習；提醒父母與教師信任、自主對嬰幼兒的重要性，見表2-1。

(四)人文論

根據郭為藩（民75）的歸納，人文論的基本觀點為：
1. 確認心理現象的主觀性。
2. 堅持人性本善的信念。
3. 主張對人的生活各層面從事整體的探討。
4. 重視正常性與人生全程的研究。
5. 強調自我觀念的功能。

此派較晚近的學者有馬斯洛（A. Maslow, 1908－1970）、布勒（C. Buhler, 1893－1974）及羅傑斯（C. Rogers, 1902－1987）等，認為人類有自發、自覺、創造、探索未知等方面的潛能。故應尊重個體有作選擇與決定的能力，且能自主的學習。

表2-1　人生八大年齡階段與認同危機

階段 (大約年齡)	社會心理 危機	重要的人際 關係焦點	社會心理 形式	有利的 發展結果
1.出生至一 歲	信任或懷疑	母親或母親 的替代者	獲得、回報	驅力和希望
2.二歲	自動自發或 害羞和懷疑	父母	放手、抓握	自制和意志 力
3.三歲至五 歲	積極性或罪 惡性	家庭（現可 加上學前機 構）	認眞、敷衍	方向和目的
4.六歲至青 春期開始	勤勉或自卑	鄰居、學校	競爭、合作	方法和能力
5.青年期	自我認同或 自我否認， 認同的擴大	同儕團體和 圈外人；領 導的模仿對 象	肯定或否定 自我、享受 自我	奉獻和忠貞
6.成年期前 期	親密、團結 或孤立	友誼、性、 競爭、合作 等的夥伴	失去自我和 從別人中發 現自我	親合和愛
7.成年期中 期	有創作能力 或自憐	分工或享受 家的溫暖	創建、照顧	生產和照顧
8.成年期後 期	統合或失望	「人類」 氣味相投者	享受成功 面對失敗	自制和智慧

來源：修改自 Erikson（1963）

表2-2　四大理論與課程的關係

理論	對個體的觀點	改變的原因	改變的內容	所屬派別	對課程的影響
機械論	• 被動 • 視人與機械等量	• 制約、環境	• 量的改變 • 可觀察的行為	• 行為學派	• 教學目標明確化 • 教學系統化
有機體論	• 主動 • 有機體	• 主要是遺傳但也重視環境	• 質的變化	• 皮亞傑的認知發展論	• 重視學習過程 • 強調環境與經驗
心理分析	• 非主動也非被動 • 在兩種狀態游移 • 有反應的有機體	• 生物與成熟 • 慾望與動機 • 社會、心理與生理交互的作用	• 很難客觀衡量 • 質的變化	• 佛洛依德心理分析 • 艾立克遜社會心理說	• 重視內在動機與兒童早期的經驗 • 強調個體自我的認同 • 生計教育及親職教育等
人文觀	• 主宰自己生活及形成己身發展的能力	• 人類的潛能	• 質的變化	• 人本主義心理學派，如：馬斯洛的需求階梯論 • 布勒的人類發展五階論	• 尊重學習者的獨特性，強調個別化人性化的課程

上述的發展理論提供不同的觀點，來幫助課程設計者了解學習者。而簡表2-2則可概略思考發展理論與課程的關係。

二、學習心理學

到底人類的行為是來自成熟？還是學習？或者那些是受到成熟的影響？那些是學習的結果？又如果教育工作者無法控制人類的成熟因素，則該如何掌握學習對人類行為正面的影響力，以幫助人類良性發展呢？

㈠二十世紀以前的學習心理學

畢基（Bigge, 1982）在其書中提到，二十世紀以前談及學習多源自哲學思辨，屬於非實驗性的學習心理學；包括：心智訓練說、自然發展或自我實現，以及統覺說（apperception）。

其中「心智訓練說」又可分為古典人文主義的心智訓練說及官能心理學兩種；古典人文主義的心智訓練說源自古希臘，相信人是理性的動物，其心智本能只要有適當的練習與機會，便可發揮其潛能。此說認為哲學與古典文學不僅訓練人的心智，同時還可研習永恆的真理。另外，「官能心理學」認為人心天賦有各種才能，教育的職責是以獲得知識的練習來訓練這些才能；所以獲得的知識越困難，訓練效果就越好，故很著重訓練。不過，此說在今日並未得到實證的支持，因此已不太流行了。

至於自然發展或自我實現說，視人為天生的善，且在

環境中是主動的、自由的；故對教育持順其自然的態度。這樣的思潮起自盧梭、裴斯泰洛齊及福祿貝爾等，且成為後來存在主義的根源。

另外，「統覺說」是聯合舊經驗產生新觀念的一種過程。此說有別於上述的學說，主張人類所知的一切都是來自他的外在而非天賦本能；且視心智為質料(matter)。此種觀點可追至亞里士多德、洛克及赫爾巴特等。其中赫爾巴特不僅將心理學帶到教與學之中，成為瞭解人類心智運作的一種方法；更提出五段式教學法，準備、呈現、比較、歸納與應用。

雖然赫爾巴特所發展的只是一種科學化，而非實驗性的心理學，卻開啟後來德國的馮德(W. Wundt, 1832—1920)及美國的提欽納(E. B. Tichner, 1876—1972)的科學化實驗心理學「結構論」(structualism)之門。

(二)二十世紀的學習心理學

在赫爾巴特之後，另一種形式的「聯合論」或「行為學派」開始受到重視。華生認為人的行為是對某種刺激所作反應的集合。行為被假定為許多分離事物的結合，所以又稱為「原子論」。這對課程的影響是須研究所需學習的具體事物，並產生學習這些事物的「活動計劃」。最早應用此學說於課程的是巴比特的工作分析法，與莫利生(Morrinon)的單元教學法。

而桑代克所提的學習三定律——練習律、準備律及效果律，反映在課程組織上，便是教材的選擇、排列與組織，應以學生的興趣及能力為基礎。

另施京納則認為人類的各種自發性行為，可經由適切

的增強作用，予以強化保留，進而發展出重分析、排列、循序漸進的編序教學法。

　　至於完形—場地心理學，視學習為學習者知覺或心理世界的重組；但事物要在整體之下學習，因為研究事物其組成的各部份並不等於該事物。此外，完形—場地心理學強調認知過程－領悟、智慧及組織等，是人類對環境反應的基本特性。所以，人的活動主要是由目的、認知和參與所形成。

　　它對課程的影響是採較廣泛性的教育目標，以增進整個的或全體的個人；在智慧、情感及社會等各方面的發展。而學習經驗的選擇則是由逐漸增加統整的概念及反應的組織來決定；教材組織兼具論理及心理兩種組織，亦即將論理組織的材料，變成適合學生思想形式的程序，以利學習，故課程是採大單元的組織；學習上則注重過程，如：問題的解決、發現、創造等。

　　自起步到現在，有關學習的理論真不少；但因每個學說或理論，從研究層面變成可以應用到實務的理論，往往需要二、三十年的時間；而且還要和其他原有的理論相抗衡。因此這個「新」的理論其實已不是「剛出爐的新鮮理論」；然而，它又未必能馬上得到實務上決策者完全的青睞，頂多是為了「革新」，而在舊有的架構上加點新的理論，其中不乏將某些立論點完全相對的理論硬套在一起的現象。課程發展與設計者應確實瞭解不同的學習理論，對課程目標、內容、方法與評量所造成的影響，以免出現自相矛盾的窘境。

　　除此之外，方炳林（民72）表示教育本身其實也是影

響課程發展的基礎，如：教育的制度、學校的結構、教育人員的素養及知識的結構等，對課程的選擇、組織、排列及教學方法的影響是大家有目共睹，且經常受到批評及討論的。不過，話說回來，如果教育工作者的養成過程能對教育的本質與功能有更完整的看法、並注意到教育哲學、社會及心理學理論基礎的思辨與澄清，除有助於課程的發展外；必也有助於教育的制度、學校的結構等的健全，這樣的問題實在需要教育工作者好好的思考一番。

本節思考重點

1.上述心理學的研究對課程的發展有何影響？試舉例說明之。

2.試回想自己的思想或行爲是否受那一流派心理學的影響？

3.請寫下自己對教育、工作及生活的價值觀？

參考書目

方炳林（民72）：小學課程發展。臺北：正中。

林本與李祖壽（民65）：影響課程的因素，教育學　雲五社會科學大辭典，八冊，132頁。

林清山（民70）：教育心理學。臺北：東華。

林朝鳳（民75）：幼兒教育原理。高雄：復文。

黃慧眞譯（民78）：兒童發展，發展心理學。臺北：桂冠。

黃炳煌（民80）：課程理論的基礎。臺北：文景。

郭爲藩（民75）：人格心理學理論大綱。臺北：正中。

陳迺臣（民79）：教育哲學。臺北：心理出版社。

彭駕騂（民67）：課程的設計與評鑑。臺北：臺灣書店。

葉學志（民74）：教育哲學。臺北：三民。

楊國賜（民78）：現代教育思潮。臺北：黎明。

歐用生（民72）：課程發展模式探討。竹師：特殊教育中心。

Bigge, M. L. (1982). *Learning Theories for Teachers*. N. Y.: Harper & Row.

Bruner, J. (1977). Process of education revisited. In Glen Haas (ed.). *Curriculum Planing: A New Approach*. Boston: Allyn & Bacon.

Craig, G. (1966). *Science for the Elementary School Teacher,* 5th ed. Waltham, Mass: Blaisdell Publishing.

Havighurst, R. J. (1972). *Developmental Tasks and Edu-*

cation. N. Y.: Longman.

Linton, R. (1947). *The Cultural Backgrounds of Person-ality*. London: Routledge & Kegan Paul.

Lipset, S. M. (1960). *Political Man*. London: Heinemann.

Ornstein, A. C. & Hunkins, F. P. (1988). *Curriculum: Foundations, Principles, and Issues*. N. J.: Prentice Hall

Phenix, P. H. (1964). *Realms of Meaning*. N. Y.: McGraw-Hill.

Weinstein, G. & Fantini, M. D. (1970) *Toward Humanistic Education: A Curriculum of Affect*. N. Y.: Praeger.

第三章

課程發展模式

● 知道課程發展所代表的意義
● 知道課程發展的主要模式
● 建立發展課程的基本能力
● 瞭解課程發展與幼教課程的關係

前述國際教育百科全書中，蓋 (Gay, 1985) 曾提到「課程發展」(curriculum development) 一辭常被視為與「課程設計」(curriculum design) 同義或相混淆。如：彭駕騂 (民67) 書中便採用佛拉西爾 (Frazico) 的看法，認為課程發展是從教育政策的確定，教育目標的商榷，課程內容的編製，至學習機會之設計的整個歷程。

又簡楚瑛 (民77) 亦對課程發展提出兩種解釋：一為「the development of curriculum」，即課程演進的過程，

代表課程縱的歷史變化與發展；另一則是「curriculum development」，即課程的編製與修訂，代表課程橫的結構的發展。在這些定義中，課程發展多少具有課程設計的成份；甚至黃政傑（民80）書中還將二者視爲同義。

對此二詞，蓋（Gay, 1985）的看法是，課程發展所代表的是各層級如何去思辨及形成課程目標、內容、方法與評量的決策歷程；故所能看到的並不像課程設計的結果是經過組織，列有目標、內容、方法與評量的實體或產品。正因爲課程發展，牽涉的是課程學家對此一連串程序的觀點，在各家所持觀點不同的情況下，很難找到一致的說辭。如：工學觀點與非工學觀點，所發展出來的課程模式（指一種概念上的架構或一種理論上的組織系統），便不相同；以翁斯坦與漢京斯（Ornstein & Hunkins, 1988）書中的說明爲例，工學觀下的有泰勒、塔巴模式等，而非工學觀則有開放教室模式（open-classroom model）、威恩斯坦與范提尼模式（Weinstein & Fantini model）與羅傑斯模式（Rogers's model）等。

至於國內，如王文科（民77）；歐用生（民72）；黃政傑（民80）等，也都介紹了一些課程發展的模式，如：工學模式、過程模式、情境模式、夏瓦的實用折衷模式、傅雷葉的解放模式，以及國內板橋教師研習會自民國六十一年起著手研擬的課程實驗的發展模式等。這些課程發展模式的主要功能是指出課程的要素、要素間的關聯性及組織原則、教師、學生及其他相關人員的活動方向與任務等等，藉此以完成「產生課程」、「實行課程」及「評價課程」的功能。

本章擬以歷史悠久的泰勒模式作爲工學觀課程模式的

代表，並介紹非工學觀點下的課程模式，供大家討論參考；
最後再談談發展課程時所需的要素。

第一節 工學觀與泰勒模式

　　翁斯坦與漢京斯表示持工學觀的課程發展是思考如何透過課程計畫幫助學習者獲得有效的學習,並提高其學習結果及人性化的發展。而無疑的,泰勒模式是工學觀下最聞名的課程模式。本節將介紹泰勒模式,及此觀點的影響力。

一、泰勒模式

　　除了黃炳煌(民75)翻譯泰勒(Tylor, 1949)所著的「課程與教學的基本原理」一書外,在許多書中,如:翁斯坦與漢京斯(Ornstein & Hunkins, 1988)、黃政傑(民80)也都提到泰勒所說的,發展任何一種教學課程或計畫必須回答下面四個根本問題:

　　1.學校應該追求那些目標?
　　2.要提供那些經驗才可達成目標?
　　3.如何有效的組織這些經驗?
　　4.如何確知這些目標正被實現?

(一)學校應該追求那些目標?

　　課程的目標到底是如何產生的?根據泰勒的說法是:

1.從研究學習者本身
2.從研究當代校外生活
3.從學科專家的建議
4.利用哲學
5.利用學習心理學

　　亦即目標的產生是經由了解學習者及社會的狀況，加上參考專家的意見，並經過哲學與心理學的省思之後，才能編列出不偏不倚的目標來。至於編列的方式，可參閱第四章第一節。

㈡要提供那些經驗才可達成目標？

　　由於經驗的選擇是為了目標的達成，故選擇時應注意：
1.是學科系統知識嗎？
2.是學生能夠獲得充足的知識，且覺得滿足嗎？
3.是學生能夠理解的知識嗎？
4.是達成同一目標的各種不同經驗嗎？
5.是發生許多作用的一種經驗嗎？

　　至於，如何才能選出能夠回映上述問題的學習經驗？本章第三節二、學習經驗，將有較詳盡的說明。

㈢如何有效的組織這些經驗？

　　面對各種可以達成目標的學習經驗，課程設計者應如何來加以組織呢？以下分原則及方法來說明：

1.組織課程的原則

基本上，組織學習經驗的原則須注意到「繼續性」、「程序性」及「統整性」，即應兼顧「垂直」與「水平」經驗的組織。

2.組織課程的方法

而組織的方法則要考慮到「學科專家」與「學習者」間的差異；因為就「學科專家」來說，重視教材組織系統的「論理式組織」是較具有意義及重要性的一種關係，但不可否認的是這種組織方式可能也是適當的「心理式組織」。然而，對「學習者」而言，重視學習者能力、興趣及需要的「心理式組織」較具有意義。因此，如何顧及學習者的能力、興趣和需要，並將教材做有系統的組織，是課程發展者做決策時，不可避免的問題之一。

(四)如何確知這些目標正被實現？

從目標的產生到內容、經驗的選擇與組織，課程有了大致的內容，但這些內容是否能達到所欲之目標，或者這些內容的效果如何？則有待評量的步驟來檢驗。首先，應確定所界定的目標是否能反映出課程的理念，以及能否清楚的被執行？然後再依行為、情境，選擇或發展出合適的工具來測量，且當找到合適的工具並收集到所須的資料之後，能善加解釋並應用於回饋課程的目標、內容與實施上，以幫助學習者有效的學習及教育政策的推行。

從這些問題的思考，泰勒建構出一套課程發展的程序，即泰勒模式（見圖3-1），足以顯示課程決策的歷程。

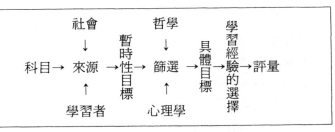

圖3-1　泰勒課程發展的模式

二、泰勒模式的影響力

　　黃政傑（民80）曾在他的書中提到泰勒模式雖招致不少批評，但就該模式而言，已顯示課程的主要部份，且在其後所提出的模式多只是泰勒模式的補充而已，如：塔巴（Taba, 1962）惠勒（Wheeler, 1977）、索托（Soto, 1969）、魏斯特麥爾（Westmeyer, 1981）、科爾（Kerr, 1968）及赫利克（Herrick, 1965）等；可見泰勒模式所具有的地位。

　　而工學觀點所具有的明確及層次性，也頗爲國內課程學者所接受。彭駕騂書中就提到福斯（Fox）的課程發展歷程（見圖3-2）。

　　同時，彭駕騂也提到一九六八年，聯教組織在第一次亞洲區小學課程發展研討會中，曾就課程發展的程序與基本結構進行研討，要點如下：

　　1.基礎（個體、社會、人類知識）

　　2.課程發展的原則

　　3.一般目標

4. 分段教育目標（如國民教育目標或本書所談的幼兒教育目標）
5. 教材之選擇
6. 教學之設計：
   (1)時間的分配
   (2)教法的設計
   (3)教具的充實
   (4)教學的檢討
7. 課程的評鑑
8. 課程的修訂

　　即使是我國國民教育研習會（民76）所提的課程實驗的發展模式（見圖3-3），在程序上，雖和彭駕騂（民67）所說的課程發展的歷程相距十年，但根本的結構並無太大的變化；因為其根源並未離開泰勒所提的，發展任何一種教學課程或計畫必須回答四個根本問題：(1)學校應該追求那些目標？(2)要提供那些經驗才可達成目標？(3)如何有效的組織這些經驗？(4)如何確知這些目標正被實現？

　　雖然這些程序與歷程所強調的是：有系統的分析教學目的、教學目標、學生的特性、可使用的教材、活動與資源，以及有效的評鑑方法；而被評為缺乏人性觀。但事實上，從泰勒探討目標產生的來源開始，學習者一直在課程發展上扮演重要的角色。如果主導課程發展的單位能以此科學化的觀念掌握學習者與社會所須的課程，提供給各地各級學校作參考；則以此觀點來發展課程倒真的是程序分明，便於評量。但若將此觀點用於教室層次的課程設計則得視學習者及所學內容而定了。

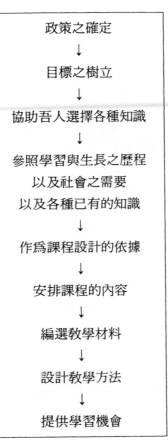

政策之確定
↓
目標之樹立
↓
協助吾人選擇各種知識
↓
參照學習與生長之歷程
以及社會之需要
以及各種已有的知識
↓
作爲課程設計的依據
↓
安排課程的內容
↓
編選教學材料
↓
設計教學方法
↓
提供學習機會

圖3-2　福斯的課程發展歷程

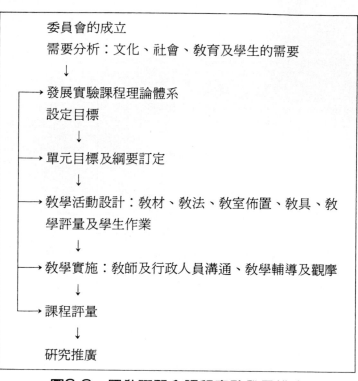

委員會的成立

需要分析：文化、社會、教育及學生的需要

↓

→ 發展實驗課程理論體系

設定目標

↓

→ 單元目標及綱要訂定

↓

→ 教學活動設計：教材、教法、教室佈置、教具、教

學評量及學生作業

↓

→ 教學實施：教師及行政人員溝通、教學輔導及觀摩

↓

→ 課程評量

↓

研究推廣

圖3-3　國教研習會課程實驗發展模式

三、工學觀課程模式在教室層次下的應用

坎普（Kemp, 1977）便是利用工學的觀點，有系統的指出一個教學設計所應包括的八個部份：

(一)目的與主題

即在每一主題教學完成時是什麼樣子？

(二)學習者的特性

分析可能影響學習者學習的因素，教學者應預知的是什麼？

(三)學習目標

學習終了，學習者所知或所能的有什麼不同？

(四)教材內容

藉什麼教材來支持每一單元目標？

(五)學習前評量

每名學習者是否具有進行學習此一單元的背景或準備？或者也許學習者對即將學習的單元已很熟練？

(六)教學活動與資源

什麼樣的教學方法與教學資源最能運用以達成每一目標？

(七)支持系統的配合

行政上（時間、各單位）應如何配合，使能有效進行此項設計？

(八)評鑑

對學習者的所學，如何以有效的方式來評鑑？

很顯然的，在此重分析講效率的程序下，成果的達成

是可以預期的；亦即對追求學習效果而言，此一程序可以又快又準確的得到所要的結果。但課程學者並不以此為滿足，再加上受到進步主義教育思潮與發展心理學新趨勢的影響；學習者的主動性受到重視，教育不再只是達成目的的手段，而是過程的論點也廣被接受；於是一些不同於工學觀的課程模式相繼出現。這正是下一節所要探討的「非工學觀」的課程發展模式。

本節思考重點

1. 何謂課程發展？

2. 泰勒模式與工學觀的課程發展有何特色？

3. 分組討論泰勒模式運用在幼教課程上的可行性與優缺點？

第二節　非工學觀的課程模式

　　當一九七○年初期，強調人性、美學，以兒童為中心，讓兒童主動參與活動的非工學觀點受到重視，開放教室或開放學校也就產生了。開放教室是一種學生可以由自己的興趣來展開學習活動的環境，在此，課程不是預設的計畫，而是教師相信學生有能力自己安排活動，並完成完整性的學習；故活動本身就是目的。

　　而歐用生（民72）所介紹的過程模式（process model）從其發展背景與特徵來看，應可代表此觀點；故本節擬以過程模式來作說明。

一、過程模式的特徵

　　有關過程模式其課程發展的程序，歐用生以羅生門模式為例簡述其程序為：**一般性目標→創造性的教學活動→記述→依教學活動實施評鑑**。故其第一步與上述工學觀一樣，便是訂定一般性目標，但接下來並不是發展特定目標，而是設計可以實現一般性目標的教學活動，教師必須具有掌握該目標的專業知能；同時，還要仔細的觀察及記錄整個教學活動，再依據記錄的結果評鑑目標被實現的程度，活動的結果未必等於原先的一般性目標，但可回饋

課程的發展。現說明其特徵於下：

㈠過程模式是一種開放的系統

開放系統認為學習不是直線，目標和內容都不必預先決定，因為兒童的興趣在學習的過程中隨時會改變。教師的任務不在教導學習或塑造兒童行為，而是扮演催化劑或共同學習的角色。

㈡強調教育是一種過程

過程模式關心的是內在的價值及教育過程的價值。如思考的方式、求知的技能、分析的能力、理解等學習的方法，而非學習的內容。

㈢強調發現與探究的學習

在教育的過程中，學習者不是被動的接受教師所教的，而是主動的參與，經由行動助長學習，並增進認知技能的發展，這就是發現教學法（discovery method）、探究教學法（inquiry method）及活動教學法（activity method）的意義所在。故教師的任務是安排探究的環境，並協助幼兒鑑賞、解釋、理解和組織探究得到的結果，教師關心的是學習者，而不是將要學習的事實；是幫助學生獲得的意義，而非知識的結構。

㈣強調教育是經驗的重組

實驗主義者強調「有用者為真」，知識只是暫時性的，依據新的證據和新的經驗而不斷的修正。因此要重視教育的過程，協助學生發展並組織自己的知識，故課程或教材

要提供兒童參與真實生活情境的活動的機會，使他能真的經驗、擴展並修正自己發現的理念。

(五)重視開放的、非形式的學習環境

由於過程模式強調兒童主動的學習，自由的探索，因此，教育環境的安排要以鼓勵兒童自由選擇、自由探索為原則，在各種措施及氣氛上，必須是開放的、非形式的、教室就像實驗室，學生可在其中的任何一個地方進行操作，或利用原始的資料或現存資料以產生新的，或獨特的產品。因此，教師要注意教材或活動的選擇、組織和提示的方法，以刺激兒童的好奇心，增進觀察、實驗和解釋的能力，激發更進一步的經驗。

由上可知，在此一模式下所發展出來的課程是活生生的、是現場的、也是獨特的。它需要的是專業性技能純熟，能夠隨時觀察學習者與教材互動的情形，能引發學習者探索、思考、創造及繼續學習的教師；而不是設計好的教材。

故在講求成效的教育體制內，此種必須待師生相互影響來決定下一步該如何的課程模式，雖很人性化，但施行及評量的困難度也都較高，所以，其使用的層級多是小學校或班級。而這或許就是今日中小學還是全國統一課本的緣故吧！

二、過程模式在教室層次下的應用

雖然，目前國內的課程發展偏向工學觀點，但非工學

觀的課程發展仍有其空間；至少教師可將之運用在教室層次之中。布魯納（Bruner, 1968）文中，曾介紹一個針對九至十三歲兒童設計的方案——人的研究（Man—A Course of Study, MACOS）。在這個方案有三個基本的探討原則：

1. 人類的人性是什麼？
2. 人性是如何發展出來的？
3. 如何使人性加以提昇？

而其進行的程序是：

1. 啟發並發展青少年或兒童發問的過程（探究法）。
2. 教導兒童研究法。
3. 協助使用各種第一手資料做證據的能力，如提出假設、引出結論等。
4. 建立探索的正當性，認可並支持開放式的討論。
5. 指導課堂上的討論、傾聽及表達。
6. 鼓勵兒童反省自身的經驗。
7. 創新教師角色：教師是資料的來源，而非權威者。

　　或許有人會認為適合九至十三歲的方案，不一定適合幼兒；這種懷疑是可以接受的，因為年齡不同，經驗及能力不同，當然不能把用在九至十三歲兒童的方案直接套在幼兒身上；但並不表示過程模式的教學設計不適合幼兒。關鍵在於教師如何掌握其中的精神，選擇幼兒可以接受的方式進行發問、資料收集、討論、綜合及報告等過程；而最重要的是教師是否能明瞭自己的角色，恰如其份的扮演它。

本節思考重點

1. 試說明過程模式的程序與特徵？

2. 分組討論過程模式運用在幼教課程上的可行性與優缺點？

第三節　課程發展的要素

無論是那種課程觀點或那種課程模式，一旦缺乏內容，或活動無法引發學生產生學習經驗便稱不上是課程。同樣地，也沒有任何一種學習經驗與活動能在缺少環境的條件下進行。因此，不管是發展何種觀點的課程，課程的內容、經驗與環境將是不可或缺的要素。

一、內　容

課程內容所涉及的是學習者所學習的一些特定的事實、觀念、原則及問題等；不管這些內容是藝術、科學、心理學或社會學，全都來自學者對人類文化進行系統性整理所得的結果，且將源源不斷。可是學習者的時間卻是有限的，教師或課程編訂者該如何選擇呢？下面有八個效標，可供參考：

(一)觀點

課程內容的選擇在概念上，頗受教師或課程編訂者的假說觀點的影響；當課程編定者關心的是特定的目標能否達成時，其所要做的是分析能達到該目標所須的內容，亦即進行「工作分析」。反之，課程編訂者所關心的是學生學

習的過程，則其所須的是一個可以讓學生主動參與、探索、收集資料或解決問題的生活素材或環境。

㈡對各種學習來說是最根本必要的

面對有限的時間與無限的知識，何種內容是此時此刻這些學生最需要知道與吸收的？亦即課程編訂者如何選出最根本且必要的內容呢？以下三點可供參考：是知識與文化中最基本的成分嗎？是應用性與遷移力最大的成分嗎？以及是屬於探究方法與精神的成分嗎？

以課程內容在「廣度」與「深度」的兩難問題為例；其原因往往是出在設計者無法掌握應用性與遷移性最大的概念，認為在相同時間裡，想教得深就無法教得廣；其實設計者若能選出足以舉一反三或是布魯納所說的關鍵概念，則廣度與深度就未必是相對的問題了。

㈢效度

關於所選的內容是否就是學生學習上所須的，最簡單的檢驗方式就是根據課程目標來加以評估；如此一來，似已指出目標訂得清楚與否，與能否尋得搭配的內容非常有關。舉例來說，當課程目標是說出三種常吃的水果，則所安排的課程內容必是三種以上的水果，而不會是三種以上的樂器。不過，根據明確的目標選擇內容最要避免的就是無法接受學生真正的學習興趣或需求而導致學習僵化。

㈣可以學習的

任何再好的內容，若學生無法學習，也等於沒有找到內容。故惟有深入瞭解學生的程度與學習特徵，方能按照

學生的接收能力去選擇內容；而這往往牽涉個別差異與常模的問題，值得課程編訂者及教師注意。

(五)興趣

當內容是最根本必須時，是否有可能正是學生最不感興趣的呢？相信這是以教材或以教師爲中心的課程會面臨的一個問題；但是以學生爲中心的課程內容，必須耐心等待，卻又不能確知這樣的內容對學生或社會是否有價值；因此，學生的興趣必須和他們的成熟度、經驗，及社會或教育目標一起評估；以期找到最適合的內容。

(六)實用性

何謂「實用」？其實也是哲學觀的問題。是教給學生可以維生的職業知能才叫實用，還是啓發學生的潛能、培養思考的能力呢？姑且不管答案，因爲最重要的是課程編訂者必須知道自己的立足點。

(七)自我滿足

選擇有助於學生獲得最大的自我滿足的學習內容；不僅對學生及教育都是最具經濟效益；也是幫助學生發揮潛力，自我實現的一種手段。

(八)可行性

當前述條件都已通過，還必須將所須的經費、時間、場地、工作人員或相關資源等列入考慮，否則不可行的內容，仍將無法成爲課程的一部份。

二、學習經驗

　　基於不同的學習者參與同一個學習活動，卻往往會產生不盡相同的學習經驗；學習活動並不等於學習經驗。故教師的職責也不光是收集教材，或安排許多活動；更要深入觀察學習者，及整個學習環境所提供的種種條件，方能產生有利於幼兒的學習經驗。為此，教師或課程編訂者還可透過下列的問題來篩選學習經驗：

㈠學習者有機會去演練該目標所含示的行為嗎？

　　基本上，學習經驗是為達成目標而存在，因此，教師當然是根據目標來選擇經驗，舉例來說，若想增進幼兒說話的能力，則教師必須安排可供幼兒交談的環境及經驗，如：安排日常交談、發表、討論、說故事，戲劇及角色扮演的機會與環境來練習之。

㈡學習者由於實踐該目標含示的行為而獲得滿足嗎？

　　雖然教師或課程設計者是根據目標選擇學習經驗，但所選的經驗是否可以滿足幼兒，得看這些經驗是否符合幼兒的需要與興趣。以增進幼兒說話能力的種種經驗來看，如果日常交談、發表、討論、說故事，與戲劇及角色扮演等，的確是幼兒所需及感興趣的，再加上教師的妥善安排，自然相得益彰，帶給幼兒對自己能力等的滿足感。

㈢是學習者能力所及的嗎？

　　對三歲的幼兒來說，能複誦短短的兒歌，用不太有組織的字句敍述自己的生活經驗或講故事，都已是他最大的能力，則教師就不能期望三歲的幼兒在聽過故事後，把這個故事完整的表達出來。故教師必須具備幼兒發展的知識與幼兒有關的第一手資料。

㈣有達成同一目標的各種不同經驗嗎？

　　就前述增進幼兒說話能力的目標，即可安排日常交談、發表、討論、說故事，與戲劇及角色扮演等不同的學習經驗；當然其他的目標也可以，以建立幼兒一對一的對應概念來說，透過幼兒發餅乾或點心給同伴、或是擺餐具，甚至許多動靜態的對應遊戲都可行。換言之，可達成同一目標的學習經驗有很多，教師應多加充實自己，方可從中選擇適合幼兒的經驗，以滿足幼兒的學習。

㈤是一種能發生許多作用的經驗嗎？

　　以小商店的扮演遊戲為例，幼兒從中既可真正瞭解商店的功能、金錢的意義、買賣的概念，同時也有助於人際互動與溝通。

　　透過上述的問題所選出的學習經驗，便不止是內容而已；而是能幫助學習者發展出思考的技巧、社會態度、興趣，並獲得資訊的經驗。

三、環境

此處指的是對師生而言，在時間與空間的環境條件上，是否合於下列特性：

(一)充份性

學習的空間是否足夠？如：可供個人、小組或團體使用的空間是否足夠？儲放空間是否足夠？環境的控制，如：光線或音量是否足夠？設備是否能滿足學生學習的需要？等等。

(二)合適性

教室是否適合進行各種學習活動而不會被干擾？當進行展示活動時，全班是否都能清楚的看見？

(三)有效性

環境的安排是否有助於活動目標的達成？

(四)經濟性

在規劃環境時，是否已將物力、空間與時間控制在效果最好而花費最低的狀況，如：學校建築本身就可做為學生課程的一部份，或上課地點集中；師生不致疲於往返途中等。

由上可知，環境的特性與課程發展的其他要素息息相

關，教師或課程編訂者應仔細考量之。

　　在看完不同觀點下的課程發展模式，及瞭解各層級如何思考這些問題，如何決定課程內容、學習經驗與環境之後，希望大家能好好的思索並加以統整。因為這些基本的概念，將成為往後大家發展及設計幼教課程的基礎知能。

本節思考重點

1. 請觀察並訪問園所教師選擇課程內容的效標？分析之。

2. 請以實例說明如何選擇學習經驗？

3. 課程發展在環境上應注意什麼？

4. 分組討論泰勒模式與過程模式在各層級課程發展上的適用性。

5. 觀察並訪問園所教師對發展課程的看法？並分析是受何種觀點的影響？

6. 依你的哲學觀，你會選擇何種課程的模式？說明之。

❖❖❖❖❖❖❖❖❖❖❖❖❖❖❖❖❖❖

參考書目

王文科（民77）：課程論。臺北：五南。

彭駕騂（民67）：課程的設計與評鑑。臺北：臺灣書店。

歐用生（民72）：課程發展模式探討。竹師：特殊教育中心。

國教研習會（民76）：國民小學社會科課程實驗研究計畫，第一期總報告。臺北：臺灣省國教研習會。

黃炳煌（民75）：課程與教學的基本原理。臺北:桂冠。

黃政傑（民80）：課程設計。臺北：東華。

簡楚瑛（民77）：課程理論篇。幼兒‧親職‧教育。臺北：文景。

Bruner, J. S. (1968). *Man—A Course of Study*. Educational Development Center.

Gay, G. (1985). Curriculum development. In T. Husen & T. N. Postlethwaite (ed.). *The International Encyclopedia of Education, Research and Studies*. Oxford: Pergamon.

Kemp, J. E. (1977). *Instructional Design*. Belomont, CA.: Fearon-Pitman, Pub-Inc.

Ornstein Allan C. & Hunkins Francis P. (1988). *Curriculum: Foundations, Principles, and Issues*. New Jersey: Pretice Hall.

第四章

課程設計

目標

- 瞭解課程目標的重要性
- 增進選擇目標的能力
- 知道課程內容與目標的關係
- 知道課程內容設計的原則
- 認識課程內容設計的類型
- 培養組織課程內容的基本能力
- 瞭解課程評量的重要性

由前一章的討論，相信大家對於課程發展與課程設計的相互關係已有粗略的瞭解。「課程發展」幫助大家瞭解各層級課程所思考的要素、觀點及決策的歷程；而「課程設計」則是依據這些要素與歷程，建構出課程的實體。這其中當然也包括價值或觀點的選擇，不過，本章的說明重點

將集中在組織這些課程要素的技術層面上。亦即探討課程設計者應如何掌握目標的層級與敍寫、內容的組織原則、組織的類型及評量等要素，來達成課程設計內部的一致性。

第一節　目標的層級與敍寫

　　雖然開放教室模式不預設特定的目標，但打從教育的政策確立之後；教師或課程編訂者便在導引教育與課程方向的目標下發展課程。因為就如柯利爾等 (Collier, et al. 1976) 所說的，課程的目標具有五個功能：⑴可指導學習；⑵可輔導學習經驗的選擇；⑶可協助內容的平衡；⑷可提供評量的基礎；⑸可建立改變的基礎。（摘自簡楚瑛，民77）　由此可知，目標在課程發展上的重要性。故瞭解目標的層級、教育目標的分類與層次，以及敍寫的方式，對編訂課程是相當重要的基本常識。、

一、目標的層級

　　在英文中常以「aims」來表示無法直接觀察或評量的教育目標；而以「goals」較特定的描述來表示教育所欲的後果或終極目標，作為學校、教師或課程編訂者規劃課程或方案的指引；再用「objectives」來明確的描述課程或方案的目標。

　　雖然中文也可以為「aims」（目的或宗旨）、「goals」（鵠的）及「objectives」（目標），找到不同的翻譯，但真正重要的是，大家能否察覺不同層次的目標對教育、課程

或方案的意義。亦即教育工作者或課程編訂者是否能從教育的信念中，衍生出教育的大方向，然後逐步發展為具體可觀察的課程目標。如：我國幼兒教育是以促進幼兒身心健全發展為宗旨；而以達到維護兒童身心健康、養成兒童良好習慣、充實兒童生活經驗、增進兒童倫理觀念及培養兒童合群習性為教育目標。另為達到這些教育目標，則有課程標準來規範課程的目標。

二、教育目標的分類與層次
(taxonomic levels)

在知道目標具有階層性後，此處還要介紹布魯姆等所編寫的教育目標的分類。他們經由對學習者及教育上的研究，將教育目標分成三大領域，並先後完成參考書。此舉不僅對教育目標的平衡有極大的貢獻，同時，也引發大家對認知、情意與動作技能的課程領域進行探究，功不可沒。

㈠認知領域 (the cognitive domain)

布魯姆 (Bloom, 1956) 在其所編的教育目標分類手冊的首冊中，將認知領域分成六個層次，由淺至深為知識、理解、應用、分析、綜合及評鑑：

1. **知識**

  指記憶所學的教材，如：名詞、事實、規則和原理等。

2. **理解**

  了解所學過知識或概念的意義。

3. **應用**

  將所學的規則、方法、步驟、原理、原則和概念，應

用到新的情境。

4. **分析**

　　能將所學的概念或原則，分析為各個構成的部份，或找出各部份相互間的關係。

5. **綜合**

　　將所學到的片斷概念或知識、原理原則與事實等統合成新的整體。

6. **評鑑**

　　依據某項標準做價值判斷的能力。

㈡情意領域（the affective domain）

　　克羅斯華等（Krathwohl, Bloom, & Masia, 1964）將情意領域分成下面五個層次：

1. **接受（receiving）**

　　注意、覺察某一種事實、現實、問題或某種活動。

2. **反應（responding）**

　　參與某種有關情意方面的學習活動。

3. **價值判斷（valuing）**

　　不僅參加了某種活動，且以予正確的判斷和肯定，使其行為成為真正有意義、有價值的行為

4. **組織（organization）**

　　將其對許多事物的個別判斷，組織起來，使其獲得統整、不相矛盾。

5. **品格化（characterization by a value or a value complex）**

　　將價值判斷或價值系統內化於人格之中。

㈢動作技能領域 (the psychomottor domain)

關於動作技能領域，哈羅 (Harrow, 1973) 提出六個層次，包括：反射動作、基本動作、知覺能力、體能、技巧動作及有意的溝通。

而辛普生 (Simpson, 1972) 則將之分成知覺、準備、指導下的反應、機械化、複雜的外顯反應、調適及創作等七個層次，更為教育工作者所接受。現說明於下：

1. 知覺 (perception)

是藉著感官注意到物體，性質或關係的過程；為動作活動的必要但非充分的條件。包括：感官刺激 (sensory stimulation)。線索的選擇 (cue selection) 及轉換 (translation) 三個層次。

2. 準備 (set)

是對某種特定行動或經驗的一種初步適應或準備度 (readiness)；包括心智、生理及情緒三方面的準備。

3. 指導下的反應 (guided response)

是個人在教師指導下所表現的明顯行為動作，或個人依照評判其行為表現的範例或規準的自我評鑑，所表現的明顯行為動作。包括：模仿及嘗試錯誤二個層次。為發展技能的早期步驟，強調構成複雜技能的各種能力。

4. 機械化 (mechanism)

乃是對刺激所做的種種的可能性反應的一部分；同時也是對種種情境的要求所做的種種可能反應的一部份；且所學的反應成為習慣。

5. 複雜的外顯反應 (complex overt response)

個人因運動式樣的需要，而表現複雜的動作行為，包

括：解決模糊的順序及自動的行為表現。

　　6.調適（adaptation）

　　　改變動作活動以應付新問題情境。

　　7.創作（origination）

　　　根據在技能領域所發展出來的悟性、能力和技能，創造新的動作行為或處理材料的方式。

三、目標的敍寫方式
(types of educational objectives)

　　隨著不同層次的目標的產生，編訂者該如何敍寫才有助於使用者相互溝通呢？一般常見的方式是以「非行為目標」（一般性目標）及「行為目標」來表達。（見表4-1）

表4-1　以非行為目標與行為目標來敍寫三大目標領域

目標領域		非行為(一般性)目標	行為目標
認知領域	知識	記住故事的內容	能說出故事人物的姓名
	理解	瞭解水的重要性	能舉出水的重要性兩種
	應用	應用數數的概念於日常生活中	能發給每位同伴五塊餅乾
	分析	瞭解唱數和數數的關係	能說出唱數和數數的不同
	綜合	統整一天中所學的內容	能說出一天學習的重點

	評鑑	具有判斷故事因果的能力	能分辨故事中人物行為的對與錯
情意領域	接受	注意聽講	能安靜傾聽
	反應	遵守交通規則	看到紅燈亮會停車
	價值判斷	承認科學在日常生活中的重要性	會參加各種科學活動
	組織	覺知自己的能力與限制	能說出自己的優缺點
	品格化	實踐在團體活動中合作的態度	能和同伴共同完成一件作品
動作技巧領域	知覺	知悉洗手的步驟	能說出洗手的步驟
	準備	願意參與小組活動	小組時間能參與各組活動
	指導下的反應（模仿）	表演美勞工具的使用方法	能正確的模仿榜樣使用工具
	機械化	養成飯後刷牙的習慣	不需示範，能於飯後正確的刷牙
	複雜的外顯反應	完成精確的體操動作	能把體操動作連貫的做出來
	調適	設計一套體操動作	能改編體操的動作
	創作	創造新的體操動作	能編出四拍新的體操動作

所謂「行為目標」，就是一種具體可由學習者行為來評估的目標。敘寫時至少要包含(1)可觀察的行為及(2)該行為的標準；必要時，可加上(3)當時的情境。如：能舉出水的重要性兩種，或在討論之後，能舉出水的重要性兩種。

雖然有些學者表示行為目標不易訂定，且易限制教學的彈性；但黃光雄（民72）則對使用行為目標來敘寫目標表示支持，深信明確具體的目標並不會阻礙學習，反有助於學習經驗的選擇與安排。

而「非行為目標」或所謂「一般性目標」，則是一種非特定、較廣泛性的目標。在教育歷程中相當重要，通常用來描述中長程以上的目標；並和社會需求及期望有關聯。一般性目標可決定課程應包括那些特定的目標，但不是所有的一般性目標與課程的特定目標均能一一相符，因為它通常涉及教育學者希望達成之廣泛而未來的目的。

當然，由於非行為目標比較廣泛且非特定，故往往被用來取代行為目標，以便保持課程運作時的彈性。其表達方式，如：瞭解水的重要性。

總之，行為目標不應成為教育或課程的限制；尤其當教師在進行教室層次的課程，如果教師不是非常清楚學習者的狀況，有關的理念也不清；除了無法寫出確切具體的行為目標，相信也無法以非行為目標來濫竽充數；反之，教師若已充份瞭解學習者的能力與需求，則預估出行為目標並非難事；因為真正的困難是教師能否做到對幼兒有充份的瞭解？如果教師做得到，則怎會明知幼兒達不到該目標卻要幼兒去做呢？

這些教育目標的分類與層次雖看似複雜，卻有助於課

程編訂者及教師選擇教學內容與進行評量，值得好好研究。故初學者除須仔細思考這些教育目標的分類外，還可加入非行為（一般性）目標與行為目標的練習，幫助自己妥善敍寫出有助於課程進行的目標。再者，在思索有關如何編擬目標的問題時，不妨利用下面的問句檢視之：

1. 所欲獲致的是什麼樣的目標？
2. 是傳授那一課程領域的知識？
3. 對於人類人文遺產的傳承有幫助嗎？
4. 能促進學生身心健康，滿足兒童身心需求？
5. 具有解決現實問題的功能嗎？
6. 選用何種方式來敍寫目標？

本節思考重點

1. 試述課程目標的重要性？
2. 請舉例說明目標的分類與敍寫原則。
3. 找一篇或一本探討各層級目標的文章或書，寫下自己的心得，並與同學分享？

第二節　課程內容的組織原則

　　課程內容的設計是指將學習的材料或經驗，有系統的以邏輯順序及符合學習者心理發展的原則編訂，以發揮教學效果，達成教育目標。這些原則是什麼呢？泰勒表示組織課程應注意繼續性、程序性與統整性（摘自黃炳煌，民75）；翁斯坦與漢京斯（Ornstein & Hunkins, 1988）則認為課程設計除範圍的界定外，還應顧及順序性、連續性、統整性、關聯性與均衡性等原則；而依據康尼里與克蘭丁尼（Connelly & Clandinin, 1985）的看法，課程內容的組織依其目的，可分為垂直及水平兩種。

　　分析這些學者所提出的說明，垂直式的組織（vertical organization）所代表的是課程的順序，這種順序不僅是指隨著年級而發展的順序，同時也可以是在某一門課裡面所發展出的某種觀念。故程序性或順序性原則，甚至繼續性或延續性原則都可歸於此。至於水平式組織（horizontal organization）所代表的是課程各部份內容的統整與均衡，顯然是與統整性、均衡性及關聯性原則相通。

　　因此，以下僅就程序性或順序性原則、繼續性或延續性原則，以及統整性、關聯性和均衡性原則進行說明。

一、程序性或順序性原則 (sequence)

　　由淺至深、由易到難、由舊到新，由已知到未知、由具體到抽象、由整體到部份；當所安排的內容不管是難度、廣度、深度，是以前一個經驗為基礎，考慮學習的先後問題，使學習更容易，其所根據的便是「順序」。

　　此外，有所謂「擴展性原則」，此乃依學習者生活中所能接觸的層面來組織課程的內容，如：大多數社會科課程其教材的排列是採取擴展的原則，即參照兒童社會活動的擴展程序，逐步擴大範圍。按兒童的生活空間，最初是家庭、學校與鄰舍，然後隨著兒童的成長，逐步擴展到社區、省、國家，乃至世界。其實也是順序性原則的一種，只不過，它在考慮教材的邏輯順序時，也顧及學習者的生活經驗。

二、繼續性或延續性原則 (continuity)

　　此原則的產生是因為兒童的經驗，並非按一定的程序擴大，故讓同一主題，在不同時期中重複學習，由於學習者的成熟度，原有經驗又經刺激，得以延續擴展。在此原則下的課程組織方式有直進式、循環式與折衷式三種：

㈠直進式

　　乃將兒童所應學習的內容，依照內容的深度與難度，

詳盡的分配在學習年限中，使兒童逐年學到某一教材的不同方面。如：將一、二年級都上國語課，但二年級的課本必會出現一些一年級已學過，以及二年級才要學的字詞文句。

(二)循環式

則是將兒童所應學習的內容，以圓周的方式，在學習過程中，先後數次隨著幼兒的成熟、興趣、能力與需要，採螺旋循環的方式，具有集中焦點、邏輯性和準備度的特徵；如：在算術科的不同單元中，重複出現一到十的數字來複習符號與數量的關係；在不同年級的課文裡，出現不同的愛國故事來培養愛國的情操或觀念。

(三)折衷式

顧名思義是將直進式及循環式合併運用，兼顧順序性與連續性。前者較以教材為中心，後者則注意到學習者本身；可減少只注意到複習教材而未加深或加廣的缺點。

三、統整性原則（integration）

課程設計時，試圖把來自四面八方不同領域但同一程度的課程，且內容具關聯性的部份做成橫的連線或水平的統整；藉此幫助學習者從各科目所學到的經驗得以統一與聯貫，進而產生更靈活運用的效果與意義；這便是達到統整性原則。

四、關聯性原則 (articulation)

垂直的關聯性是將某種特定層面的關係表現在課程順序中，由「一課」(lesson) 到「主題」(topic)，再到「課程」(course) 之中。如所安排的初級代數課將與幾何學課程中一些關鍵概念有關。

水平的關聯性所代表的是某些同時發生的要素間的關係，如同一年級的社會科與國語科間的關係。

此一原則中的水平的關聯性在乍看之下，似乎和統整性原則雷同，不過，仔細推敲前者是以「同時」發生的要素間的關係為考量；而後者則是「同一程度」且相關聯的學習經驗與活動為基準；層面略有不同，但都會涉及學習者所獲得的經驗間的關係，值得設計者思考。

五、均衡性原則 (balance)

均衡性指的是學習者能獲得適合個人、社會與智慧等目標發展的知識與內在化的機會。亦即課程設計者將共通性（一般性）或特殊性的需求，團體（社會）或個人的需求，反映在各課程領域的比例上。事實上，均衡的課程目前只是一種理想，正如我國雖倡導的德智體群美均衡發展，但因考試制度的關係，不僅個人的、特殊性的需求無法獲得滿足，就是課程領域也偏向以智育為主；但願沒有考試壓力的幼兒教育能有實現此一原則的機會。

由上可知，垂直的順序安排與水平的關聯統整是課程內容組織原則之根本；但除了依照教材的邏輯順序或學習者的心理發展外，政策對課程組織的影響力也很大。舉例來說，垂直式的組織方式在中央集權的教育系統便有很高的可行性；反之，若是非集權式的教育制度，各地區都有自由選擇的權利，則各校的課程甚至各科目的順序恐怕都很難一致。故對中央集權的教育制度而言，若課程決策的腳步跟不上個人與社會的需求，其影響必然不小。

本節思考重點

1.試說明組織課程內容所應注意的原則？
2.就自己對課程的經驗，舉一例說明其所考慮的原則？
  譬如：數學。

第三節　課程內容設計的類型

　　在談過課程內容組織的原則之後，相信大家已經發現科目教材、學習者及社會的需求是課程組織時，相互關聯且各具重要性的因素。科目教材本身有其邏輯性，按其順序編排雖然清楚；但是否能符合學習者當時的需求常叫人質疑，且分科之下知識易失去科目間的關聯性；可是若依學習者的心理發展，則除共同性之外，個別的需求是否都能兼顧呢？更何況人是社會性的動物，二者息息相關；孰輕？孰重？或相等？則與國家政策頗有關聯。因此，在參考過黃政傑（民80）、陳伯璋（民79）及翁斯坦與漢京斯（Ornstein & Hunkins,1988）的分類後，發現組織課程內容的類型至少就有以科目教材為中心、學習者為中心及問題為中心三種，現介紹於下：

一、科目教材為中心
(subject-centered designs)

(一)學科課程（subject design）

　　以每一學科為單位，自成教學系統，教材大都以該科知識體系依邏輯順序安排，如：國中課程中的國文、英文等便是。重視人類文化精華、偏重知識的傳授。缺點是較

難獲得生活經驗及統整性知識，不易引起學習者興趣，而流於專家中心或教材中心。

㈡合科課程 (disoipline design)

乃將部份科目統合於範疇較廣的新科目，且以學習者的發展特性、興趣、需要爲中心，使教材更活潑生動，如將歷史、地理合併爲「社會科」，生物、物理和化學合併爲「自然科」。

㈢相關課程 (correlation design)

乃將過於分立的各獨立科目，找出有關部份，加以統合，使科目間有較佳的聯繫，讓學習者獲得較統整的經驗。如把歷史、地理、公民與道德等有關的部份統合編排。此類課程雖可產生較佳的學習遷移，擴大學習領域；不過，由於科目間的界限仍然存在，能統整的材料又有限，加上較以教材爲中心，學習者的興趣和需要仍不太受重視。

㈣廣域課程 (borad field design)

將人類的實際生活及文化活動分成數個大項目，如將歷史、地理、公民、經濟、法律等合併而成「社會科」。此類課程雖切合人類實際生活需要，但較缺乏知識本身結構的完整性，不易深入，且不易編製。

二、學習者為中心
(learner-centered designs)

㈠兒童為中心 (child-centered designs)

此類課程起源於人們開始視兒童為花朵,應讓它自然生長的譬喻;亦即自盧梭以兒童為本位及福祿貝爾等強調幼兒自發性活動的教育信念的傳播;加上杜威做中學,及柯伯屈設計教學法的提倡;課程不以學科知識為內容,不採分科教學的方式,而強調以學習者的興趣,或至少是來自生活的問題;盡量讓學習者得到活生生的經驗,或統整的課程,但在知識上較缺乏系統。

㈡經驗為中心 (experience-centered designs)

基本上,經驗為中心的設計與兒童為中心的設計非常接近,只不過,經驗為中心的設計更相信沒有一種課程架構可以滿足所有的兒童,因為唯有孩子到校後,依著自己的興趣與需要去發展及經驗的課程才是符合個別需求的課程。

㈢浪漫設計 (romantic designs)

受到盧梭自然主義的影響,此種設計強調課程是無法預設的,尤其是何種知識最值得學習的問題更是難以回答;故根本上,應讓學習者自己選擇自己所需要的並決定之。但批評者則認為此種課程無法充份的預備學習者的生活;更何況如果沒有學科教材,則課程的水平與垂直的結

構又如何聯貫；且現階段的教具又如何滿足不同需求的孩子？故除非是有過人的能力與技巧的教師，否則將難以滿足每個學生的需求！

(四)人性化設計（humanistic designs）

此種課程設計可視爲是對一九五〇及一九六〇年代過於重視學科的教育的一種改革運動，一般也稱之爲情感教育、開放教育或存在教育。此種設計強調個體的自我概念、自我實現及功能的完整發展。然而，它同樣也面臨課程是否具完整性與師資能力的問題。

三、問題爲中心
(problem-centered designs)

屬於旣重視學習者興趣，也關心教材內容的課程設計。

(一)生活情境設計（life-situations design）

此種課程雖重視學生的需求或興趣，但因爲學生的需求未必有一致的價值，因此，好的課程設計者必須要能分辨學生的需求與具有價值之間的關係。基本上，此種設計的焦點是學習問題解決的過程；允許學生將知識與生活結合，自己去分析何種知識有用，使得學科知識與眞實生活或社會產生相關。但同樣的，此種設計在順序性上與文化傳承上也遭到質疑。

㈡核心課程（core design）

此類課程多以社會生活問題爲中心。其設計的方式很多；如以一主科爲核心，配合其他科目而成，故也可歸在以科目教材爲中心的課程設計；國內的幼教課程便有不少是採用此種設計類型。另外，是以生活領域爲核心的設計；此種設計以問題爲中心的成份高於以學習者爲中心。教師必須仔細的計畫，提供有關的教材；在各教材的相關性及與生活息息相關下，容易引發學習者的學習動機，增進其合作的態度，並視社區爲一個學習的實驗室。

只不過，這些優點往往也是缺點的源頭；一來適合的教材難尋，再者，傳統的教科書並不支持此種課程，但眞正的問題仍是師資。

㈢社會問題（social problems and reconstructionist designs）

針對個體應發展爲一個社會人，自然必須面對與社會有關的問題；包括過去、現在與未來，以及人類的福祉。故學校所提供的課程應有助於學生分析社會的種種問題，以期能創造一個新的平等的社會。

今日課程組織型態的多元化，正代表課程發展者如何秉持其所認同的教育觀點，發展出反映其觀點的課程；然而，如何妥善運用這些類型以避免上述所提到的缺點，即何時該以學習者爲中心，又何時該以教材，甚至社會問題爲中心；仍然得視學習者的發展狀況、科目教材的性質，以及社會的需求來定。

本節思考重點

1. 試說明組織課程的類型有那些？各有何優缺點？如何運用？

2. 就自己曾受過的教育階段，分析其中組織課程的類型？

第四節　評量

　　評量雖列在最後討論，卻不表示它是在課程目標、內容或學習經驗之後。事實上，評量在課程發展的歷程中，是從頭管到尾都需要；即從輸入的各種理論基礎開始，就可視為一種對課程來源的評估。此外，評量也不限於課程，大家所熟悉的教學評估或學習者評估，也是評量的一種。故可以視評量為一種研究課程某些層面或整體上的優缺點或價值的過程，對於課程決策的製訂有很大的參考作用。

　　本節僅就課程評量的程序、注意事項、與限制進行說明。屬於教室層次的評量，將放在第二篇再做討論。

一、評量的程序

　　關於評量的程序，可包括下列三個步驟：

步驟一：要評量什麼？是課程或教學？

　　若簡言之，課程與教學所代表的就是教什麼？(what to teach)與如何教？ (how to teach) 兩大教育問題；二者當然息息相關，不過此處僅探討課程評量的問題。

　　首先，是確定所欲評量的課程，是屬於那一層次的設計；按古德類 (Goodlad, 1979) 的分法，課程有五種層

次：

1. **理想的課程**

是由專家學者或有關機構設計提倡的課程方案。

2. **正式的課程**

是由教育行政機構所規定的課程方案。

3. **知覺的課程**

是由教師所詮釋、認定的課程。

4. **運作的課程**

是指教師付諸實行的課程。

5. **經驗的課程**

是指學生實際學習或經歷的課程。

評量時，可針對這些課程的設計工作進行評量，也可以就設計工作所產生的課程進行評量。(摘自黃政傑，民80)

步驟二：評量的目的是什麼？是形成性或總結性？

課程評量的目的不外是：

1. **了解形成課程的各種理論、假說及其他社會與心理因素，在實際課程發展中的成果及可能發生的問題**

換言之，課程設計者必須經常審視課程的運作，是否偏離原來的理論基礎，或者無法反應實際的需要，除加以修正外，也可做為未來課程決策的參考。

2. **了解課程的實施是否達到預期的目標**

課程設計的原始目的就是希望經由課程的實施，學習者可以達到課程決策所預期的改變，若評量之後發現未達預期之目標，可做為修正或擬訂新目標的依據。

3. 了解課程的內容及方法是否符合社會需求及學生的發展

由於可達成課程目標的內容與方法並非只有一種，當設計者選擇其中某些經驗或方法後，也應透過評量以了解這些經驗與內容的適合度與可行性，以免造成人力、物力與時間的耗費，影響教育工作的進行。

其實不管是針對理論、課程目標或內容等所進行的評量，其目的都是為了確保課程的品質。故從各班、各學校到政府教育部門，均應確實做好評量的工作，以達到教育政策的目標。

至於形成性與總結性的評量在目的上有何不同呢？

1. 形成性評量 (formative evaluation)

當課程評量是由教師、課程專家、學校行政人員或負責課程發展的人員，在各地持續地用來改進課程的進行，如：內容、教學法、人員的選擇與發展或學習者在個人與社會需求下的目標等，便屬於形成性評量。此種評量工作一般是由熟悉此一課程模式的個人或團體來進行。

2. 總結性評量 (summative evaluation)

當課程評量是用來監督教育的品質，並提供不同層級的教育單位製訂教育政策的人員、行政人員、與足以影響課程決策的有關人員，如：立法委員、民意代表等做參考者，便屬於總結性評量。故為求公正客觀起見，應由地位超然，獨立與上述人員之外的組織來進行此項評量工作。

步驟三：應用的哲學模式是什麼？是工學或質的？

工學觀與非工學觀的課程觀點不僅產生不同的課程定

義，就是在課程評量方面也有不同的意見；如：工學觀講求統計與實驗，因此，焦點集中在資料的收集、測驗，以及對學習者的研究；而非工學觀或人性觀則強調現場的自然觀察，且認為這些資料必然是質的本質高於量的本質。不過，多數的課程評量並不侷限在這兩端，而是視狀況而定。故下一步評量者要如何運作呢？

二、評量者應注意之事項

從評量的程序中，大家必然已經察覺到評量工作的專業性，沛尼（Payne, 1974）曾提出許多建議，相當中肯，值得參考：

1. 分析評量所需要的資料
2. 為所要評量的課程做評量計畫
3. 研讀並統整測量與評量的相關文獻
4. 確定評量的目標及所需要的資料形式
5. 批判所進行的評量計畫或研究
6. 結合評量方面的理論與實際需求
7. 能適度的與評量工作的小組及課程方面的人員建立人際關係
8. 分析縱貫性與橫斷式研究的優缺點
9. 進行系統、功能與工作的分析
10. 設計一個有效的測量與管理的程序
11. 由各個不同的系統編輯出一個主要的評量系統
12. 以電腦程式或資料處理的程序來描述評量設計與分析的需求

13.確立評量工具選擇或發展的效標

14.使用恰當的資料收集的程序

15.使用恰當的資料分析的程序

16.對此一課程進行成本效益分析

17.利用評量的資料來製訂課程的決策

18.設計一個方案發展的預算系統

19.執行評量單位的工作

20.設計一個資料呈現的系統，包括：形式、責任、程序、接受者與時間表

21.在適當的時機重新設計與修正評量的方法

其實不管評量的注意事項有多少，最重要的還是「評量者」的專業素養與技能，如果評量者均受過良好的訓練，不管是對政策、對課程，甚至是對教學與學習者都能有統整性的瞭解，再加上具有上述評量的能力，相信課程評量必可發揮其效益。

三、評量的限制

評量雖重要，但其結果的運用卻需要學校教師、工作人員、課程專家及有關的發展人員的合作；才能達到改進課程及幫助學習者有效學習的目的，否則將前功盡棄。

其次，學習者與教師的個別差異使得評量的複雜度升高，在耗費大量的人力、物力與時間下，所得的結果不是過時，就是未必能做廣泛性推論；在此情況下，課程決策的公信力自然受到質疑。故如何根據理論與實況，在瞭解

其中的限制下，發展出合宜的評量計畫，將是課程評量必須努力的方向。

有關課程發展與設計的基本概念，將在評量這一節暫告結束；希望這些概念的瞭解或澄清，能有助於大家進入幼兒教育階段的課程發展與設計。

本節思考重點

1.課程評量是評量什麼？其目的為何？
2.課程的評量該如何進行？
3.個人應如何培養評量的能力？

❖◦❖◦❖◦❖◦❖◦❖◦❖◦❖◦❖◦❖

參考書目

陳伯璋（民79）：課程問題。教育問題研究。臺北：空大。

黃光雄編譯（民72）：教學目標與評鑑。高雄：復文。

黃政傑（民80）：課程設計。臺北：東華。

黃炳煌（民75）：課程與教學的基本原理。臺北：桂冠。

簡楚瑛（民77）：課程理論篇。幼兒・親職・教育。臺北：
　　文景。

Bloom, B. S. (ed.) (1956). *Taxonomy of Educational Objectives: The Classification of Educational Goals. Handbook 1: Cognitive Domain.* N. Y.: McKay.

Connelly, M. F. & Clandinin, D. J. (1985). Curriculum content. In Husen, T. & Postlethwaite, T. N. (ed.). *The International Encyclopedia of Education, Research and Studies.*

Harrow, A. J. (1973). *A Taxonomy of the Psychomotor Domain: A Guide for Developing Behavior Objectives.* N. Y.: McKay.

Krathwohl, D. R., Bloom, B. S. & Masia, B. B. (1964). *Taxonomy of Education Objectives: The Classification of Educational Goals. Handbook 2: Affectivew Domain.* N. Y.: McKay.

Ornstein Allan C. & Hunkins Francis P. (1988) *Curriculum: Foundations, principles, and issues.* New Jersey: Pretice Hall.

Payne, D. A. (1974). *Curriculum Ovaluation: Commentaries on Purpose, Process, Product.* Massachusetts: Heath, Lexington.

Simpson, J. S. (1972). *The Classification Objectives in the Psychomotor. Domain. The Psychomotor Domain, 3.* Gryphon House.

第二篇

幼兒教育課程的發展與設計

在過去，許多不瞭解幼教工作的外行人，總認為教小孩子唱唱歌、吃吃點心，真是最容易不過的事。而今，由於社會的趨勢及學術研究的支持，幼教工作的專業性與重要性，雖如同其他階段的教育正逐漸受到肯定，但幼教的內容與品質，却仍然參差不齊。

因此，本篇擬將課程的概念與幼教現況聯結，分三章介紹影響幼教課程發展的理論基礎、幼教課程的要素，以及國內曾實驗過的幼教課程；進而探討幼教課程的現況及所面臨的問題，希望經過這些章節的說明，能引發大家思考並建立發展與設計幼教課程的知能。

如此，國內的幼教工作者就不會經常受到「流行」的打擊，因為時下國內的許多「流行」，只不過是「復古」而已；再者，工作者若具有判斷理論及設計課程的能力，必然也就能看破「流行未必適合」的道理。

第五章

幼兒教育課程的基礎

目標

- 瞭解幼教課程發展的基礎
- 澄清自己對幼兒教育的哲學觀
- 建立運用教育哲學觀導引課程的能力
- 知道社會基礎與幼教課程的關係
- 增進研究中外文化的興趣
- 瞭解心理學對幼教課程發展的影響
- 培養運用各種理論的能力
- 培養關懷幼教問題的態度
- 促進統整各理論基礎的能力

　　按美國幼教學者史波代克（Spodek, 1986）以他多年的幼教經驗表示：發展幼教課程有三個向度，分別為發展的觀點、文化內容向度及知識的向度；發展觀點所考慮的

是教給幼兒的是否適合幼兒的發展，文化內容向度所考慮
的是教給幼兒的是否符合文化價值，而知識的向度所考慮
的是教給幼兒的教材與教法是否與知識形式一致。雖然沒
有明白的列出社會的向度，但文化是大眾生活的累積，並
未離開社會。顯然，幼教課程發展的基礎也不外是文化、
社會、哲學與心理學等。

　　那麼，當前這些課程基礎對幼教課程發展有何影響
呢？現分節探討之。

第一節　哲學基礎

　　談到幼兒教育，不免要問是指廣義或狹義，因爲廣義的幼兒教育是托兒所或幼稚園教育加上家庭教育；而狹義的幼兒教育就只是托兒所或幼稚園的教育，在此定義下，我國是在一九○三年始有蒙養院的幼兒教育。

　　其實，在十八世紀之前，就是西方國家，人們也仍認爲兒童是成人的縮影，沒有自己的思想與喜好；但隨著思想觀念的改變，兒童教育也有了不同的觀點。而近數十年來，國內的幼教思潮多受西方哲人觀點的影響；因此，本節將先介紹西方哲人的教育主張或有關兒童的論點來談哲學對幼兒教育課程的影響；然後再淺談我國先哲的觀點及省思。

一、西方哲人的觀點對幼教課程的影響

　　從哲學思潮的演變可知，不同的時代背景會引發不同的思想，而不同的思想也推進時代的實際需要。以兒童教育來說，便因著哲人對當時社會的反應，而有顯著的不同；麥當勞 (Macdonald, 1975) 在以歷史的觀點探討開放式教育時，便談到許多影響兒童教育觀點的哲人，而林玉体（民79）書中，更逐一探討這些哲人，現綜合上述二人及國立

編譯館主編（民75）的說明，簡介之：

柯美紐斯(Comenius, 1592—1670)提出感官唯實論，主張事物先於文字，及用五官去接觸。他著有大教育學(Great Didactic)擬訂從初生到二十四歲，每六年為一個階段的教育制度；並製作有圖片的教科書。對兒童教育的影響極大。

洛克（Locke, 1632—1704）主張經驗論，認為人性如蠟板，並無所謂「先天觀念」，是受後天影響，故主張由外而內的「注入」；同時他認為人類知識的來源是「經驗」，故須安排或提供各種感官經驗讓學習者獲得豐富的知識。他還提出對年幼兒童也應予以說理，則可早會運用理性。

盧梭（Rousseau, 1712—1778）提倡自然教育學說，認為社會的種種制度造成人的不平等，如果一切歸於自然，就不會有人為的因素，而造成不平等。故主張：去除形式作風、順其自然、尊重兒童的價值及實物教學。

裴斯泰洛齊(Pestalozzi, 1745—1827)融合盧梭自然主義及康德先驗道德的主張，認為人類的發展過程要經歷自然、社會與道德三種情狀，但無絕對之順序。他相信教育是人類心靈本質改造的過程，是自然、循序且和諧的發展兒童內在的本質。他非常關愛兒童，那怕在最貧困的時候也都沒有放棄這份教育愛，被稱為「現代小學教育的鼻祖」。

福祿貝爾（Froebel, 1782—1852）認為萬物統一於神性中，教育是在開展兒童潛存的神性，以培養獨立自由的人。故真正的兒童教育是建立在兒童自我活動（self-activity）的自由運用上（free play）。而整個自然界，即使是石頭及晶體世界，都在教導人們認識善惡。因此，採

遊戲、恩物、直觀、郊遊等教學活動。

到了二十世紀，杜威（Dewey, 1859—1952）的實驗主
義風行，主張「做中學」、「教育即生活」，以及教育猶如生
長是一種連續的歷程，歷程本身就是教育的目的。至於解
決問題的方式，知識或經驗本身，只不過是一種「工具」，
工具的好壞，完全視它的實際應用效果而定。

蒙特梭利（Montessori, 1870—1952）主張以科學的精
神，觀察、實驗來了解兒童的發展與需求，因而強調自發
自動，以兒童為本位的教育。尤其是所有的兒童都有吸收
（absorb）文化的能力，故教師的角色應從傳統「教」的
地位，轉變為兒童與環境的協調者；提供一完備的學習環
境，讓兒童從環境中吸取經驗、在其中學習。

皮亞傑（Piaget, 1896—1980）認為知識是由豐富的心
智過程所創造，此一過程並不是透過社會化或外在增強而
來的。它們是心理的功能，其根源來自生物適應的過程，
且是進化的一部分；存在於自然生活之中，如：語言規則
的結構、社會關係的結構等，這些結構塑造人們的生活與
思考的方式。故皮亞傑認為兒童是主動的個體，但是經由
與環境的互動，而建構出自己的經驗。

以上這些哲人的觀點，引發大家對兒童「另眼相待」，
從兒童像蠟板，兒童是主動的個體，到兒童是透過與環境
互動而學習；教育的主張也從經驗的注入，轉變成順其自
然、尊重兒童、鼓勵兒童透過環境從遊戲中發展自我；可
見思想對教育的影響力。

以國內的幼教課程來說，目標上多強調幼兒的健全發
展；並以幼兒及其生活中重要的問題為中心，透過師生共

同設計完整活動或讓幼兒從做中學、遊戲中學習去探索與統整，以期培養幼兒喜歡學習、繼續學習的終身教育觀；顯然是受到這些哲人觀點的影響。

二、我國

雖然我國在一九〇三年始在蒙養園內設立幼兒部，且在古代封建的社會裡，並不是每個人都有機會受教育。但中國的家庭長久以來，視子女為私有物，對兒童負有教育的責任，胎教便是最早的家庭教育，約在八到十歲左右才進入小學；而「慈幼」就是古代養育嬰幼兒的思想基礎。至於，我國賢哲對兒童的觀點，是參考王鳳喈（民70）、周甝瑞（民73）以儒家為道統所做的整理，摘要如下：

孔子：春秋魯人，主張「幼有所長」、「少者懷之」等。

孟子：戰國鄒人，主張「幼吾幼以及人之幼」。

顏之推：南北朝臨沂人，著有顏氏家訓；主張「教育子女須從懷胎開始」，以及「威嚴而有慈」即愛與教要相結合，反對「無教而有愛」。

王陽明：明朝餘姚人，主張「順導幼兒本性」。

顏習齋：明朝河北博野人，主張「在做事上求學問」。

雖然我國賢哲談及幼兒者不多，但並不表示沒有合適的教育理念；概括而言，古代的幼兒教育以家庭教育為主，其內容為生活能力的培養、自然知識的傳授、道德行為的培養及身體方面的鍛鍊，具有為成人生活做預備的教育導向。而教育原則方面，包括早教、注重環境的影響、態度要誠信無欺、以愛與教相結合，並做到均愛不偏心等

原則。方法上，雖順應兒童心理的特點、學習的興趣，以遊戲及說故事的方式教導兒童明辨是非善惡；不過，也常以體罰的手段來教育子女。總之，古代的幼兒教育雖不完美，但並非全然的不可取，重視產前的環境（胎教）或教與愛結合，仍適用於今日。

到了清末民初，學者受到日本及歐美思潮的影響，對兒童教育有了更具體的論點：

陳鶴琴（1892—1982）：浙江上虞人，提倡「活的教育」，以「五指活動」為教育的方法。

張雪門：清末，河北人，採用「行為課程」，主張從生活中的問題去尋找幼兒學習的經驗。

由上可知，我國發展機構式的幼兒教育的腳步是稍晚，但對於兒童教育的關心與論點，卻未必全然落後於西方，其實還頗多相似之處。只是在「列強侵略」的陰影下，老以為中國的一切都落後於日本或西方；其實是沒有好好的瞭解中國所擁有的。所以，在向日本及歐美思潮跟進的同時，不妨仔細看看自己的社會、自己的民族，一起來發展出屬於我國的幼教哲學或教育哲學。

總之，哲學思潮可提供「價值」方面的判斷與澄清，教師或課程設計者可能因為哲學觀不同，進而對教育的目標、教材的選擇、教學方法的實施，以及評量也會有不同的看法，但幼兒與社會永遠是課程發展時，最最關心的因素；故將於下兩節繼續討論。

本節思考重點

1. 請找些資料，並和同學討論一下目前的哲學思潮對幼教的影響到底是什麼？
2. 請分析自己對幼兒的看法及幼兒教育觀爲何，是受到何種派別或那位哲人的影響？
3. 再探討一下自己的幼教觀對課程的目標、內容、方法及評量產生何種影響？

第二節　社會基礎

　　今日臺灣的幼教並非義務教育，但其需求性之高，完全反映出社會變遷對此種教育或托育服務的需求；面對腳步如此快速的社會，本節擬從與幼兒較切身的家庭、幼教環境，及社會問題三個層面探討之。

一、家庭

㈠家庭結構改變

　　家庭結構的改變可說是今日幼教興起的主因，小家庭、單親家庭（離婚家庭）的增多，以及婦女必須投入生產線，年幼的子女乏人照顧，就連簡單的吃飯、穿衣，往往也缺乏時間來慢慢教他們。於是幼兒教育或托育機構，便因而取代了家庭照顧及教育子女的部份功能，甚至還要預防單親家庭可能對幼兒所造成的身心傷害。故在課程上，培養幼兒健康的身心、良好的生活習慣、以及群體關係等，都變成非常重要的目標與學習的內容。

㈡家庭背景

　　不同的家庭背景或社經環境對個人生活習慣、價值

觀、及行爲均有密切的影響，甚至會干擾教學。如：有些家長送孩子上學是爲了提早學寫字或想讓孩子上各種才藝班；或有的家長則是缺乏親職教育的觀念，不知如何教養孩子，導致孩子有許多行爲問題；故在教育機會均等的制度下，園所如何成爲家庭與社會的橋樑，提供適合不同背景下幼兒所需的課程，並將家庭納入課程之中，將是一大挑戰。換言之，課程發展者也必須對不同家庭背景或社經環境的種種生活習慣、價值觀、及行爲有所瞭解，方能透過課程的安排，保存好的影響，消弭不良的影響。

(三)居住環境

雖然目前許多鄉村人口外流到都市，但仍有不少幼兒和祖父母留在家鄉，於是居住環境，如：都市與鄉村、山上和海邊，甚至高社經與低社經家庭居住地的差異，也多少影響著幼兒接受教育的內容與品質。但如果幼教工作者能依所處的環境資源與特色好好的發揮，以鄉村來說，污染少，自然資源多；應可以發展出屬於鄉村特色的課程。

此外，如原住民的幼兒教育，除了一般的幼教目標之外，若也能顧及少數民族的文化傳承，幫助他們覺察自己的生長環境與族人的特色，必有助於他們未來的適應。但這一切除了需要高品質的工作人員，更需要幼教課程的編訂者能注意到這方面的需求，如此，不管教師是不是原住民，也都可以得到充份的資訊來幫助原住民幼兒成長。

總之，現今的幼兒教育確因家庭的需求而蓬勃發展，但幼教課程的目標、內容、方法，甚至評量的訂定；能否適當的反應所有家庭的需求，並引導家庭認識課程，以期

家庭教育與學校教育相輔相成，消弭不良因素，幫助幼兒獲得良好的發展；就得看課程編訂者察覺或評估到多少需求與問題了。不過，站在第一線的幼教工作者，更應好好的運用垂手可得的第一手資料，妥善的分析各幼兒的家庭狀況與需求，配合幼教的目標，加強親職教育，提供幼兒所需的課程。

二、幼教環境

雖然目前臺灣的幼兒教育並非義務教育，但人民尤其是婦女加入生產線，無形中增加了幼兒教育的需求，當然也帶動了幼兒教育的發展；園所早已是幼兒的「學校」，更是他們的「家」。

只不過，當前的幼教機構多為私人辦理的園所，在缺乏政府的補助，家長必須付費的狀況下，不同社經水準下的幼兒；早已無法平等的選擇需要的幼教機構。更嚴重的是，私辦的園所若想維持下去，收支平衡是最起碼的條件，而「羊毛出在羊身上」，家長的去留自然影響園所的收入，更成為辦學上的一大限制。所謂的「才藝班」、或「小學先修班」；便是園所間競爭下的產物，似乎園所已失去選擇及淘汰知識的自主權；對幼教課程的發展有極大的阻礙。

故面對這種問題，除了政府要詳加規畫外，幼教工作及課程編訂者亦應體認教育是樹人的工作。更何況幼教機構具有很強的教保功能，在課程上，應確實掌握幼兒教育的目的，培養身心健全的幼兒；提供每位幼兒成長所需的

各種刺激，以縮短社會階層（貧富）所造成的教育差距。尤其幼兒期是人格發展的基礎，怎能讓社會階層的差距，剝奪幼兒正常成長的機會。

再者，園所亦不可因經濟掛帥的社會現象，而忘了教育的眞正目的。如果打從幼兒教育起，教育工作者就灌輸幼兒學習是爲了找更好的工作，或學習是爲了比別人強，則教育就眞的病入膏肓了。

三、社會問題

社會目前正處於明顯的轉變期，加上媒體的助力；幼兒可以輕易的獲得許多資訊，無形中也提早面臨許多問題；如：民主與尊重、環保、社會暴力等。這些問題對幼教課程的發展有何影響呢？

㈠民主與尊重

當民意代表在言論與行動自由之下，卻互不尊重大打出手之際；許多人認爲那是國人初嘗民主的滋味，對於「自由」與「尊重」的拿捏還有待教育。如今，幼兒就生長在民主時代，民主精神的培養，早成爲幼教課程的一部份；如：透過問題的討論、不同意見的說明與表決、體會小數服從多數、多數尊重小數的活動等；都是希望幼兒從小就能在廣泛、開放、平衡的課程內容中，自動自發、自由學習、了解並接納自己，進而接納與尊重他人。

此外，爲使民主政治的理想與教育相結合，幼教課程標準的產生需要不同的人員以廣泛的標準，作客觀有效的

評量來改進課程與教學；好讓這片享有教師可以自編課程的開放園地，能更健全而非參差不齊的發展。

(二)環保問題

許多關心臺灣環保的人士總是痛心疾首的呼籲，臺灣不能再拿環境及攸關大眾的社會成本去換取經濟的奇蹟。相信這些人士並不是反對經濟發展，只是要提醒大家在賺錢的同時，是否也應該想想臺灣只有一個，經不起大家無情的蹂躪！

故為預防環境的破壞是起於無知，從小若能引導幼兒去關愛自己生長的地方，並以實際的行動去維護它，且成為一種態度與習慣；則經濟與環保的問題將不再困擾他們，因為他們知道環保不是口號是行動。像這種以幼兒所及的社會問題，如：關懷周圍環境、舉手之勞做環保等；早已是幼教課程的一環。

(三)社會暴力

中國文化博大精深，但面對現代化的壓力，人們不由自主的緊張競爭；人情味、四維八德變成遙遠的傳說。幼兒被暴露在暴力、犯罪與色情的污染之中，甚至卡通影片都不放過。或許是昨日的兒童沒有得到良好的引導，以致在今日充滿物質慾望的社會裡變成迷失的成人；然後惡性循環的殃及幼童。

以當前犯罪年齡降低、比率增加，原因可能來自家庭解組、成人的不良示範，社會風氣敗壞；但教育機構是幼童的第二個家，受過良好的專業訓練，若能堅持學校的功能，與家庭、社會常保聯繫，則鐵三角的關係除可提供幼

兒一個適合他們成長的環境外，對於建立幼兒正向自我觀念與社會發展更是重要。故幼兒教育除須盡到保護幼兒的責任，也要提供幼兒判斷是非的機會，恢宏中國傳統的致良知與良能。

　　總之，身為課程設計者，尤其是面對「此時此刻」只有三到五歲的幼兒，卻是二十一世紀的青少年，預計將會使用更多高科技的用品、承受更多文明的壓力；但「此時此刻」的他們，最需要的是什麼？是快樂、健康、幸福，還是各種基本能力？

本節思考重點

1. 幼教課程應呈現何種目標及內容來彌補家庭教育的不足？
2. 現今私立托兒所及幼稚園受到經費來源的壓力，該如何讓課程的理想與實際兼顧？
3. 在主張民主政治的臺灣，幼教老師應如何在課程目標、內容、方法及評量上顯現民主的精神？
4. 面對目前的社會，幼兒需要的是什麼樣的課程？

第三節　心理學基礎

正如彭駕騂（民67）所言，兒童是課程設計的基礎，課程的設計應符合兒童的能力與需求，而非一味的要求兒童，故有關兒童的身心生長與發展、學習動機等的研究，自然也成為瞭解課程基礎的重要內容。林朝鳳（民75）書中便詳細的說明心理學對幼教及課程的影響。現將各家論點簡述於下：

一、人格理論

關於人格的理論，郭為藩（民75）表示人格心理學有三大陣營，即精神分析論（心理分析論）、行為主義（行為學派）及自我心理學（人本主義心理學）；但此處僅概略的介紹佛洛伊德的心理分析論，艾立克遜的社會心理發展論，及人本主義心理學中的代表人之一羅傑斯的論點；至於行為學派將另文說明。

㈠心理分析論

佛洛依德的人格理論大家都相當熟悉，嬰幼兒從口腔期到性蕾期各有其發展需求。以口腔期來說，剛出生的嬰兒就是透過口慾的滿足來建立與母親或外界的信任感；而

肛門期的重點是在於父母或照顧者對嬰幼兒大小便訓練的態度，過於嚴格者可能造成幼兒剛愎自用或創造力的限制；至於性蕾期的特徵是幼兒對性別及性器官的好奇，是性別認同上相當重要的時期；這些階段的特徵對教師及父母在教養嬰幼兒時，有很大的啓示性。

故在課程上，除強調幼兒整體的發展，尤其是情緒及社會的發展外，還相信遊戲就是兒童的工作，兒童積極參與到自己的環境（自由、開放、包容的環境）去探索，並表達自己獨特的興趣，及創造自己的環境。而教師則須有經驗且能直觀幼兒的需要，並支持之。

(二)社會心理發展論

此為艾立克遜所建立，他師承佛洛伊德，但他認為人類的行為，除了受內在驅力的影響外，社會文化也是重要的因素。因此，他提出所謂的認同危機學說，其中嬰幼兒正處於自動自發，認真積極的階段，所以他們愛自己來、愛工作。做父母及教師的，切勿剝奪他們的權利，以免造成認同上的反效果。

(三)人本主義心理學

人本主義心理學主張人類天生是具有自我維護、自我擴展的傾向，並有正向發展、自我成長及自我實現的潛能。

不過，在此僅介紹羅傑斯的人格理論，包含人格結構及人格發展：

1.人格結構

包括有機體即個人，現象域即經驗；以及最主要的結構概念「自我」。自我是由現象域分化而來，是一套有組織

的知覺型態。

2.人格發展

是由：(1)有機體的評價歷程，(2)別人的積極尊重，(3)從他人處所接收到的重視的知覺建立自重感，(4)價值的各種條件，及(5)正常發展的適當條件（成長環境）所形成。正所謂「別人怎麼看我，我就怎麼看我，我怎麼看我，就變成現在的我。」換句話說，羅傑斯也重視個體所生長的環境及經驗，故在教養幼兒時，如何讓他們覺得自己是被接納的，且是有能力的，進而統整的發展是很重要的。

二、成熟理論及常模理論

葛塞爾 (L. Gesell, 1880－1961) 透過對兒童行為的觀察及統計，發現人類的發展歷程中，內在的因素，如：遺傳的內在機能、生理本質或驅力，較外在環境因素重要；即環境雖可影響行為，但不能決定行為。最有名的例子就是一對同卵雙生女嬰爬台階的活動中，一名先受訓，一名不受訓，但最後二者並無差異。因此，他認為兒童的發展，「成熟」是一個重要的因素。

另外，他以科學的方法統計兒童的各種發展，建立了「常模理論」。但常模的建立並不是用來判斷幼兒是聰明、愚笨、或好或壞，只是要告訴大家發展的特徵常是依循預定的模式，順序雖大致相同，速率卻未必完全一樣。

相信這也是大家最熟悉的，就是一般兒童發展課本中常出現的內容，即何時長牙、何時爬行、何時會說話等。舉例來說，如剛出生的嬰兒，瞳孔尚無反射作用，數日後，

表5-1　兒童的發展與需求

生　理	社　會	情　緒	智　能
1.促進大小肌肉動作技巧	1.有與其他幼兒一起遊戲的經驗	1.發展具安全感且正向的自我概念	1.能有和材料接觸的經驗
2.增進手眼協調	2.除家庭成員外能有與男、女性互動的機會	2.能與成人建立關係而此成人亦能尊重及信任幼兒	2.有表達創作的的機會
3.應注意室內外活動場的安全	3.能與不同人種文化的兒童及成人互動	3.幼兒能受到尊重且確信是獨立的個體	3.培養發現及解決問題的能力
4.動靜活動及休息要平衡且合理	4.有表達獨立及依附行爲的機會	4.所接觸的成人對兒童的期望是一致	4.由溝通技巧中建立聽、視覺的區辨能力
5.飲食要均衡			

對強光有反射作用，十五天以後，能尋光線移動，且雙眼有了調和作用等。此即透過對大量的初生兒加以觀察記錄統計而成的，顯示一般嬰兒此一階段的發展情形，具有參考的價值。

這樣的理論，提醒成人不要揠苗助長，因為成熟因素影響很大，其次，也讓為人父母的或教師，能對兒童的各項發展有較具體的認識與配合（見表5-1）。

三、認知發展與學習理論

皮亞傑的認知發展論，各位應頗為熟悉，以嬰幼兒的發展分期來說，出生至兩歲是「感覺動作期」，此期兒童必須透過種種活動，去建立對世界的一套認識或基本概念，並擁有適應與改變的能力。而兩到七歲則進入「運思前期」，此期兒童由於語言與動作的發展，已脫離嬰兒期的學習方式；逐漸發展出以符號代替未出現的物體或事件；同時，有了物體恆存的概念，並開始發展保留概念。故如何把皮亞協對個體發展的研究結果，應用在課程設計上便成為許多課程設計者研究的焦點。尤其是下面幾個基本的觀點：

㈠基模

是個體適應環境時，基本的行為模式；行為基模時時在變，由粗略到精細，由簡單到複雜。

㈡適應與平衡

　　二者是交互關係，互為因果；二者都是以基模為基礎。適應是由於個人與環境間暫時失去平衡，為了保持平衡促使個體去適應。所以，平衡等於是適應的內動力。

㈢同化與調適

　　個體為了保持平衡而有適應，適應的方式有二，一為同化，一為調適；形成整個學習歷程。所謂同化是個體以既有的認知基模去適應環境的新要求，企圖以此種方式把新經驗納入既有的舊經驗之中。而調適是個體遇到新的學習情境時，主動調整自己的經驗架構以適應環境要求的心理歷程。

　　於是課程設計者便針對幼兒的舊基模，設計適當的學習機會，以產生適應與平衡的學習歷程，如：

1. 按特定的理論目標發展出具體的活動。
2. 教師創造的一個可以讓兒童參與的課程，強調幼兒由直接經驗及行動中學習。
3. 省略停在某一活動區域的訓練，如讀、數等，因為這些均是基本認知的結果，不必特別訓練。
4. 允許幼兒先對自己的行為及所發生的事做推理。
5. 相信幼兒透過物理環境、教具教材，整日活動的安排；可直接學習解決問題或學業技巧。
6. 雖然有些課程結構是由教師設定的，但它的推動，仍是配合學生的腳步，亦即教師要根據幼兒的需求設計課程，幼兒才能積極參與。

四、行為學派

從古典制約，聯結論（工具性制約）到操作性制約等，行為學派的論點對教育界有極大的影響力。其中最堅守行為論的心理學家—施京納，在他的著作桃源二村中（蘇元良，民66），主張學校即家庭，家庭即學校，所有兒童生活的空間都是教育場所。同時，他認為年級的劃分是違反自然發展的一種純行政方便的產物，因為教育是持續不斷，是整體文化的一部份，任何時候只要人們喜歡，就可學到任何需要的技能。

其次，施京納認為幼兒的教育乃至大人的心理都有一共同的目標，就是找出取代壓力，又能鞭策行為的控制方法；那麼實行正增強理論，並以最熟練、最有效的方法進行，讓個體感到最大的自由感；則鼓勵應是最基本的方式。

而就一般行為心理學來看，動機是可外塑的，可經由酬賞來增強的；而在教育上應依個別的能力層次，給予個別的教材。至於在課程上，其特徵是：

1. 有明確的目標：如：培養讀、字、算的技巧。
2. 有固定的結構，以教師為主，強調重複和練習。
3. 有一定的程序、器材、教材、電腦等。
4. 什麼都可以教，只要小心的控制教材的順序、學習者的反應，以及增強作用等。

五、社會學習理論

在這方面最著名的心理學家是班度拉（A. Bandura, 1925−），說起來社會學習理論導源於學習理論中的聯結論，只是它更強調個體的學習，受其所生活的社會環境所影響，其中有三個基本概念：(1)抗拒誘惑，(2)賞罰控制，(3)楷模學習，而最值得一提的就是楷模學習。

所謂「楷模學習」又稱觀察學習，是由四種次級歷程交織而成，包括：注意→保留→行為複製→誘導與增強等歷程來組成實際的表現行為。即個體透過注意別人的行為，以及是否受到獎賞或處罰，決定要不要有表現那種行為。有時，甚至不需看到賞罰，而因所看到的人是他所崇拜的，他就複製該人的行為，這種情形尤以兒童為甚。

班度拉有一實驗是讓三組幼兒觀察成人對待洋娃娃的舉動，第一組看到的是成人攻擊洋娃娃，第二組看到的是成人照顧洋娃娃，最後一組是成人未對洋娃娃採取任何舉動，結果發現三組幼兒在玩洋娃娃時，以第一組攻擊洋娃娃的次數最高。

由此可見，觀察學習的影響力有多深。因此，教師在教室中的行為不可不注意，因為教師的一舉一動，幼兒都看在眼裡，教師的行為正向，幼兒就學到正向行為，教師的行為負向，幼兒就學到正負行為，相信大家都有同感才對。

從上述的理論可知：人類生長與發展理論或成熟理論

所提供的基本原則，如：發展具有繼續性、程序性或階段性、個別性、分化性及統合性，可作為編選課程目標、內容、方法及評量的參考。

皮亞傑所提的認知發展的階段與特徵，則提醒教師注意到幼兒的認知發展雖在運思前期，須透過具體事物與環境的互動，方能有效學習；但他們是主動的學習者。

而佛洛依德的心理分析，提醒教師從生物需求的本能注意到幼兒人格的發展；艾立克遜則加入社會環境的因素，談到個體發展可能面臨的危機；不僅可作為教師選擇教材的參考，也提醒教師對待幼兒的態度。

另外、人文觀或人本主義心理學相信人是有能力的個體，會為自己作最好的決定；故主張教學應以學習者為中心。

至於行為學派的努力，使得心理學的研究可以觀察及量化，教師不但透過學習者的外顯行為瞭解學習的效果，更可訂出可觀察的行為目標；對於人類的學習有很大的貢獻。

故課程設計者在過濾課程的目標、內容、方法與評量上，各種幼兒發展的理論提供不同觀點，但具有同樣的參考價值。

總之，幼兒教育隨著思潮的轉變，社會的變遷及對兒童心理與發展的更加瞭解，課程的發展也受到極大的挑戰。但不管是那種觀點，最重要的是要能有益於幼兒，幫助他們健康快樂的成長；而不是滿足成人的虛榮心而已！

本節思考重點

1. 上述所介紹的各家心理學，對於了解幼兒的行為有何幫助，試舉例說明之。

2. 該如何透過課程的設計，幫助幼兒的身心發展？你會選用何種發展觀點？為什麼？

3. 試回顧並說明課程發展的基礎？

4. 評估自己曾經修學過的學科知識，對思考幼教課程有何幫助？

參考書目

王鳳喈 (民70)：中國教育史。臺北：國立編譯館。

周愫瑞 (民73)：幼稚教育概論。臺北：省立臺北師專研究組。

林玉体 (民79)：一方活水。臺北：上誼。

林朝鳳 (民75)：幼兒教育原理。高雄：復文。

國立編譯館主編 (民75)：教育史（下）。臺北：正中。

彭駕騂 (民67)：課程的設計與評鑑。臺北：臺灣書店。

蘇元良譯 (民66)：桃源二村。臺北：長橋。

Macdonald, J. B. (1975). Perspective on open education. In B. Spodek & H. J. Walberg (ed.). *Studies in Open Education*. N. Y.: Agathon Press.

Spodek, B. (ed.) (1986). Development, values, and knowledge in the kindergarten curriculum. *Today's Kindergarten: Exploring the Knowledge Base, Expanding the Curricnlum*. N. Y.: Teacher College Press.

第六章

幼教課程的要素

● 認識幼教課程的要素
● 探索幼教課程目標的來源
● 知道幼兒教育課程的目標
● 培養判斷與設定目標的能力
● 培養分析幼教課程內容的能力
● 知道組織幼教課程內容原則
● 認識教學法中最基本的教學方式
● 增進教學評量的能力

第六章 幼教課程的要素 163

　　如同一般課程，組成幼教課程的要素，除開前一章曾提到的假說或理論基礎外；有關教些什麼（what to teach）的問題，所要回答的也是目標、內容的選擇、組織的方法，及評量等。但以國內幼教課程最高的發展機構，

教育部與內政部所訂定的幼稚園課程標準及托兒所設施標準的托兒所教保內容來看，這兩份資料除幼稚園課程標準在各課程領域介紹之後，還綱要的指出教材編選的原則，並列出教學方法、實施要點與評量來回答有關如何教（how to teach）的問題外；對於課程內容的選擇及組織的方法反倒沒有做詳細的說明。

　　似乎托兒所設施標準只在指明教保內容的範圍，而幼稚園課程標準亦僅是「教什麼」和「如何教」的綱要介紹。在這種情況下，本章也只好先就這些資料粗略的探討目前我國幼教課程的目標與內容，並分析教學方法與評量。至於幼教課程組織與設計的實體，只得在第七章國內幼稚園曾實驗過的課程實例中再探索了。

第一節　幼教課程目標

　　任何階段的教育都有其宗旨、目標，幼兒教育亦不例外；而哲學、社會與心理學等理論，所統合出來的教育觀、幼兒觀，都可做為產生目標的來源。不過，為能簡短扼要的說明，以下將先以泰勒所說的目標來源探討幼教目標如何產生，再介紹我國托兒所與幼稚園的教育與課程目標。

一、幼教課程目標的產生

　　關於幼教課程目標的產生，以下依泰勒所提的五種來源探討之：

㈠從研究學習者本身

　　由於沒有學習者就沒有課程，故沒有幼兒也就沒有幼教課程；且不管社會的需求是什麼，課程的目標若未顧及幼兒發展需要與興趣，必無法引起幼兒的學習興趣，則有目標等於沒目標。因此，國內的幼教課程真的很需要好好的研究幼兒各方面的發展，找出幼兒的需要與興趣；而不只是翻譯國外的研究，否則所訂定的目標將無法切合本國幼兒的需要。

㈡從研究當代校外生活

所謂「當代校外生活」其實也就是「當代社會生活」；有些研究者將當代校外「生活」分析成幾種實用且重要的領域；如：健康生活、家庭生活、休閒生活、職業生活、宗教生活、消費（經濟）生活，及公民生活；目的都是把生活的一種全部概念分成可以操縱的幾個領域，並確保沒有一個重要的領域被遺漏，然後從中獲得對教育目標具有啟示性的當代生活領域的有關資料。

例如：前章談到家庭及社會的種種改變，使得幼兒必須提早加入家庭以外的社會，在這種情況下，幼教機構除有補充家庭教育的功能外，甚至還有替代父母角色的功能；協助幼兒認識自己、家人、親人、鄰居、學校、朋友、社區等，可說是上述社會生活領域的一種回應。

只是幼兒教育與社會之間的聯結，該到何種程度？似乎仍缺乏實證性的研究，是否有低社經幼兒遭到文化剝奪，他們需要何種協助？需要何種課程？都仍是謎。

㈢從學科專家的建議

這是一般學校和大學最常用的目標來源。同樣的，國內托兒所設施標準及幼稚園課程標準，也都是由幼教課程專家及相關人員所擬訂，只是目前既缺乏有規模的常設機構，有關幼教課程方面的研究與評估也不多，實有待更多的投入。

㈣利用哲學

由於幼教界至今尚未有統一或標準化的課程，雖有課

程標準，且其中也反應出課程發展專家對幼兒教育的哲學觀；但多數的人只是看一看，至於要以「幼兒爲中心」、「教師爲中心」、「家長爲中心」，並無篩選的準則。如此一來，課程標準中所蘊涵的哲學觀點便失去意義。

當然，這並不是沒有統一的課本所產生的弊端，而是幼教工作者缺乏澄清的訓練及管道。所以，當課程發展者在運用哲學選擇目標的同時，更應推展此種信念，好讓所有的工作者都能瞭解目標產生的依據，使課程的推展不會理念與實務脫節。

(五)利用學習心理學

由於「教」並不等於「學」，就像目標的訂定，無法保證學習的效果一樣。學習心理學正可幫助幼教工作者瞭解幼兒學習行爲的特徵，來區別目標達成的可能性、學習所須的時間與程序等，是檢視目標的第二道過濾網；但國內仍以參考外國的研究爲多，亦有待加強。

儘管現階段幼兒教育課程目標的產生，仍有不少問題存在；但幼教前輩、學科專家曾做的努力卻不容抹煞。在此，只想提醒大家目標的產生並非無中生有，而是有各種理論做其基礎。故在細讀每一幼教目標之際，不妨訓練自己運用所學過的各種理論，去思考每一個目標所依據的理由。

二、托兒所與幼稚園的教育與課程目標

　　當國內幼兒教育及課程的目標，由政府及幼教專家擬訂之後，可從托兒所及幼稚園的相關法規來了解。以下就是托兒所與幼稚園的教育及課程目標的介紹（詳見托兒所設施標準及幼稚園課程標準）：

㈠托兒所教保目標與幼稚園教育目標的介紹與比較

　　根據民國七十年八月十五日內政部修訂之托兒所設施標準，托兒所之教保目標爲：

1. 增進兒童身心之健康
2. 培養兒童優良之習慣
3. 啓發兒童基本之生活知能
4. 增進兒童之快樂和幸福

　　以上之目標與民國四十二年十一月，教育部頒布之修正幼稚園課程標準中，所訂定的幼稚園教育目標完全一樣；這應是沿用的結果。

　　而根據民國七十年十一月六日公布之幼稚教育法，幼稚教育目標爲：

1. 維護兒童身心健康
2. 養成兒童良好習慣
3. 充實兒童生活經驗
4. 增進兒童倫理觀念

5.培養兒童合群習性

由於托兒所的教保目標是沿用民國四十二年幼稚園的教育目標,故托兒所及幼稚園所欲獲致的教育目標,大體而言,是相似的。尤以達到身心健康及培養良好習慣上,幾乎是一致的。可見促進兒童身心健康,滿足兒童身心需求是幼教課程間的基本共識。

其實根據聯合國衛生組織的定義,「健康」應是生理、心理及社會均處於良好狀況者。則此目標幾乎已包涵下面各分項目標,故在民國八十一年三月二十三日中日幼教課程研討會中,盧素碧教授曾建議往後修改課程標準時,能否將此項目標改為幼教宗旨。

其次,「生活」也是二者都很重視的主題,托兒所強調啟發兒童基本之生活知能,幼稚園則強調充實兒童生活經驗,頗以解決現實問題為標的。

此外,民國七十年所公布的幼稚教育目標中,對促進人類人文遺產,如:倫理觀念、合群習性相當重視;但似乎在「美育」及「情意」方面的目標較為缺乏。

綜合托兒所教保目標與幼稚園教育目標,不難發現兒童身心的健全與良好習慣的培養,是學前階段不可遺漏的要項,同時,生活的經驗或知能,倫理觀念、合群習性等,也都是和社會化過程息息相關的學習目標。可見我國的幼教目標也是朝向與幼兒生活有關的整體性發展前進。但未來課程標準修訂是否要效法小學五育並進;或按幼兒整體發展的各項特質、並配合生活來修改,值得好好思考。

總之,設計者還要時時記住:不管課程多完備、內容多豐富,倘若兒童感受不到學習的快樂與生活的幸福,則

一切的設計也就失去眞正的意義。

　　至於，現職的教師對幼兒教育的目標有何看法呢？李
駱遜與翁麗芳（民77）的調查結果指出「讓幼兒安全的遊
戲、上課，平安的回家；讓幼兒在園內的生活放心」最重
要。經過五年，筆者於八十二年初與學生利用李駱遜等的
問卷進行了一個簡單的調查，接受問卷的九十位教師其答
案的重要順序爲：

　1.讓幼兒安全的遊戲、上課，平安的回家
　2.培養幼兒良好的生活習慣
　3.讓幼兒瞭解合作、合群的重要
　4.培養遵守團體生活規律的習慣
　5.讓幼兒廣泛接觸各種類事物
　6.讓幼兒學習基礎的數、自然觀念及國字

　　顯然，在觀念上，幼兒的安全仍然最被教師們看重；
其次，生活習慣與社會行爲的發展也受到相當的重視；反
而有關讀、寫、算、常識方面，排在最後。然而，從實際
的教學與課程的安排可知，讀、寫、算或常識卻佔了不小
的比例。或許是因爲大家雖然知道何者對幼兒較爲重要，
但卻屈服在現實壓力之下。在這方面恐不是訂定理想的教
育目標就能解決，親職教育的宣導也是很有必要。

(二)托兒所與幼稚園課程各領域目標的比較與介紹

　　隨著教育目標的訂定，托兒所及幼稚園各發展出一套
課程，以幼稚園課程標準來說，便分成健康、遊戲、語文、
工作、音樂、及常識六大領域來呈現。而托兒所方面，雖

無課程標準，但在設施標準中列有教保內容，其中活動與輔導的項目為遊戲、音樂、工作、故事歌謠及常識五項，獨缺「健康」；但另有生活習慣的培養，及健康保健的規定。

關於課程領域，以美國的情形來說，不同的幼教專家所提出來的課程領域項目也不一，多者如希德布蘭德 (Hildebrand, 1986) 有十項：戶外學習活動、創造性藝術活動、科學活動、知覺－動作活動、語言技巧、兒童文學、扮演遊戲、創造性音樂活動、郊遊及參觀、吃點心、午餐、烹調的經驗，是以幼兒活動內容來區分。較少者如費尼、克利斯坦生與摩拉夫奇克 (Feeney, Christenson & Moravcik, 1984) 則依幼兒的發展需求，只分成四大領域：身體發展、溝通、創造性及探索性課程。

分析這些內容，語言、數學、社會、科學及藝術等項目，雖以不同的字詞出現，但受到不同學者的相同重視；同時，也反映在國內幼教課程的目標上。現分述於下：

1. 托兒所

(1)遊戲：

①增進身心之健康與快樂。

②滿足愛好遊戲之自然心理，學習適當的遊戲活動。

③發展筋肉之連合作用，訓練感覺與軀肢之敏活反應。

④培養互助、合作、樂群、守紀律、公正等良好習慣。

(2)音樂：

①滿足唱歌慾望、增進生理上各部份器官之活力。

②啓發並增進欣賞音樂能力。

③促進發聲器官以及節奏感覺並訓練其節奏動作。

④發展親愛、合作、快樂之精神。

⑤引起對事物之興趣。

(3)工作：

①滿足工作上之自然需要。

②培養操作習慣，增進工作技能，並鍛鍊感覺能力。

③訓練群體之活動力。

④發展智力。

⑤培養美感。

(4)故事與歌謠：

①陶冶性情，提高興趣。

②發展想像力。

③練習說話、吟唱、並增進發表能力。

④發展對於故事之創作能力，培養快樂與親愛之情
緒。

(5)常識：

①啓發對於自然環境與社會環境之觀察及欣賞力。

②增進利用自然、滿足生活、與組織團體等之初步
經驗。

③引導對於「人與自然及社會之關係」之認識。

④養成愛護自然物、及衛生、樂群、互助、合作等
良好習慣。

2. 幼稚園

(1)健康：

①滿足幼兒身心需要，促進幼兒身心均衡的發展。

②充實幼兒健康知能，培養幼兒健康習慣與態度。

③鍛練幼兒基本動作，發展幼兒運動興趣與能力。

　　④擴展幼兒生活經驗，增進幼兒社會行為的發展。

　　⑤實施幼兒安全教育，協助幼兒獲得自護的能力。

(2)遊戲：

　　①增進幼兒身心之健康與快樂。

　　②滿足幼兒愛好遊戲心理與個別差異需要。

　　③增廣幼兒知識，擴展生活經驗。

　　④發展幼兒創造思考與解決問題能力。

　　⑤培養幼兒互助、合作、樂群、公平競爭、遵守紀
　　　律、愛惜公物等社會品德。

(3)音樂：

　　①滿足唱歌慾望、增進生理上各部份器官之活力。

　　②激發幼兒愛好音樂的興趣。

　　③培養幼兒音樂的基本能力。

　　④啟發幼兒對音樂的表現能力。

　　⑤發展幼兒親愛、合作、快樂、活潑的精神。

(4)工作：

　　①滿足幼兒對工作上的自然需要。

　　②培養幼兒良好的工作習慣與態度。

　　③促使幼兒認識工作材料及工具的使用方法。

　　④擴充幼兒生活經驗並培養工作的興趣。

　　⑤增進幼兒欣賞、審美、發表及創造的能力。

(5)語文：

　　①啟發幼兒語言的潛能，增進幼兒語言的能力。

　　②培養幼兒良好說話與聽話的態度與習慣。

　　③增進幼兒欣賞、思考和想像的能力。

　　④培養幼兒閱讀、問答和發表的興趣。

⑤陶冶幼兒優美的情操及健全的品格。

(6)常識：

①啓發幼兒對於自然現象與社會生活的關注與興趣。

②引導幼兒觀察與分析自然和社會環境。

③培養幼兒愛護自然及社會生活的習慣與態度。

④激發幼兒對數、量、形之學習興趣，並有簡單應用的能力。

⑤培育幼兒學習自然科學的正確概念、態度與方法。

　　因爲有幼兒教育目標與課程目標層級之別，所以，托兒所與幼稚園的教育目標，先是以較籠統廣泛的「一般性目標」，如：「增進兒童身心之健康」來敍寫。而課程目標雖也是以一般性目標的形式來敍寫，但字句內容上已較前者具體；且包括各領域課程所要達到的知識概念的學習，能力的培養與學習，操作技術的學習，態度、習慣的學習等。不過，敍寫時仍使用培養、養成、增進、促進、啓發、激發、引導、擴展、充實等動詞；如：「培養幼兒良好的工作習慣與態度」。二者在目標的敍述上，幼稚園較托兒所要清楚明確。

　　其次，現階段的行政體系，托兒所及幼稚園的管理雖分屬不同的行政單位，但二者不僅有類似的教育目標，各課程領域目標也沒有太大的不同，均頗強調興趣與能力的培養。可見在此類似的社會環境下與發展需求下，年齡相仿的幼兒，是不可能因爲就讀的是托兒所或幼稚園而有太大的差異的，對不？

本節思考重點

1. 我國托兒所與幼稚園的教育與課程目標是否緊扣幼兒整體性的發展及社會的需求？何以見得？

2. 請按目標產生的種種考慮，試擬出能達到幼兒的整體發展的課程的目標？並說明原因及思考過程中最大的困難？必要的話，可與同學合作完成。

第二節　幼教課程的內容與編排

　　當課程編訂者根據幼兒教育的目標、幼兒的發展及生活等，規畫出上述各個領域的課程；接著，便是要編選出符合教育目標、是學習者最根本必要的、可以學習的、有興趣的、可自我滿足的、具實用性及可行性高的內容。本節就來看看這些內容綱要；並探討教師或課程設計者組織這些內容時該注意的原則。

一、幼教課程的內容

　　有關幼教課程的內容，以下仍分托兒所及幼稚園兩方面來介紹：

㈠托兒所

　1.遊戲
　　(1)計時遊戲（如搬運豆囊、拋擲皮球等，可兼習數）
　　(2)表演遊戲（如故事表演、歌唱表演等）
　　(3)律動遊戲（如音樂發表之各種動作，如鳥飛、馬跑、蛙跳等）
　　(4)感覺遊戲（如閉目摸索、聽音找人等遊戲，練習觸覺、聽覺、視覺及其他感官器官）

(5)模仿遊戲（如操兵、貓捉老鼠等模仿動作）

(6)猜測遊戲（如尋物、聽琴）

(7)競爭遊戲（如爭座、燕子搶窩等）

(8)我國各地方固有之各種良好遊戲

2.音樂

(1)欣賞方面：訓練聽音、辨音及下列各種歌詞之歌
唱、表演與欣賞：

①關於家庭生活

②關於紀念慶祝

③關於時令節日

④關於自然現象

⑤關於習見的動植物

⑥關於日常生活

⑦關於愛國

⑧關於社交

⑨關於表演

⑩關於兒童歌謠

⑪關於故事

(2)律動及演作方面：律動是受外界刺激後自發之一種
有節奏動作（如動作之模仿等）：

①小樂器之運用（小鑼、小鼓、小木魚等合奏）

②聽音跑、跳、坐、行、轉、鞠躬等想像或表演

(3)自然聲音之欣賞與模仿（如鳥鳴、貓叫等聲）

①鳥鳴、雞鳴、貓叫等聲音

②火車、輪船、飛機等聲音

3.工作

(1)沙裝排在沙盤或沙箱中，利用各種玩具、物品、堆

裝觀察研究立體物件，如村舍、城市、山景、園林、江河、動物園、植物園或其他模型。

(2)積木：用大小積木裝置成房屋或其他建築物等。

(3)圖畫：自由單色畫或彩色畫，彩色畫可用現成圖物，使兒童自己設色；或用自己所製圖物，圖以色彩。

(4)紙工：用剪刀剪各種圖形，或用紙摺各種物件（如桌椅之類），或將所剪、所摺、所撕之圖形，用漿糊粘在紙上，或用紙條織成各種花紋，或用紙做成各種玩具（如動物模型、家具模型）。

(5)泥工及紙漿工：用泥漿或紙漿做成模型，如動物、水果、玩具等類，並研究泥土性質等。

(6)縫紉：從玩弄玩偶引起動機，為裝飾玩偶做小衣服、小被、小窗帘等，應由年齡稍大者擔任。較小兒童，可用硬紙刺孔做成果類、鳥獸類、或其他圖形類。幼兒用彩色線穿編或顏色珠穿線。

(7)木工：用簡單木工器具，如錐、鋸、釘、鉋等類。計畫做成幾種簡單的玩具模型（床、桌、椅、鞦韆架等）且使明瞭方法與順序（例如做一桌，四隻腳要一樣長，桌面與腳，應成相當比例，四隻腳釘在桌面下等）。

(8)織工：能用最粗之梭織線帶、編織針、編織架、織成玩具或玩偶用之物件，或用藤條、麥桿編成玩具。

(9)園藝：種菜、種豆、種普通花卉、及園地整理等。

(10)其他利用各種自然物，作成玩具、裝飾品等。

4.故事與歌謠

(1)故事：

①童話

②自然故事

③歷史故事

④生活故事

⑤愛國故事

⑥民間傳說

⑦笑話

⑧寓言

⑨神話

⑩其他適應需要而由教師自編之故事

(2)歌謠：

①兒歌

②遊戲歌

③時令歌

④民歌

⑤繞口令

⑥急口令

⑦謎語

⑧占氣象歌

5.常識

(1)關於衣、食、住、行等各項物品，及家庭、鄰里、商舖、郵局、救火隊、公園、交通、機關等社會組織之觀察研究，與遊覽本地各名勝古蹟。

(2)演習日常禮儀。

(3)紀念節日（如元旦、兒童節、植樹節、國慶紀念日、國父誕辰、民族復興節、以及其他節令）之研究與活動。

(4)集會之演習（以培養公正、仁愛、和平精神爲主）。

(5)國歌、國父及先總統蔣公遺像之認識。

(6)習見鳥、獸、蟲、魚、花、草、樹木、及日、月、雪、雨、陰、晴、風、雲等自然現象之認識與研究。

(7)月、日、星期、與陰、晴、雨、雪等逐日氣候之填記。

(8)附近或本所內動植物之觀察探集，與飼養或栽培。

(9)身體各部分之認識，與簡易衛生規律（如不吃攤上不衛生食物、食前洗手、食後漱口、不隨地便溺、不隨地吐痰、不吃手、不用手挖耳揉眼、早睡、早起、愛清潔等）之實踐。

(10)健康與清潔檢查。

(二)幼稚園

1.健康

(1)健康的身體：

　①健康的生活習慣

　②健康檢查

　③運動能力與興趣

　④疾病的預防

　⑤營養和衛生

(2)健康的心理：

　①心理需求

　②社會行爲與生活態度

(3)健康的生活：

　①安全的知識

　②意外事件的預防與處理

③靜息與健康

④其他——良好衛生、安全習慣的培養，家庭和學

校環境衛生與安全的維護

2.遊戲

(1)感覺運動遊戲：

①運用身體大小肌肉的遊戲

①感覺遊戲

(2)創造性遊戲：

①造形遊戲

②語文創作遊戲

(3)社會性活動與模仿想像遊戲：

①社會活動的探討

②娃娃角遊戲

③模仿社會節慶活動的遊戲

④聽故事後的角色扮演遊戲

(4)思考及解決問題遊戲：

①動植物生長

②人體構造

③物理和化學現象

④自然現象與景象

⑤數的概念

⑥其他

(5)閱讀及觀賞影劇、影片遊戲：

①看故事圖片、圖畫書、故事書

②聽收音機、錄音帶

③看電影、電視、幻燈片等

④看木偶戲

⑤看話劇、戲劇

3. 音樂

(1)唱遊：

①關於日常生活的（如家庭及幼稚園生活等）

②關於自然現象的

③關於常見動植物的

④關於紀念節日的

⑤關於愛國的

⑥關於故事的

⑦關於遊戲的

⑧關於表演用的

⑨關於兒童歌謠及地方歌謠的

(2)韻律：

①模擬韻律：隨音樂的節拍做下列的模擬動作：

　a.基本動作的練習

　b.模仿日常生活習慣與事物

　c.模擬動物的動作

　d.有表情及故事性的模擬動作

　e.幼兒的體操

②自由韻律：幼兒運用身體各部份的動作，隨心所欲自由表現「曲」或「歌」的節奏及表情。

(3)欣賞：

①聆聽各種聲音：聆聽「自然界的」和「人為的」各種聲音

②樂曲欣賞：聆聽音樂

③辨別聲音的大小、高低、強弱、快慢、長短等

(4)節奏樂器：

①敲打節奏樂器

　　　②敲打克難樂器

　　　③小樂隊合奏

　4.工作

　　(1)繪畫：

　　　①自由畫

　　　②合作畫

　　　③故事畫

　　　④混合畫

　　　⑤圖案畫

　　　⑥顏色遊戲畫

　　　⑦版畫

　　(2)紙工：

　　　①剪貼工

　　　②撕紙工

　　　③摺紙工

　　　④紙條工

　　　⑤紙漿工

　　　⑥造形設計

　　　⑦廢紙工

　　(3)雕塑：

　　　①泥工

　　　②沙箱

　　　③積木

　　　④雕塑

　　(4)工藝：

　　　①木工

②縫紉

　　　③通草工

　　　④廢物工

　5.語文

　　⑴故事和歌謠：

　　　①故事

　　　②歌謠

　　⑵說話：

　　　①自由交談

　　　②自由發表

　　　③問答

　　　④討論

　　⑶閱讀：

　　　①故事歌謠類

　　　②圖片畫報類

　　　③看圖說故事

　　　④教師自編故事

　6.常識

　　⑴社會：

　　　①家庭、社區的生活及社會機構

　　　②對外界事物及現象的關注與興趣

　　　③個人生活習慣與態度

　　　④社會生活習慣與態度

　　⑵自然：

　　　①常見的動植物

　　　②飼養與栽培

　　　③自然現象

④自然環境

⑤人體的構造

⑥衛生常識

⑦動力與機械

⑧工具與用具

(3)數、量、形的概念：

①物體數、量、形的比較

②認識基本圖形

③物體的單位名稱

④順數與倒數

⑤方位

⑥質量

⑦阿拉伯數字

⑧時間概念

⑨結合與分解

以上托兒所與幼稚園的課程內容，由於目標類似；所產生的課程內容自然也非常相似。但不可否認的，有些名稱相同的領域，在陳述或項目安排上並不完全一樣，只是差異不是很大。

此外，上面各領域課程的內容，很容易讓人以為幼教課程是採取分科式的課程；然而，事實並非如此。因為大家若進一步閱讀幼稚園課程標準，必會發現在各領域的實施方法中，「配合幼兒的能力、興趣與需求」，「配合時令與季節」，以及「與其他各領域做統整性的設計與輔導」，稱得上是教材編選的共通原則。故課程編訂者應深入的了解與思考各領域課程的意義，再配合幼兒的能力、需求及相

關條件，靈活的統合各領域的內容，使成爲統整性的設計才是。

　　誠如李駱遜與翁麗芳（民77）的調查所說的，受訪的**教師**認爲六大課程領域的理想比例，以各佔百分之十一至二十爲佳；但實際上並非如此。這與筆者和學生在八十二年初所進行的調查結果類似。不禁令人思考所謂「統整」或「平衡」的眞義，難道只是理想的百分比而已嗎？

二、課程內容的組織

　　面對各領域的課程內容，教師或編訂者該如何完成統整性的設計？

(一)分辨知識的內容

　　到底學習者可以接觸到的知識有那幾類呢？舒瓦茲與羅碧生（Schwartz & Robison, 1982）將知識按其組成，從事實累積到整體性課程分爲六大類：

1.事實的累積 (fact accumulation)

　　事實的累積存在於任何一種課程之中，只是成份的多寡略有不同，對幼兒來說，他們就是「事實的收集者」，透過經驗與觀察他們可以從中認識人事物的名稱、特徵、順序等，如：顏色、形狀、月份、日期、節日、天氣等事實的資料。

　　事實可說是其他等級知識的基礎，幼兒本身也喜歡收集事實，但不一定就能收集有意義的事實；再者，爲了快速獲得事實，就用講述、說明的方式呈現事實，甚至以事

實爲標準答案，限制幼兒討論都會失去「事實」在學習上的眞義。

2. 技能的累積 (skill accumulation)

原本是小學課程的基礎，現在也往下延展到幼兒教育階段；包括：讀、寫、算，個人自理技巧，身體動作技巧等；如數數、認字、交友、輪流、個人的淸理、穿衣、進食、打掃教室、解決問題等。

技巧的學習對幼兒固然重要，但學習技巧需要時間練習，若再加上只是教師單方的選擇，而非幼兒的興趣，就無學習效果可言了。

3. 科目 (subjects)

在美國，科目是小學課程的主流，如今也可見於幼敎界。就科目而言，可視爲學校課程的一種內容範圍，不只是讀寫算的技巧，也包括社會研究、健康與安全、語言藝術等。這樣的安排是爲了敎學上的方便，如把歷史、社會、政治、經濟、地理等內容混合而成社會研究。

科目可說是家長及敎師最熟悉，且資源最多的一種知識等級，但由於有科目間的界線，易流於分科式的敎學；不過，敎師若能善加整合這些科目，仍可達到統整性課程的目的。

4. 主題的選擇 (thematic selection)

主題、標題或單元代表幼敎課程方案中的另一類內容。主題的選擇打破科目間的界線，進而創造一個有順序及統一的學習經驗。同時，由於主題的選擇，得注意知識內容的邏輯性及發展的心理特質的整合，因此，較科目容易學習。

5.學科的結構 (structure of disciplins) 或關鍵概念 (key concepts)

學科原只為研究及建立新知識的結構，後來才運用在課程設計上，尤其是將關鍵概念視為設計的基礎。

所謂「關鍵概念」就是組成學科知識的主要概念。克拉格(Craig, 1966)以科學為例提出七個關鍵概念：空間、時間、改變、適應、變異性、關聯、平衡。這些概念均可發展成與幼兒經驗有關的活動；如人有胖、有瘦、有年輕、有年老、會由嬰兒變成大人、天冷穿衣、天熱吹冷氣、有不同人種、人們分工合作維持生存，及呼吸是為了維持血氧濃度的平衡等。

由於關鍵概念的運用，打破了以事實為主的知識層面，使學習不再侷限在記憶，但可惜的是這些學者所說的概念對許多人來說，都太高招、太複雜，無法靈活的引導幼兒學習，以至於也停滯在記憶面上。

6.整體性（不分化）的課程 (holistic curriculum)

整體性或不分化的課程就是非片面的學科或科目的課程。在不分化的課程中，教師不必擔心科目的問題，因為教師是隨著幼兒的學習興趣與步調來教學，重點在幼兒認知、情感及態度等方面的學習。這類的課程在幼教界有皮亞協理論為基礎的課程、兒童發展為基礎的課程、行為學派為基礎的課程等。

若以這些知識類型來看上述各領域課程的內容，相信大家很容易從中分辨出屬於「事實」、「技巧」、「科目」或部份的「關鍵概念」的知識內容。至於主題或整體性課程的知識內容，則需要課程設計者進一步去組織。

(二)組織課程內容的原則

　　論理式組織（內容的順序，content order）或心理式組織（發展的順序，developmental order）的兩難衝突，同樣出現在組織幼教課程上。為此，依凡斯（Evans, 1982）提出三個論點供大家參考：

1. 本體論

　　呈現知識的主體給幼兒，是由知識的基本結構做學習的規劃，以設計學生達成認知成就的方法。在學習的過程中，幼兒沒有自行選擇或決定內容的機會，但幼兒的能力差異及精通程度是可被考慮的。

2. 幼兒發展論

　　強調幼兒必須依自己的學習型態來學習，可以自行選擇及決定內容與成就標準，故課程的內容不固定，隨幼兒的興趣而變化。

3. 折衷論

　　提供幼兒多種類別的內容，給予幼兒選擇的機會，但是在有限的機會中做選擇。

　　所以，在第一種論點下，幼兒的學習內容是由園所決定，但會顧及幼兒的能力；現以舒瓦茲與羅碧生所說的「內容的順序」表示之：

1. 具體到抽象

　　「具體」是指當前可見的自然界之事物而言。「抽象」是指代表具體事物的符號與概念。

2. 簡單到複雜

　　從一次一個變項到同時兼具數個變項。

3.事實到概念

從實際的事物關係去了解，如想了解鳥類，則必須實地觀察及接觸之。

4.已知到未知

即新知的獲得，必須奠基於舊知之上。

但如果是第二種論點，則課程是隨幼兒而定；園所長所關心的是舒瓦茲與羅碧生所說的「過程或發展的順序」，也就是學習者「如何學習」（how to learn）的問題，其特徵是：

1.從探索、實驗、考驗假設、至解決問題。
2.由模仿、複製，到創造。
3.從自我認同到對他人有知覺，即從自我向外發展。
4.依據練習律的原則進行，效果較佳。
5.當有增強物時，幼兒願意選擇並維持練習活動。
6.幼兒會喜歡具變化性與選擇性的材料、方法及工作。

而第三種論點，則須兼顧內容的順序性及幼兒有限度的選擇自由；園所若能掌握其中的尺度以及所持的立場，心理式組織與論理式組織便也找到了平衡點。

另外，對此問題黃世鈺（民80）則以導進組體、螺旋累積、及整合式等三型，來說明之：

1.導進組體型

這是以含攝性、概括性的組體理念，從具體、統整的學習入手，當學習材料與學習者認知結構中的既有概念取得聯繫時，採用比較性組體，以期藉新舊經驗間與組體之

比較與統整；達到促進學習與保留記憶的效果。當學習材料為學習者所不熟悉的主題時，採用說明性組體，以溝通學習者的認知結構；故導進組體具有循進分化、統整調和的涵義與特徵。此種型式雖注重材料的順序性，但其順序性，如：具體、統整的學習；是與學習者的認知結構息息相關，故並非只是單純的分析教材結構而已。

2.螺旋累積型

螺旋累積的結構型態是以學習客體所必須的基本要素為起點，隨著個體的成熟、興趣、能力與需要，採螺旋方式配合發展的成熟度與學習的關鍵期，提供適宜的教材。

3.整合式

整合式的課程結構形態包括直徑一貫式與群集階梯式的論理組織形態及圓周型的心理組織型態。前者係為達到某一教學目標，偏重以教材為中心，依教師觀點把教材依其自身系統與邏輯順序，作一規則性排列，使學習者獲得有系統、有條理的知識。後者則強調學習者本位，運用類化原理，依據學習者的能力、興趣、需要與經驗作為教材組織的起點，逐層擴大範圍並加以反覆練習、循級而升。

總之，課程標準所列之課程內容只是供做參考之用，使用之前還得配合實際的狀況；幼兒是活的、環境也不是靜止的，條列的課程內容若不善加思考與運用，則分科填鴨的教學可能就悄悄的來到。

反之，若能靈活的從幼兒及生活去尋找素材，再加上專業知能的運用，課程與教材的內容應是取之不盡的。有關組織課程內容的實例，將可在往後各章陸續出現，屆時大家可以分析其中所用的原則，進而肯定理論對課程發展

與設計的重要性。

本節思考重點

1.試評估上述課程内容是否能滿足課程目標？

2.從上述各科目課程内容的介紹，你認爲還有未考慮到的地方嗎？是什麼？

3.請舉例説明六大類知識的内容。

4.實地的觀察幼教課程的進行，分析其使用的知識内容與課程領域？

5.實地的觀察幼教課程的進行，分析該課程運用了那些課程的組織原則或類型？

6.訪問一位有經驗的幼教師，談談她（他）組織課程的歷程與經驗。

第三節　教學方法

　　關於上述各領域課程內容該如何來達成，幼稚園課程標準中列有包括教材編選、教學方法及實施要點的實施方法可供參考。但因近來的幼教界，往往標榜著以某種教學法為其教育的特色，而教學法名目很多，且其間名異而實同或名同而實異也不少，很難憑名稱來判定。故本節擬先簡介教學法的類別，再以其中的一類「教學方式」為說明的重點。

一、教學法的類別

　　由於能實現教學目標的手段就可以叫做「教學法」，在定義範圍過大的情況下；名目難免就多。李祖壽（民70）便將教學法分成九大類：

㈠教學主體

　　教師中心型、學生中心型教學法。

㈡教學性質

　　注入式及啟發式教學法。

(三)**教學目的**

　　思考、練習、欣賞及發表教學法。

(四)**教育階段**

　　幼稚園、小學、中學及大學教學法。

(五)**教學科目**

　　普通及分科教學法。

(六)**學級編制**

　　單式、複式及單級教學法。

(七)**教學方式**

　　講述法、問答法、討論法、觀察法、示範法、實驗法及小組法。

(八)**教學型態**

　　五段教學法、單元教學法、設計教學法、自學輔導法、視聽教學法、現代單元教學法及問題解決法。

(九)**教學法著名的時間**

　　從一九六〇年以後的著名教學法有編序、協同、不分年級及彈性單位課表教學法。

　　其實上述的教學法中，除「教學方式」所介紹的是單純、直接且具體的教學手段，可以靈活運用在各種教學外；

其他八類教學法都是為達成某種概念或目的時，所衍生出來的一套套方法。如：因著教育階段而衍生出幼稚園、小學、中學及大學教學法；或因著教學目的而有思考、練習、欣賞及發表等不同的教學法。

二、教學方式

由上可知，不論是幼稚園教學法或思考教學法，所代表仍是一組複雜的概念與方法；只有「教學方式」中的方法，是可以被教師直接用來帶動學習者學習；與課程的實施關係最為密切。故以下將逐一介紹之。

㈠講述法

或稱為演講法，首先提示綱要→詳述內容→綜述要點，多用於知識的傳授。

　1.優點

　　(1)教師較易控制秩序、內容、方向，使學生有系統的了解新知識。

　　(2)適用於人數衆多的教學。

　　(3)教師易做課前準備及控制進度。

　　(4)節省時間。

　2.缺點

　　(1)易流於單向溝通，無法發現學生的問題以及了解程度。

　　(2)限制學生思想的範圍，較無突破性的進展。

　　(3)上課較無趣，活動性少。

(4)不能適用於所有學科。

(5)以教師為中心。

3.改進之道

(1)建立師生雙向溝通。

(2)調整講述時間的比例，穿插其他教學方式。

(3)配合教材，適時適量使用教學媒體與教具。

㈡問答法

包括複講法，通常由教師向學生提出問題，以了解學生吸收的情形。

1.優點

(1)容易引起學習動機。

(2)可以幫助學習者組織教材、促進記憶。

(3)提供學生參與討論、表達、組織發表能力。

(4)具評鑑功能。

(5)引起學生回饋。

(6)啟迪學生思考。

2.缺點

(1)需要較多的時間。

(2)教學的效果會因幼兒的年齡或表達能力而有不同。

3.注意事項

(1)教師所提出的問題應能讓幼兒瞭解。

(2)使用開放性問題較有助於啟發幼兒的思考能力。

(3)要有適度的候答時間。

(4)即使真有標準答案，幼兒努力思考的結果仍應得到鼓勵。

㈢討論法

　　此法進行時，可全班一起或分組，目的在發揮學生間的相互影響，增加學習興趣，培養思考及發言的能力。

　　單元活動的進行常會用到討論法，尤其是所謂的「團體討論」。但事實上，按幼兒的發展來看，三、四歲的幼兒注意力並不長，而且社會性的發展是處於單獨與平行遊戲階段，雖然他們會學著配合團體而行動，但並非每個孩子都做得到；因此，教師剛開始使用討論法時，既不能期望每名幼兒都很投入，更無法要求幼兒都能言之有物；所以，在討論的初期，看到的團體討論，往往是教師問、一兩個幼兒回答（相當於問答法），然後漸漸的有些幼兒會提問題，而其他幼兒會回答；到最後，甚至變成幼兒自己主持及討論，教師只扮演催化的角色。

　　注意事項

　　　⑴教師是帶領幼兒進行討論的最佳示範：如尊重他人的發言、傾聽、及如何做表達等。

　　　⑵選擇幼兒熟悉的主題開始。

　　　⑶一開始題目不要太複雜、時間也不要太長。

　　　⑷鼓勵幼兒發言。

　　　⑸維持討論的氣氛。

　　　⑹適時地將幼兒的問題與答案加以統整說明。

㈣觀察法

　　凡讓學生觀察圖表、標本、模型、儀器、實物、幻燈片、電影（媒體的應用）或參觀旅行，均可稱之。

　　由於學前的幼兒是透過具體的操作而學習，在操作的

過程中，幼兒可以用手去摸、用眼去看、用鼻去聞、用耳去聽等，就是幼兒可經由感官獲得第一手經驗。而觀察法正是達成此種目的的主要方式之一。

1. **安排觀察活動注意事項**

　(1)各種觀察的圖表、標本、模型、儀器、實物、幻燈片、影片等，均應正確無誤。

　(2)有適當的擺設與觀察的空間。

　(3)正確的操作與示範：如何觀察、找資料、記錄。

2. **參觀活動的安排**

　(1)短程：

　　①教師可於平時多注意社區中可資利用的資源，並和對方保持連繫，必要時邀請對方到園所裡來做演講或示範，或者安排幼兒過去參觀。

　　②若非社區中的機構，則參觀前應瞭解參觀機構的性質，向對方說明參觀的目的，幼兒的年齡及人數，以及所須的協助。

　　③於平時就應模擬外出參觀的狀況，讓幼兒了解參觀的真正意義，否則苦心安排，幼兒卻不知道該看些什麼？或聽些什麼？就是浪費時間。

　(2)遠程：除了多利用短程的參觀演練，幫助幼兒瞭解參觀的目的外，還要：

　　①設計路線：留意中途有無休息站，是否會塞車等問題；可能的話，應先勘察路線。

　　②租車：車子的安全性、有無保險、有無廁所等。

　　③是否要為幼兒加保旅遊險等？

㈤實驗法

學生自己從事實驗以獲得或證實某種知識或原理。如：幼兒利用園所內的教學資源，發現圓柱體或球體能滾動，但四方體則不行；進而瞭解車輪設計的原理。

㈥示範法

指由教師傳授某種技能或說明某種原理，如：利用影片或由教師親身示範均屬之。

㈦團體法

或稱小組法，亦稱分組教學法，即將學生作長期或短期的分組，以共同從事各種學習活動。有時亦採全班共同活動的方式。

1.小組

教師依著幼兒的能力、興趣或需求，將全班分成數個人數少的學習團體，引導幼兒討論、操作，如此既可深入，又可避免因工具的不足而無謂等待。這些小組活動的分法如下：

(1)年齡分組：是最常見的一種分組法，以幼兒年齡層所需學習的內容為主，同時也提供同年齡幼兒互相觀摩的機會。

(2)能力分組：由於並非每個幼兒的發展速率都完全相同，為了減少進度比較落後的幼兒受到太大的挫折，教師巧妙的重組小組，把能力比較相等的幼兒擺在一起學習，來緩和幼兒學習上的焦慮與挫折；另外能力超前的幼兒也能往上發展。如此一來，不

管超前或落後的均得以有機會好好發展。

(3)興趣或需求分組：為了幫助幼兒了解自己的興趣或滿足他們發展上的需要，有些小組活動的設計是以興趣為主，幼兒可根據自己的興趣來加以選擇，可說是一種完全以幼兒為中心的設計。

2. 大團體

全班式的共同活動，可以讓幼兒靜下來觀察同伴，關心別人，進而培養團體的感情；同時還可以傳達團體所應知道的資訊或規範；達到經驗分享與統整彼此學習的目的。進行時應注意下列數點：

(1)幼兒前一階段的活動已逐漸萎縮、瀕臨收拾。

(2)教師可利用緩和活動將幼兒的情緒從動態轉為平和。

(3)引導教室裡每個人相互問安、關懷。

(4)掌握團體活動的意義與目的。

(5)統整前一段自發性學習時間或小組裡的活動，讓幼兒介紹分享。

(6)進行一些以團體為主的遊戲、歌謠、故事等活動。

(7)介紹與課程有關的資訊及接下來的活動。

(8)協調班級中各幼兒的互動，好讓每個人都有他們發表及討論的機會。

如此一來，幼兒漸漸了解團體的意義，並學會配合團體的腳步，同時，也養成專注學習及探究問題的態度，對於培養幼兒懂得團規範及耐心聽話的能力，也很有助益。

本節思考重點

1.簡介你所知道的教學法？你會如何來加以運用？

2.你認為問答法與討論法有何不同，你會如何來加以運用？

3.你認為參觀活動對三或五歲幼兒的學習具有何種意義？假如你一個人帶一班幼兒，你會如何安排有關的參觀活動，說明之。

4.教師應如何應用團體法教學？

第四節　幼教課程的評量

有關課程的評量在第一篇第四章第四節多已談過，加上國內幼教工作者甚少對整套課程進行評量，因此，本節不再重覆那些內容。僅針對教室層次的教學評量進行說明。

一、教學評量的功能

藉由評量，教師可以知道學習者的起點、學習過程及終點行為，特性與發展程度；並掌握園所中可資利用的環境、材料，自己教學的品質及幼兒的吸收情形等；不僅有助於教學品質的提升、師生關係的建立，教師士氣的提高，還可作為行政單位及家長作參考。簡茂發（民77）便明白的指出評量有以下的功能：

1. 了解學生的潛能以及學習成就，以判斷學生努力的程度。
2. 診斷學生學習的困難，作為補救教學及個別輔導的依據。
3. 估量教師教學的效率，作為教師改進教材、教法的參考。
4. 獲悉學習進步的情形，可觸發學生學習的動機。

二、評量的種類

　　根據蔡春美（民79）提到的教學評量，可依評量的時機、內容、使用的工具、解釋的方式、資料收集的方式及學生被干擾的程度而有不同。教師要做好評量的工作，至少要知道有那些種類的評量，方能從中尋得適當的方法，現就開始介紹之：

㈠按評量的時機

1.教學前評量

　　又稱預備性評量（preparative evaluation），即教學前所進行的評量。不僅可以了解學生學習前的基本能力與起點行為，也可同時評量有關教學環境與資源，作為設計的依據。

2.教學中評量

　　又稱為過程中評量或形成性評量（formative evaluation），是在教學過程中進行的評量。舉例來說，在教學過程中，教師可透過隨時的觀察與記錄，了解自己的教學是否具有效率、幼兒是否達到教學的目標、是否認真且喜歡的學習，亦即從幼兒學習態度、方法、習慣、動機和興趣等多方面的行為表現，了解幼兒在教學過程中行為改變的情形，並分析幼兒學習困難的原因，以為調整與改進教學活動的目標與內容等的依據，協助幼兒更有效的學習。

3.教學後評量

　　又稱總結式評量（summative evaluation）此為教學

之後所進行的評量，目的在了解經過教學活動之後，目標達到的程度，檢核教學方法是否有效，以及評定幼兒經學習後是否達到預期的終點行為，作為幼兒努力與進步情形的考察。

4. 追蹤評量

即在做過形成性評量或總結性評量一段時間後，再繼續追蹤這些行為表現並予評量。如能持續的輕聲細語、或每次進餐後都會主動去刷牙。

(二)按評量的內容

1. 量的評量

指所評量的事實是可量化的，如：紙筆測驗的成績等，偏重表面意義，不重視過程中的種種因素，一般對學前的幼兒較少使用這類的評量，除非是總結性評量，為了解幼兒的學習結果就設計有關的評量表來看幼兒是否達到目標。

2. 質的評量

這類的評量是重視分數背後的真正意義，所以它重視學生的反應、師生互動、友伴關係等，形成性評量即屬此類。故並不一定是以紙筆測驗來評量，往往也沒有固定答案，是一種較開放的評量，可對整個教學過程提出較實質的回饋。

(三)按評量工具

1. 標準化測驗

此乃經過實證性的方法找出試題，定出常模、有標準設備或表格，並須正確施測與計分的測驗稱之；如：魏氏

智力測驗、小學生人格測驗等。這類測驗的施行與解釋須由受過專業訓練的工作人員來操作,且適合學前幼兒的測驗並不多,使用時應多加過濾。

2.教師自編測驗

此種測驗可根據教師的實際需求來編製,雖範圍較窄或缺乏常模,但易與教學目標配合,教師又可視實際需要建立常模,故一般教學活動的評量,教師常採用自編的測驗。

(四)按評量的解釋

1.常模參照評量

此種評量是以同年齡或同年級學生學習成就的平均水準為參照點,以求得學生在常模上的地位,可用來比較分析學生間的差異。整個評量應為標準化的測驗。

2.效標參照評量

此種評量須先找出絕對性標準做為衡量的依據,以判斷學生通過的情形。就教學活動的評量來看,多是效標參照評量,即根據活動的一般性目標與行為目標來評量幼兒學習的結果,不僅有助於幼兒了解自己進步的情形,也可提升教師教學的品質。

(五)按評量過程中收集資料的方式

1.實際的觀察記錄

即透過有結構或非結構的觀察方式來進行觀察、收集資料。

2.口頭評量

教師為了解學生的學習狀況,利用一對一的問答、晤

談、個別報告、小組討論或全班一起討論的評量方式稱之。不過，這種評量法應注意讓每個幼兒自行回答，以免產生「濫竽充數」的結果。

3.幼兒操作過程的表現

此種方法是從學生進行學習的過程中，去觀察他的操作情形、再由操作時的肢體發表或情境發表（如：唱遊、戲劇），以及幼兒的成品及幼兒的作品中去評量。

4.設計評量表評量

類似於考試卷，幼教教師所設計的評量表就不適合用文字敘述，多半是以圖示，回答的方式也較有限制，需要教師妥善設計，才可獲得比較有效的結果。

以上這些收集資料的方式可活用在教學活動之中，在整個教學過程中，教師可隨時觀察幼兒學習的態度、人際關係、實作表現等，同時還可利用問答、討論等口頭評量及評量表，以了解幼兒學習的結果，故教師應善加利用。

㈥按評量對學生的干擾程度

1.干擾評量

指一般的評量需對受評量者施測，直接對受評量者產生干擾者稱之。以上述收集資料的方式來看，除自然情境下的觀察外，口頭評量、評量表評量均屬干擾評量。

2.非干擾評量

即不直接對受評量者進行客觀的測驗，而是利用非干擾的方法，如：檢查書籍或遊樂器材的耗損程度來了解學生對該物品的喜好程度，此法雖可避免學生故意反應，但單憑非干擾性評量，容易有不正確的結果，所以，應與干

擾性評量互相配合，以獲得正確的資料。

三、如何作好各種評量

　　既然評量的種類與方式各不相同，該如何快速又有效的選擇合適的評量種類與方式來進行評量呢？以下分評量原則及我國幼稚園課程標準中所規定的教學評量說明之：

㈠評量的原則

1. 符合性原則
　　評量的內容與對象，應與目標一致。

2. 多樣性（廣泛性）原則
　　評量時應使用各種不同的工具，尤其幼兒文字的認識與表達有限，最好能以不同的方法，收集不同領域的學習結果（知識、情意與技能）；以便取得更有效度與信度的評量結果。

3. 統合性原則
　　即將上述利用多種工具由多方面收集而來的資料，集合所有的資料，做一統整性的判斷稱之。

4. 效度原則
　　評量的工具必須要能有效測得所欲評量的項目。

5. 客觀性原則
　　「客觀」對於任何評量來說都是非常重要的條件，若有一清楚的標準，較易達到客觀。

6. 繼續性原則
　　教育是持續的過程，教師對教學的評量當然也不是一

次就夠，以時間來說，從課程計畫之初，乃至結束之後的追蹤評量，正是繼續性原則的具體表現。

7.隱私性原則

評量的結果是受評量者的個人資料，應加以妥善保管，未經受評量者同意，不可提供不相關的人。

8.診斷性原則

對教學活動進行評量，無非是希望能了解活動的優缺點，因此，評量的結果應能顯示此種差異，並以文字敍述之。

㈡我國幼稚園課程標準中所規定的教學評量

1. 教師應根據教學目標進行教學評量，以作為改進教學的依據。
2. 教學評量應包括前評量、教學活動中的評量、後評量及追蹤評量。
3. 教學評量的方法有觀察、記錄、口述、表演、操作、作品等，教師可視教學評量內容，相機配合運用。
4. 教學評量的工作可從教師與幼兒兩方面分別進行；其評量內容宜依課程性質加以訂定。
5. 教學評量的結果，須妥予運用，除作為教師改進教學及輔導幼兒的依據外，並應通知學生家長，期與家庭教育配合。

　　幼教工作者若能確實掌握上述的原則與步驟，當可達到，甚至提高評量的效果。

本節思考重點

1. 就負有設計與執行課程任務的幼教師而言，該如何評量自己所做的工作？

2. 對年幼的幼兒來說，何種評量方式與工具會較合適，爲什麼？

3. 對於評量的結果應如何運用之？

4. 訪問一位幼教師與園所長有關上述評量的種種問題，分析二者的觀點的是否會有不同，及不同之處爲何？

參考書目

內政部（民70）：托兒所設施標準。

李祖壽（民70）：教育原理與教法。臺北：大洋。

教育部（民76）：幼稚園課程標準。臺北：正中。

黃世鈺（民80）：我國幼稚園課程實驗探析。幼兒教育。臺灣省第二屆教育學術論文發表會。臺灣省：竹師。

蔡春美（民79）：幼稚園教學評量之研究。七十八學年度臺灣省教育學術論文發表會。

簡茂發（民77）：教學評量原理與方法。黃光雄主編：教學原理。臺北：師大書苑。

Evans, E. D. (1982). Curriculum models and early childhood education. In B. Spodek (ed.). *Handbook of Research in Early Childhood Education*. N. Y.: The Free press.

Schwartz, S. L. & Robison, H. F. (1982). *Designing Curriculum for Early Childhood*. Boston: Allyn and Bacon.

Feeney, S., Christenson, D. & Moravcik, E. (1984). *Who Am I in the Lives of Children: An Introduction of Teaching Young Children* (2nd ed.). Columbus: A Bell & Howell Co.

Hildebrand, V. (1986). *Introduction to Early Childhood Education* (4th ed.). N. Y.: Macmillan Pub. Co.

第七章

幼教課程設計與實施——以國內幼稚園實驗課程為例

- 瞭解國內幼稚園課程實驗的概況
- 加強課程理論的運用能力
- 增進設計幼教課程的概念
- 充實發展本土化幼教課程的基礎

　　基於國內幼教課程沒有統一化的課本，而課程標準也只做原則性的規定；各園所在知道幼教目標及各領域課程目標與內容之後，對於如何組織這些內容，或用什麼方式來教，有了極大的彈性與發揮的空間。不過由於各園所的條件不同，且目前幼教師資參差不齊，實無法達到各園所課程適性發展的美意。

　　但儘管如此，從政府遷台至今，仍有許多幼教前輩努力於幼教課程的實驗；且有不小的影響力。透過這些幼教

課程的實例，正可以幫助大家去瞭解我國幼稚園層次的課程組織及發展模式。

因此，本章將先介紹這些實驗課程，帶著大家一起來看看這些課程用了那些課程內容編選的原則，是科目教材為中心，還是學習者或社會為中心；還有是屬於工學觀？或非工學觀？最後再探討未來可能的發展之道。

第一節　幼稚園實驗課程簡介

根據黃世鈺（民80）在「我國幼稚園課程實驗探析」的報告中提到：「民國三十八年到七十四年間，台灣地區所進行的幼稚園課程實驗計有：五指活動課程實驗、行為課程實驗、大單元設計課程實驗、發現學習課程實驗、科學教育課程實驗等。」而近來則有盧美貴（民80）進行開放式幼兒活動設計的研究。

故本節將先概要介紹這些課程實驗的源起、理論基礎、課程的目標、內容、設計方法等；作為大家瞭解國內幼教課程發展與設計的開始。

一、五指活動課程實驗

五指活動課程是由幼教前輩陳鶴琴創於民國二十四年，並於大陸鼓樓幼稚園進行實驗；後來在台灣，則是由熊慧英女士於民國四十二至四十八年間在省立北女師附小幼稚園進行實驗。

(一)課程的理論基礎

由於當年陳鶴琴先生留學美國，頗受杜威等的思想所影響；主張「活的教育」，並提出三大目標、十二原則、十

大區別（摘自周娥瑞，民73）應可視為本課程的理論基礎：

1. 三大目標

(1)做人，做中國人，做現代中國人。

(2)大自然，大社會，都是活教材。

(3)做中教，做中學，做中求進步。

2. 十二原則

(1)凡是兒童能夠自己做的，應當讓他自己做。

(2)凡是兒童能夠自己想的，應該讓他自己想。

(3)你要兒童怎樣學，就應當教兒童怎樣做。

(4)鼓勵兒童去發現他自己的世界。

(5)積極的鼓勵，勝於消極的制裁。

(6)大自然，大社會是我們的活教材。

(7)比較教學法。

(8)用比賽的方法，來增進學習的效率。

(9)積極的暗示勝於消極的命令。

(10)替代教學法。

(11)注意環境，利用環境。

(12)分組學習，共同研究。

3. 「活教育」與「死教育」的十大區別

(1)何謂「活教育」？

①一切設施，一切活動，以兒童為中心，為主體，學校裡一切活動差不多都是兒童的活動。

②教育的目的在培養做人的態度，養成優良的習慣，發現內在的興趣，訓練人生的基本技能。

③一切教學，集中在「做」，做中教，做中學，做中求進步。

④分組學習，共同研究。

⑤以愛以德來感化兒童。

⑥兒童自訂法則來管理自己。

⑦課程是根據兒童的心理和社會的需要編訂的，教材也是根據兒童的心理和社會的需要選定的，所以課程是有伸縮性，教材是有活動性，而可機動更改謀求適應的。

⑧兒童反應天眞瀾漫,活潑可愛,工作時很靜很忙,遊戲時很起勁很高興。

⑨師生共同生活，教學相長。

⑩學校是社會的中心，師生集中力量，改造環境，服務社會。

(2)何謂「死教育」？

①一切設施，一切活動，以教師（包括校長）爲中心，爲主體，學校裡一切活動差不多都是教師的活動。

②教育的目的在灌輸許多無意義的零星知識，養成許多無關重要的零星技能。

③一切教學，集中在「聽」教師口裡講，兒童用耳聽。

④個人學習，班級教授。

⑤以威以畏來約束兒童。

⑥教師以個人主見來管理兒童。

⑦固定的課程，呆板的教材。不問兒童能否瞭解，不管時令是否適合，祇是一節一節的上，一課一課的教。

⑧師生界限分明，隔膜橫生。

⑨兒童呆呆板板，暮氣沉沉，不好動，不好問，儼

然像個小老人。

⑩校牆高築，學校與社會毫無關係。

上述這些具有進步主義效育色彩的論點，相信大家並不陌生；且甚表同感。足見前輩當時的真知卓見。

(二)課程內容：五指活動

1. 兒童健康活動（包括體育、唱遊、衛生）。
2. 兒童社會活動（包括史地、公民、常識）。
3. 兒童科學活動（包括動、植、礦、氣象、理化、算術）。
4. 兒童藝術活動（包括音樂、圖畫、工藝）。
5. 兒童文學活動（包括讀、作、寫、說）。

(三)課程的編製與組織

1. 編製原則

根據當年部頒新課程標準，並參照當地實際情形。

2. 教材組織

各階段釐訂活動單元。

(四)教育的教學方法

1. 做中教，做中學，做中求進步。
2. 使小孩子獲得均衡的發展（不偏學、不早熟）。
3. 自動的研究。
4. 積極的鼓勵。
5. 具體的比較。
6. 分組學習，互相討論和工作，多線交流。
7. 集體的競賽。

㈤教學過程的步驟

1.實驗觀察。

2.閱讀參考。

3.發表創作。

4.批評檢討。

㈥教師條件

1.愛護兒童。

2.了解兒童。

3.要有積極的態度。

4.要有研究的精神。

5.要有改造環境的能力。

6.具有國語修養外,須有一種專門學科的特長。

7.須有健康的體格。

㈦五指活動課程在臺灣

　　本課程在省立北女師附小幼稚園進行實驗,其特徵是將健康、社會、科學、藝術、語文五項活動,運用於一教學單元之中,達到一中心思想;其目的是希望透過分化而統整的教學活動,達成幼兒完整學習的目標。現分單元計劃,主要內容及活動時間與流程說明之。

1.單元計劃

　　包括:單元名稱、實施時間、單元目標、動機引發,教具準備及活動綱要六項;其中活動綱要,所指的是健康、社會、科學、藝術和語文等活動。至於,什麼是「單元」?欲知者可參閱本書第八章。

2.各活動的主要內容：

⑴健康活動：

①身體健康：遊戲、靜養、餐點、戶外活動、健康檢查、健身操、排泄與清潔習慣的指導及安全教育等。

②心理健康。

⑵社會活動：升降旗、討論、報告、整理環境及社交活動等。

⑶科學活動：自然觀察與研究、種植、飼養、計數、填氣候圖等。

⑷藝術活動：

①音樂活動：唱歌、律動、表演、樂器操弄及音樂欣賞。

②工作活動：沙箱裝排、圖畫、剪紙、摺紙、黏貼、撕紙、紙條編織、泥工（泥土捏塑）、飼養等。

⑸語文活動：說、聽、讀、唱（故事、歌謠、謎語、笑話、圖畫書）。

3.活動時間與流程

本課程的活動時間有全日制與半日制兩種，其流程如下：

⑴半日制的流程：

①來園：放置衣帽、自由活動、劃到。

②社會活動：早會、健身操、入室清潔檢查、塗氣候圖。

③科學社會語文活動：觀察研究、討論、報告、講故事。

④健康活動：入廁、洗手、戶外活動、餐點、靜息。

⑤藝術活動：音樂、律動遊戲。

　　⑥戶外活動：整理檢討、離園。

　　※上、下午班除早、晚會互調外，餘同。

(2)全日制流程：

　　①來園：放置衣帽、自由活動、劃到等。

　　②社會活動：早會、清潔檢查。

　　③科學社會語文活動：觀察研究、討論、報告、講
　　　故事。

　　④健康活動：入廁、洗手、戶外活動、餐點、靜息。

　　⑤藝術活動：音樂、律動遊戲、工作；離園。

　　⑥下午來園：幼兒在家午餐、午睡。

　　⑦語文活動：故事讀法。

　　⑧健康活動：戶外活動、遊戲。

　　⑨社會活動：整理、夕會。

　　⑩幼兒離園。

　　由於陳鶴琴受西方教育的影響，其所發展的課程已有
清楚的理論架構，雖各層次的目標不甚明確，但就當年課
程理論都還不發達的中國，以及民國四十二年的台灣；能
從兒童的觀點來考慮課程的內容，在分科的活動中注意其
間的關聯性，雖未進行具體的評估；但已稱得上「先進」。
事實上，目前仍有不少園所採用分科式的課程，甚至還不
管其間的關聯性呢！

二、行為課程實驗

「行為課程」是張雪門所創始，張雪門依據「教育即生長」及「做、學、教合一」的指導原則，在北平幼師等單位進行幼稚園課程、幼稚園各項活動的材料和方法、幼稚園的設備等實驗與研究。現分項說明之：

(一)課程實驗經過

有關課程方面，張雪門曾進行五次課程組織的實驗：

第一次是在民國八年到民國九年前後，為的是解決材料缺乏及沒有頭緒的問題。當時他所擬的課程，各科都以談話為中心，每週自成一個段落，在同一段落中，各科在理論上是聯絡的；但教材合不合幼兒的經驗和需要，夠不夠一週使用，則未考慮。故實驗結果發現，有時材料不夠、有時則太多，尤其是遇到一週中有放假日時，情形更嚴重。

因此，到了民國十一年，張氏又重新組織課程，雖然仍叫課程週錄，但於學年開始前，便將季節、氣候及假日列出，再訂出全年課程，如此，也就不再有教材過多而必須拋棄的情形。

第二次所擬的課程，包括寒暑假在內，全年共五十二週。比第一次課程進步的地方有五點：

1. 大中小班同材教授，不像第一次僅有文字的差別。
2. 每天各科均有具體的內容，不像第一次是以週為段落，比較籠統。
3. 根據節氣適合幼兒的環境，比起第一次主觀的成份已

減少。

4.故事當做手工及恩物的欣賞過程，沒有獨立抽象的痕跡，也擴充了文字的範圍。

5.文字、識數包括在各科目裡，比第一次單獨的生動得多。

　　不過，第二次的課程組織仍因太重理論，而抹煞了幼兒內心自發的需求。故到了民國十五年秋至民國十六年冬，張氏又擬了第三次課程組織，接著在民國十八年到民國二十一年間，又進行第四次及第五次課程組織的實驗。而第五次課程的組織，是在每月的兒童自然環境或社會環境裡找題目，然後再按題目準備各種材料或作業。

㈡幼稚園各項活動的內容、方法與目的

　　張氏認為幼稚園的活動主要是自然和社會兩大項，其次則是工作、美術、言語、文學、文字、音樂、遊戲等。故在自然方面，要備置豐富的自然環境，並採用遊戲的方式，讓幼兒從自己的行動中得到真實的經驗。另在社會方面，則應佈置適當的環境，以引起幼兒團體合作的行動；且所安排的事情要符合幼兒的興趣，並給予他們發問及討論的機會；同時，應充份利用各種資源及設備；幫助幼兒認識社會組織，養成遵守秩序、幫助別人、與人合作的社會態度與習慣。

㈢幼稚園的設備

　　張氏根據幼兒有價值的生活需要，提出幼稚園的設備標準：

1.須幫助幼兒對環境發生學習的動機

2.須合於幼兒的能力與興趣

3.須盡量用本地的土貨

4.須能鼓舞幼兒創造的能力

5.須能幫助幼兒生產的能力

6.須合于團體

7.須有藝術意味

8.須合於衛生

9.須經久耐用

㈣行為課程在臺灣

民國三十五年，張雪門在臺灣推展行為課程，由李蟾桂女士在省立臺北育幼院幼稚部進行實驗；民國三十八年起輔導臺北、臺南師範學校幼師科實驗行為課程；後在民國四十九至五十六年間，則由華霞菱女士在省立新竹師範附小幼稚園進行實驗。

課程的特徵是以經驗為本位，強調生活即教育；主張「行以求知」，重視幼兒行為的實踐；以幼兒行為為中心，引導幼兒實踐良好行為。故課程的內容除有工作、音樂、故事、遊戲、數與字，及常識外，還重視自然行為、勞動行為、生活素材及科學教育。以下是行為課程教學設計的要項：

1.單元名稱

2.動機

3.目的

4.活動計劃（活動要點、時間、人數、地點）

5.活動過程

6.應用的工具及材料

7.評量活動（含檢討、追蹤、記錄、評估四項）

設計好課程之後，便進入課程實施的階段；分實施前的準備、實施中的指導及實施後的進展（即檢討、注意、記錄及估計）。

從張雪門先生發展行為課程的過程，就可以知道他是一個思想與行為一致的行動家，他努力的吸收新知，規畫課程、付諸實行、檢討改進；他以一種參與觀察的方式研究課程的可行性，記錄、檢討、並提出改進之道；相當有實驗的精神。

他的課程從一種觀念性的架構，逐步變成可行的活動；雖然透露出張先生當初的生澀，但「行以求知」的精神卻鮮活起來。今日他的行為課程雖被視為歷史，但其發展課程的精神對幼教所造成的影響卻永不過時。有興趣者，不妨參閱張雪門（民67）所編著的「中國幼稚園課程研究」，除可以看到張先生在課堂上，帶領學生了解幼教課程的過程；更可以找到影響我國幼教課程設計的種種觀點。

三、大單元設計課程實驗

此課程的產生可溯及完形理論的推動，使得當時美國初級教育注意到課程的統整；此舉在民國三十九年到四十九年間，也影響了我國各級教育的目標，幼稚園亦包括在

內。故在民國五十四至五十九年，先是熊芷，於臺北市立師專附小幼稚園實驗研究；至於一般幼稚園的推廣，則由郭豸推動。

㈠課程特色

　　大單元設計課程的特色為強調在實際環境中進行，並能適應個別差異；同時：

1. 每一單元為一完整之學習活動與經驗。
2. 每一單元活動打破學科界線，以一個問題或活動為中心，融合成為完整之學習活動。
3. 每一單元活動以生活為中心，以解決問題為鵠的。
4. 每一單元活動具有明確的目標與周詳的計畫。
5. 每一單元活動時間極具彈性。
6. 每一單元活動提供幼兒發展社會行為的能力與機會。

㈡課程設計

　　大單元設計課程實驗的目標，在透過大單元設計與融合教學，使幼兒獲得完整的學習經驗。現分單元計劃、每日計劃及教學記實說明之。

1. 單元計劃

(1)單元名稱。

(2)教學時間。

(3)確定目的。

(4)引起動機。

(5)活動過程概況（內容綱要）。

(6)活動進行過程（學習活動）：可分三個階段，即準備活動、發展活動、與綜合活動（高峰活動）。

(7)收集教材（教學資源）。

(8)教學評鑑。

2.每日計劃

(1)活動綱要。

(2)活動過程。

(3)學習範圍：是以一個重要的問題或活動爲中心，統合各科目課程；或就是一個統整性的活動。

3.教學記實

採每日或每週制進行，對於全日或全週的教學活動詳加記載，以教學日（週）誌方式保留教學實況，作爲教學檢討及改進的依據與參考。

在大單元興起之前，單元就代表著課程的單位，它不是陌生的字眼；卻是個衆說紛紜的名詞。後來完形心理學不同於行爲主義對學習的看法；影響著臺灣各階段的教育目標，在當時課程改革聲中，大單元打破學科界線，以一個問題或活動爲中心，融合而成一完整之學習活動的觀念被推展並擴及幼教。

於是大單元設計課程實驗便在心理學、教育目標領域及課程研究的助力下，從此成爲影響國內幼教課程設計最強最久的一支。但也因爲它的格式明確，可以預擬；於是以幼兒生活中重要的問題爲中心的眞正精神，慢慢就被埋在格式底下，幸好，近來又有些幼教工作者開始檢討其中的問題，本書第三篇也將要專門探討它的由來與設計；屆時，大家可以有一番的討論與澄清。

四、發現學習課程實驗

　　同樣的，發現學習課程的實驗也是受到西方課程發展的影響，在民國五十九年由美國 Mrs. Hyne Borke 說明，於民國六十年由郭豸在省北師、北市師附小幼稚園，及私立幼幼幼稚園實驗。

(一)課程特徵

　　課程的特徵是教師依建構性理念設計問題、布置學習情境（角落），以適應個別差異；是強調做中學、重視學習歷程的經驗課程，目的在啟發研習科學的興趣、培養探討及愛護自然的態度及奠定學習科學的基礎。其特點如下：

1. 係一項經驗（活動）課程。
2. 重視幼兒學習過程，而非結果；重視「學」甚於「教」。
3. 不僅重視如何發現，更重視發現後的學習，幼兒可一再發現，一再學習；因此教師所提供的情境亦須一再延伸與擴充。
4. 改變大班教學，增加小組活動。
5. 重視幼兒經驗的持續性與連貫發展。
6. 尊重幼兒自動學習的自發性。
7. 能配合幼兒能力、興趣與需要，提供有效教學情境。
8. 能適應個別差異，達到個別化教學的效果。

(二)設計要項

　　以下是余柏玉（民68）所列之設計要項：

1.單元名稱

2.動機

3.教學目標

4.活動室的佈置

5.教學活動內容

6.遊戲活動

7.評量

㈢活動流程

8：30　　到校升旗、整潔活動．

8：30

　〜　　中心思想或活動主題的討論與發表

8：45

　〜　　幼兒到各角活動

10：00

　〜　　點心與戶外活動

10：40

　〜　　團體活動

11：30　放學

　　民國五十九、六十年正是美國向英國學習「開放教育」的時段，除了進步主義的思潮、人本主義及皮亞傑的理論，都影響著英美兩國對開放教育的看法（Macdonald, 1975）。這樣一套不同於單元教學活動設計的課程實驗，就在國內幼教師摸索中進行開來；直至今天都還被認為是「新」的，實有待大家好好想一想。

五、科學教育課程實驗

此課程是民國七十年至七十四年教育部國教司委託臺師大科教中心，在臺師大附幼及全省二十一所公私立幼稚園實驗。

㈠目標

在使幼兒能更親近自然環境，啓發研習科學的興趣與方法，培養其愛護並探討自然界的態度，作爲學習科學的基礎。

㈡內容

主要是以數學、自然兩科爲重點，分大、小兩班，各十二單元進行實驗；其取材：

1. 著重選擇以自然及數爲中心的科學單元，並注意到與其他課程間的相互配合與聯貫。
2. 配合幼兒身心發展、能力、興趣與需要。
3. 以幼兒身邊可以接觸到、體驗到、感受到的事物爲主。
4. 選用鄉土教材，從經濟、可行的原則下加以設計。
5. 注意與小學自然科學及數學的銜接。
6. 避免重疊的活動設計與教學。

㈢活動設計

每一活動均包括科學概念的獲得、科學方法的學習及科學態度的培養，三種主要的行爲目標。

1. 單元活動名稱
2. 單元活動時間
3. 單元活動順序
4. 單元活動目標
5. 活動項目與主要行為目標
6. 教學準備：教具準備、活動前準備
7. 教學過程：過程圖示及過程說明

㈣活動的歷程

1. 每一單元活動均包含目標、內容、方法與評量。
2. 每一教學活動的歷程都是活動、評量、研討、計畫四者不斷循環進行。
3. 每一單元的教學評量分為：前評量、過程評量、後評量及追蹤評量四種。（教育部國民教育司主編，民74）

　　這套課程除以科學及數學為核心外，在組織方法上仍屬於單元主題式；且由於實驗性質濃厚，從目標到評量的工學觀點頗強；故課程內容的順序性相當明顯，不過，幼兒仍是有探索與操作的機會。

六、開放式活動設計實驗

　　基本上，開放式活動設計與發現學習課程應是來自相似的哲理背景，亦即都是受到二次大戰期間，哈德在英國所進行的課程形式與精神所感召。而今在近乎二十年之後，又被臺北市政府教育局於民國七十八年八月由盧美貴

主持，在大理國小附幼、福林國小附幼、吳興國小附幼、雙蓮國小附幼、逸仙國小附幼等實驗，這樣的發展過程值得深思。

㈠開放教育的特性

1. 尊重
2. 自由
3. 幼兒為中心

㈡開放教育的目的

希望幼兒能在融洽的人際關係中，以自由意志，合情、合理與合法的把事情有效的處理。造就一個凡事有主張，做事有決心與毅力的人，自動自發去完成自己份內的工作，而且從多方面自我成長。

㈢開放教育的特徵

1. 開放的學習空間。
2. 彈性的課表。
3. 採分組或個別化的學習方式，較少採大班教學。
4. 混班或混齡學習。
5. 強調各種創造性的活動。
6. 互信、彼此尊重，及培養兒童的責任感。
7. 重視師生間的互動與溝通。
8. 建立師生間的開放關係。
9. 採質的評量，重視形成性評量，取消評定等級方式的評分方式。

㈣單元計劃

1.設定主題

(1)幼兒的生活經驗：自我的認識與發展。

(2)家庭的認識。

(3)幼稚園的適應。

(4)社區與世界的瞭解和關心。

(5)自然界（四季）現象的探討。

(6)未來意識的培養（消費、生態、科技文明等問題與態度）。

2.所設定的內容必須達到縱的銜接與橫的連繫

(1)縱的銜接：即活動與活動間必須保有上下的連貫性、延續性及發展性。

(2)橫的連繫：活動進行時，各領域間要彼此發生互動的關係。

　　或許是長期受到單元設計課程的影響，即使是二十年後再談開放式課程，都仍免不了要訂「單元計畫」，就算它是國內幼教課程的另一種特色吧！不過，希望它只是教師用來幫助思考的概念架構，而不是預先設計要幼兒跟著做的「教案」才好。

本節思考重點

1.請描述五指活動課程實驗、行為課程實驗、大單元設計課程實驗、發現學習課程實驗、科學教育課程實驗，

以及開放式幼兒活動設計等實驗課程的目標、內容、設計方法。

2. 請找一本能代表上面任何一種課程實驗的書，好好的看完它；然後思考其中的教育理念、及與課程有關的問題，並寫下心得。

第二節　幼稚園實驗課程的分析

　　隨著社會的變遷、學術界的發展，不同背景下的幼稚園實驗課程間到底有何異同？其中的發展特徵又可以帶給大家何種啓示呢？本節將分各實驗課程要素間的比較及課程發展模式的分析，概要說明之。因此，其中還會有很多探索的空間留給大家去思考與聯結。

一、各實驗課程要素間的比較

　　正因爲教育的觀念是累加、修正的，所以，後來的課程雖加入新的構想，卻總還有前一波的痕跡，很難劃分的清清楚楚。因此，有關各課程要素間的比較，也僅能從理論基礎、內容，教學主體及教室與情境佈置的偏向，和評量的有無來進行。

㈠理論基礎

　　綜觀上述各種課程實驗的精神與作法，眞可說是，一切都好像在變，但一切也似乎沒變！我國幼稚園課程在數十年裡，是有多種實驗方案出現；但不管在那個階段，其發展模式多偏向工學觀；不過，在精神上，則承襲著進步主義，人本主義與認知論的觀點；強調幼兒的好奇心、求

知慾、自主性與個別差異，故須注意並配合其能力、興趣、需求及身心發展，從生活中取材，鼓勵幼兒探索與操作，以獲得完整性的經驗。

(二)課程內容的組織

1. 五指活動課程講求健康、社會、科學、藝術及語文五科間的關聯；偏教材為中心及論理式組織。
2. 行為課程是以自然、社會為主，其他科目為輔；重兒童行為實踐，透過單元活動設計來達成，偏心理式組織。
3. 大單元設計課程是以幼兒生活中的問題為中心來統整各領域課程，故是屬於問題為中心的類型；較偏折衷取向。
4. 發現學習課程透過幼兒的學習興趣來決定中心單元，並依此佈置環境，偏心理式組織。
5. 科學教育課程是以單元活動設計來完成自然及數學為主的科學課程，雖以科目教材為中心，但也重視幼兒的興趣；故屬折衷式的組織。
6. 開放式活動設計是以六大課程領域配合單元主題，但重視幼兒的選擇權；故偏心理式組織。

　　大體而言，這些課程的內容範圍都很類似；也都喜歡用一個主題來帶動或貫穿。只不過，組織時，有的偏教材取向（論理式組織），有的偏幼兒取向（心理式組織），而有的是折衷取向；但本質上，都相當注意幼兒的能力，興趣與需要。因此，設計者要很清楚自己的用意，因為兩端的中間還有很大的空間，是偏教材或偏幼兒二者的意義大

不相同。

(三)教學主體

1. 五指活動課程以教材及教師為主。
2. 行為課程是以教師為主體，但強調幼兒行為的實踐。
3. 大單元設計課程以教師為主，鼓勵幼兒參與活動。
4. 發現學習課程是以幼兒為學習主體，鼓勵幼兒自發學習。
5. 科學教育課程以教師引導為主，強調幼兒實際的操作與參與。
6. 開放式活動設計的教師是組織幼兒的經驗者，鼓勵幼兒實際的操作與自發學習。

上述所謂以教師或以幼兒為主，所依據的是當時的師生對該課程的產生有多少的決定權；多的就是為主。如：五指活動課程是以教材與教師為主，而發現學習課程是以幼兒為主。

雖然現階段的幼教在尊重幼兒的思潮下，都鼓吹以兒童為中心來進行課程。但實際運作上，常過猶不及；就像許多自稱是開放式教育的教室裡，幼兒並沒有選擇的權利；反倒有些使用教案的教師，由於真心尊重幼兒，幼兒反有較高的自主性；教師應隨時評估與澄清。

(四)教室及情境佈置

1. 五指活動課程及行為課程較缺乏教室及情境佈置。
2. 大單元設計課程以單元教具較多。
3. 發現學習課程則強調各項發現角落之安排與佈置。

4.科學教育課程配合實驗單元有各種靜態佈置與教學輔助教材。

5.開放式活動設計有各種學習區的安排。

上述課程為引發幼兒的學習動機或教學目標，都有情境的佈置，只不過，發現學習課程及後來的開放式活動設計因強調幼兒主動的探索與空間的開放，佈置的質與量自然較多；而行為課程雖沒有角落，但會根據活動準備工具，如：為培養幼兒勞動的精神，灑掃應對的工具都以真實的來運作。由此可知，利用資源的方式也許不同，但目的是類似的。

㈤評量

關於評量的部份可分教學評量與整套課程的評量：在教學評量部份，除五指活動課程外，其餘均列有之。至於整套課程的評量則只有發現學習課程、科學教育課程；可見課程評量的觀念猶待加強。

雖然從課程的理論基礎、組織、教學主體、環境佈置與評量上，可以看出這些課程間的差異。但從當時前輩們發展課程的精神來看，他們雖主導課程但絕非不尊重幼童；而是當時的他們所知道或感受到的精神與方法就是那樣。

如今大家有這麼多前輩留下來的經驗與資訊，不必再以嘗試錯誤的方式組織課程，是多麼幸運啊！所以，大家應好好的珍惜，並多多的思考，進而以行動聯結過去與現在，理論與實務；這是非常重要的。

二、各課程發展模式分析

在分析各課程要素間的異同時，曾談到各課程內容的組織並不是單純使用某一原則或類型；所以綜合的結果只能說是偏向以教材本位，還是以幼兒為中心。

這種情形同樣也發生在整個課程發展的程序上；按黃世鈺（民80）文中的模式分析表來看，這些實驗課程都有清楚的目標及發展程序；故就其發展觀點來說，應屬工學觀的課程模式。但若就其對幼兒與教育的觀點來看，又具有非工學觀的特徵。或許這就是幼教界所謂的精神上想開放，但形式上卻很結構的特徵吧！

谷瑞勉（民75）譯文中，曾介紹結構性／計劃性式、開放／交互作用式、兒童為中心式，折衷主義式等四種幼教課程模式：其中折衷主義式大概是國內幼教課程發展最佳的寫照。現說明分析之：

㈠結構性／計劃性

基本上，學習經驗是受教師支配的，幼兒少有發明活動的機會，強調收斂性思考、訓練和重複練習；通常會提供一個準備好的教案與足供一日使用的教材。換言之，較偏重於特別的過程、內容與教材的考量；而特定的過程引出特定的結果和行為就是全部的課程計畫。故此種類型應可屬於由教師主導的工學觀的課程發展模式。

㈡開放／交互作用

強調幼兒直接和物體或人物接觸的經驗與機會；教師負責提供材料、設備及維護一個能支持特殊理論目標的教學環境。

此類模式是建立在兒童發展的理論上，大部份是依皮亞協的認知發展理論所設計。教師負責創導活動來讓幼兒介入，也鼓勵幼兒發展他們的能力和發明他們自己選擇的活動。

在這類的模式下，有些學習經驗是預先決定的，故教師要將幼兒發展水準和恰當的學習經驗相配合，鼓勵幼兒與物質環境間的交互作用；並負責跟上不同的學習進度；換言之，幼兒雖是主動的，教師與環境也是主動的；二者藉互動相互影響。

㈢以兒童爲中心

此種模式認同過程的價值，強調幫助幼兒發展創造性的表現方式，學習如何解決問題，對自己的行爲負責，和朋友和諧相處，獨立工作，肯定自己，有好奇心，並知曉周圍的環境，更想要學習。故教師是根據對幼兒行爲與經驗，需要與興趣的觀察資料，來發展「完整的兒童」。

在教室物質環境的安排上和開放／交互作用模式相似，即提供充份的材料及設備等幼兒探索；當幼兒的興趣反應出來時，教師參考實際經驗，帶入新的材料，藉由對團體或個人有吸引力的機會中培育個人發展。

此模式與開放／交互作用模是的教師都相信幼兒是主動的，但前者主張順其自然，所以順著幼兒的發展安排環

境，但「等」幼兒自動來探索；而後者則認爲幼兒與環境都是主動，是交互的；故展現出來的教學特徵不太相同。不過，二者都可歸爲非工學觀的課程模式。

㈣折衷主義

　　旣是「折衷」，其範圍便可從最低限度，如：從不同的模式中得到成功的意念而加以採納者；到具有一點規模，如：擁有某特定的理論基礎，課程目標，並能根據學習者所欲學習的目標與內容，審愼選擇可達到該目標的最好過程者；故居於二者之間便都是折衷主義。

　　因此，面對前述混合使用所謂「成功意念」或某種特定理論的實驗課程；折衷主義式是頗適合的歸屬。不過，這些課程的發展歷程間還是有些偏向，因此，將五指活動課程歸爲結構性／計劃性式，行爲課程、大單元設計課程、科學教育課程則屬於偏結構性／計劃性式的折衷主義式；而發現學習課程及開放式活動設計應偏開放／交互作用式的折衷主義式。

　　在探析這些實驗課程後，黃世鈺（民80）表示未來課程的趨勢，應朝向具溝通、鼓勵、接納的教室的組織；有豐富、廣泛的眞實生活經驗，可獨立操弄的器材與設備，彈性充裕的活動時間的平衡、廣博、不分化的整合性，開放式與遊戲化的課程設計。事實上，這也是幼教先進所努力的方向。

　　不過，截至今日，幼教課程尙缺乏有力的資料來支持那一種模式特別好，教師必須從實際的教學中仔細評估與修正，以能適合幼兒健康快樂的成長最重要。

本節思考重點

1. 你是否也能舉出這些實驗課程間異同之所在呢？試描述之。

2. 經過本節的分析，是否能將前述有關課程內容組織的原則與類型和課程發展模式的有關概念聯結，請寫下心得與大家分享。

3. 請實地拜訪一家幼稚園或托兒所，分析該園所的課程模式；是屬工學觀或非工學觀？且屬於上述四種中的那一種？說明你分析時所依據的理由。

第三節　幼教課程發展的施行

　　從課程標準到四十年來幼稚園所實驗的課程，大家是否能體會出幼教先進如何去思辨及形成課程目標、內容、方法與評量的決策歷程呢？黃薏舒（民76）在她的研究中，試圖從文獻及訪談幼稚園中，架構出國內一般幼兒教育課程模式；從輸入——維持系統——輸出，幾乎包羅了前面各章所討論過的課程要素、設計原則與注意要點；同時，也顯示國內幼稚園課程內容組織的衝突性。如：是教事實、技能、關鍵概念，或統整生活；是做單元、活動、教學目標、科目，或者都是。

　　面對如此複雜的思辨、選擇與決策的歷程；自當不是一個人就能獨立完成，它必須是由不同層級幼教工作者，如：「政府」、各科學家、課程專家、「園所長」、「教師」、家長，相關人員及「幼兒」；分層負責，共同完成的。不過，本節僅就政府、園所及教師三個層次來說明。

一、政府

　　多年以來，六歲以下幼兒的托育及教養問題，一直是幼稚園與托兒所雙方共同承擔；雖然二者在最初的功能與收托年齡上略有不同，但目前年齡重疊的部份，已使得師

資與課程成為一個難解的問題。為此,當然希望政府行政單位能邀集理論與實務雙方人員共同研究與規畫;分析人事時地物等有關條件,評估六歲以下幼兒的共同需求;妥善的處理幼稚園與托兒所並存的問題。畢竟每一名在同階段的幼兒都應得到平等的托育服務,包括:環境、師資與課程等。故下面有關課程的討論也就不特別指出托兒所與幼稚園;而合稱為幼兒教育課程。

我國是屬中央集權的課程行政,因此,對於幼教課程標準的規畫與訂定,具有主導的功能;但卻缺乏課程發展的專責單位。在這種體系不甚健全的情況下,實有必要:

㈠建立健全的課程發展單位,掌管全國課程發展事宜

教育是連續的過程,雖不同階段對課程有不同的需求;但一個統籌的機構在處理各階段課程時,既可以聯絡各相關單位共謀策略,又可避免各級分開無法連貫與統整的問題;在資料的儲存與更新,研發的專業性與權威性上,也都有幫助。

㈡確實執行課程發展與修訂

課程的發展與修訂是一持續複雜的歷程,當一種新的課程開始使用,它的修訂工作也就啟動了。但如果這樣的歷程未被妥善規劃及執行,總是等到大家抱怨課程太久沒修訂才開會修訂,則很難達到課程修訂的真義。故針對幼教課程發展與修訂的整體性規劃,提出八點建議:

1.集合課程發展的專業人員

如課程專家、學科專家、哲學家、教育工作者等;充份的討論與溝通。

2.持續的研究各種影響課程的來源

如對社會、學習者、哲學、心理學及學科專家等來源進行研究，以作為修訂課程目標與內容等的參考。

3.評估課程的發展程序、編選方法及內容

以便確定所形成之課程或標準的信、效度及可行性。

4.宣導與推廣

當課程標準一經訂定，幫助大眾瞭解該課程的精神、目標與特色，是非常必要的步驟。

5.培訓與輔導

主動將課程標準的發展資料供給師資養成機構，幫助這些準教師瞭解自己在課程發展層級所負的責任；多多吸收課程設計與實施的知能。同樣的，安排幼教實務工作者的在職訓練，輔導園所瞭解課程標準的意義；也是維持課程修訂管道暢通非常重要的步驟。

6.實驗

在課程標準下，可研擬各種不同的實驗方案，在各地園所進行現場的研究；一來可以確知課程發展的周延性與彈性，再者，可提供完整的報告，包括：各種考慮因素的分析、理論的依據、施行的辦法、現場的記錄與說明及注意事項等；對有興趣執行此實驗課程的園所將有很大的幫助。

7.對實驗課程進行評量

除由政府單位來執行外，可協助並鼓勵園所建立自評系統，或成立民間幼教課程評鑑機構，相互交流。

8.改進

整個課程的發展隨著實際的施行與改進，另一新課程就開始產生；如此，幼教課程也就不會落伍。

二、園所

　　園所是課程發展中最重要的一環，沒有園所，課程將失去傳遞的空間；但素質低落的園所，也會阻礙課程的發展。尤其目前政府只規定課程標準，而將課程實施開放給園所適性去發展。在如此的課程體制下，因人因地因時的去發展屬於各園所特色的課程，其精神就像開放式教育所強調的：善性、尊重、自主、個別差異等。

　　因此，在理論的推衍下，園所也應該可以秉持教育的善性，以及對教育工作的尊重；自主的、獨特的朝向完整發展邁進。但實際上為何困難重重呢？原因與開放式教育推展不利是類似的，如：環境的條件以及園所的準備度等。故政府要像開放式教育裡的教師一樣，在園所不知從何下手時，引發他們；善盡培訓與輔導的責任。而園所也要積極的探索、重組，以達到平衡的發展。那麼，在課程標準之下，園所應如何做好課程發展的角色呢？

㈠樹立正確的辦學理念

1.肯定幼教是專門性的事業而非謀利工具

　　否則今天英語班，明天電腦班；幼教的目的、課程的目標、幼兒真正的需求何在！

2.發展園所的教育哲學

　　許多園所總是會問：「現在是不是流行某某教學法？」求新若是為了求知，或者修正自己不清楚、不成熟的理念，那麼當然很好；但目的若只在趕時髦；「新的教學法」不

見得對自己的園所就好！因為教育追求的是適性的發展，重點在於「適不適合」，如：適合幼兒、社會、教師等。故園所是應吸收新知，以判斷、說明及建立適切的教育信念。同時，依此信念界定園所方針、發展課程，那有不成的道理。

(二)發展有特色的課程模式

基本上園所發展課程的步驟也是從理論的澄清、目標的確立，到編選內容，安排環境，協調教師、幼兒與家長；以及評估、回饋與改進；步步都有關鍵性的影響力。在這種情況下，對園所最有利的條件是，可以利用許多現有的資源，如：政府對課程所做的研究、施行手冊，以及輔導的提供等；而最重要的是園所的團隊精神，意見溝通與彙集；否則理論如此之多，如果園所的工作人員各持己見，理論間又是互斥，豈有辦法發展出一個中心思想明確一致的課程。故惟有在全體都有共識下，課程的實施與評量，才比較容易推動。

另外，親職教育也是發展課程不可忽略的一環；尤其是如何以專業知能幫助家長了解幼兒教育的目的，以杜絕家長對幼兒有不當的期待，更是有理想的園所必須堅守的信念。

當然這不是一個可以立竿即見影的過程，且在此過程中，人也許會精疲力竭、會懷疑挫折、但這不就是評估改進所要去努力的嗎？何況過程中更有許多的合作、支持、創造力與生命力；這種源源不斷的力量，使得一九六五年以來，美國掃除貧窮計畫中，許多啟蒙教育方案（head start programmes)，在今天仍然運作著。本書第四篇也將專章介紹幼教工作者如何發展有特色的課程模式，如：蒙特梭利教育方案，開放式教育等。

三、教師

雖然教師在課程發展的層級中，處於基層的地位；但教師卻是掌控課程特色的關鍵。舉例來說，當園所相信並施行開放式教育時，教師該如何按幼兒的生活步調或經驗來選擇課程內容？別以為很簡單，試想當所有發生在幼兒周圍的經驗都是他們必須，且可以學習的經驗，但有限的時間裡，選了甲就無法談乙時；教師如何引導幼兒選擇課程內容或學習經驗的觀點，就成了很大的影響因素；何況還要有趣、實用、可行，又要能夠與未來的經驗相銜接。故準幼教師們該如何來預備課程的觀點與知能呢？

㈠經常修正及統整自己的學習經驗

幼教要成為專業，首先就要有被肯定的養成機構與過程；雖然所有的熟手都曾是新手，但每種專業的新手仍應具備所須的知能；「新手」不等於「學藝不精」，這是兩回事！否則病人遇到新手大夫不是就要暗唸阿彌陀佛了嗎！

故準幼教師在養成教育的過程中，有關課程的知能可朝向：

1.多與人討論溝通，知道自己與他人想法上的異同及緣由；進而澄清自己的觀點，不管是哲學觀、兒童觀或社會觀。

2.剖析目前幼教的目的、課程目標，知道自己在未來幼
  教課程上的職責與方向。

3.確實的去建立這些知能，如：關於幼教課程領域的知
  識、選擇與組織的能力，實施的能力等。

(二)善用各種參觀、訪問、見習與實習的機會

　　專業的知能必須是具有判斷力與執行力的；否則理念
上的自由與尊重可能變成「放牛吃草」，而該讓幼兒自由選
擇的學習區卻淪為由教師分配。或者有了單元計劃，就出
現全班跟著計劃走，把幼兒步調給忽略的情形。所以，藉
著實際的觀察、設計、操作及演練的經驗，應可帶給準幼
教師認知與行為上的挑戰；且在學校的指導下，相信不管
是教學方式的選擇，或師生共同設計課程的經驗，以及評
估改進上，都將因為親身體驗而不再紙上談兵。如此的新
手，才可以稱自己是受過專業訓練；到了現場，也才能擔
負課程發展的重責大任。

　　總之，教育是持續不斷的歷程，在這個過程中，不管
是政府、園所或教師，都應恪守本份，發揮角色的功能；
幼兒或學習者才能擁有來自生活、切合需求、真正屬於他
們，而不是為小學做準備的課程。相信園所若能夠團結一
致，家長也就不需以換一家來要脅園所「揠苗助長」了。

```
┌─────────────────────────────────
│ 本節思考重點
│ 1.拜訪一些園所長，請教他們對我國幼教課程未來發展
```

的看法。

2.如果是你負責設計課程，你會如何發展課程？採用那種課程模式？爲什麼？

❖❖❖❖❖❖❖❖❖❖❖❖❖❖❖❖❖

參考書目

余柏玉（民68）：幼兒發現學習教學法。臺北：市立師專。

谷瑞勉（民75）：幼兒教育的課程現況。國教天地*No.65*，19～21頁。

周毓瑞（民73）：幼稚教育概論。臺北：省立臺北師專研究組。

教育部國民教育司主編(民74)：幼稚園科學教育單元之教材。大班上、下冊。小班上、下冊。臺灣省：臺灣書店。

張雪門（民67）：中國幼稚園課程研究。臺北：童年書店。

黃世鈺（民80）：我國幼稚園課程實驗探析。幼兒教育。臺灣省第二屆教育學術論文發表會。臺灣省：竹師。

黃蕙舒(民76)：我國幼稚園課程發展模式──質的分析研究。師大家研所論文。

盧美貴（民80）：開放式幼兒活動設計之研究。幼兒教育。臺灣省第二屆教育學術論文發表會。臺灣省：竹師。

Macdonald, J. B. (1975). Perspective on open education. In B. Spodek & H. J. Walberg (ed.). *Studies in Open Education*. N. Y.: Agathon Press.

第三篇

幼兒單元教學活動設計理論與實務

從近四十年來幼稚園的實驗課程可知，「單元」是一個相當常見的名詞；事實上，無論是政府在大陸或遷移來台，我國幼教課程設計模式，從陳鶴琴先生採用單元及設計教學法開始，到五指課程、行為課程、大單元課程、或科學教育課程，「單元」這名詞始終受到青睞。即使在現階段，我國幼稚園課程標準中，還提到幼教課程設計要以活動課程設計做統整實施，教師在教學前，須依實際需要，編訂單元教學計畫。

然而，單元到底是什麼？又「單元教學活動設計」是什麼？是一本本設計好學習目標與活動內容的範例嗎？其實它是民國四十八年，各師範學校的實習輔導主任與教育專家針對舊教案的缺點，所擬定的格式；強調師生共同活動，更具彈性的時間與教學活動，以及注重教學的評鑑。（瞿述祖，民56）可是它適合幼教界使用嗎？或者這種組織課程的方式落伍了嗎？

關於這些問題，的確值得初學者探討與澄清，因此，本篇將先帶領大家認識幼兒單元教學活動設計的來龍去脈、單元標題的選擇與開發之道；以及如何進行幼兒單元教學活動設計。

第八章

幼兒單元教學活動設計概說

　　自從陳鶴琴先生運用單元教學及設計教學法於其所創辦的鼓樓幼稚園可知：「單元」或「設計」等字詞在我國幼兒教育課程設計史上所具有的地位；再加上民國三十九

年到四十九年，我國受美國低年級課程趨向大單元組織型態，教材統整爲一完整的生活經驗的啓示，各級學校教育目標亦經修訂，幼稚園課程則導向統整學習（黃世鈺，民80）。

　　對於已有數十年歷史的單元教學活動設計，本章擬先從「單元」的意義與種類進行說明，再進一步探討單元教學活動設計的由來、項目、定義與特點，以及幼兒單元教學活動設計的意義，最後，再談幼兒單元教學活動設計與幼教課程的關係與相關問題。

第一節　單元的意義與種類

　　賽勒及亞歷山大 (Saylor & Alexander, 1955) 及戈亭 (Goetting, 1955) 曾說：「單元是課程設計中的一個單位，也是教學的一個單位。同時，它也是時間的單位、教材或活動的單位。」

　　不過，爲什麼會有「單元」的產生呢？李壽祖（民70）做了下面的說明；認爲是一些以「學生爲中心」、「生活爲中心」、或「社會爲中心」的近代教育家，對傳統科目課程在教材上缺乏聯絡，導致學生所學的僅是一些支離破碎的知識，不易產生應用的價值，且學生學習時缺乏興趣及意義，故著手擴大傳統課程的範圍，減少傳統課程的數量，以便讓更多的教材更容易做有意義的組合而產生的產物。

　　由此可見，單元也是課程改革下的產物，它的產生也是爲了更有意義的學習。只是「單元」在這些年來，經過許多人的界定，到底有沒有不同呢？本節就以單元的意義及種類來說明之。

一、單元的意義

　　有關「單元」的意義，以下將國外與國內學者的說法稍做介紹：

㈠國外學者

　　莫利生（Morrison, 1931）認為學習單元是一個範圍廣博，性質重要的學習情境。

　　瓊斯、格利爾及葛倫斯泰（Jones, Grizzell & Grenstead, 1939）表示：學習單元包括一組有計畫、有聯絡的活動。學習者從事此活動以後，便可獲得某種控制生活情境的能力。（摘自李祖壽，民70）

　　李歐納德（Leonard, 1953）則說：「單元是一組經過審慎考慮對學生具有意義之各種相關的活動。目的在培養學生識見、技能，了解及控制人類某些重要經驗的能力。」

　　基勒和思威特（Keeler & Sweet）則認為一個單元作業就是一組有價值的經驗，而此經驗是按兒童為中心的興趣所組成（摘自李祖壽，民70）。

　　烏騰（Wooten）表示一個教學單元可以看做是以問題為中心的一組活動和經驗。該問題可大可小，時間可長可短，有時需要一學期，甚至一學年。因此，進行單元所需的時間應視問題的大小、活動的多寡而定，並非一定一個單元主題就一定要進行一週。（摘自李祖壽，民70）

　　賽勒及亞歷山大（Saylor & Alexander, 1955）指出單元是由各種相關的學習經驗所組成。它比一課、一節、或一個活動有更多的經驗；且與教材、社會問題或學生需要有密切關係；同時它是課程設計中的一個單位，也是教學的一個單位。

　　戈亭（Goetting, 1955）說：單元是計畫及指導學習活動的基本單位。

　　若將上述各學者說法，稍加歸納可知，「單元」被視

爲：

1. 有計畫、有關聯、範圍廣博的學習情境或活動。
2. 有價值、以兒童及生活中的問題爲中心的活動和經驗。
3. 除是相關的學習經驗外，單元是課程或計畫的基本單位。

㈡國內學者

在國內，瞿述祖（民56）則將單元歸納爲：以一個生活上重要的問題爲中心的完整的學習活動，目的在增進兒童的知識與技能，培養兒童的理想與態度；使能改變行爲，增加適應生活環境的能力。

另盧素碧（民79）則表示幼稚教育課程的設計，通常以單元爲單位，亦即指一個以生活上重要問題爲中心的完整學習活動，必須有目的、有內容、有活動的方法及評量，且在一定時間內完成。

故就國內幼兒教育課程而言，「單元」便是課程的單位，是以幼兒生活周遭的問題爲中心，提供一組幼兒感興趣、有計畫、有價值、有關聯的完整的學習經驗。

綜合上述可知，「單元」一詞在二十世紀的確是一個流行的名詞，不僅各家說法不一，種類更是繁多，到底幼兒會需要那種單元呢？初學者不妨從認識各種單元開始。

二、單元的種類

提起單元的種類也是相當的複雜，現將李壽祖及瞿述祖二人所整理的資料混合介紹之：

㈠按教學內容分

卡斯威爾及坎北爾（Casewell & Campbell）認為若干學校的單元教學在內容上有顯著的差異，舉例來說，科目課程的教學基本單位叫教材單元；經驗課程的教學基本單位則叫經驗單元。

1.教材單元（subject matter unit）

此種單元以教材為出發點。進行此種單元教學時，須先決定何種教材，務使學生學習。即以教材為中心，把兒童所學的教材組織成單元的形式。每一教材單元有中心題目，自成一完整的單位。

2.經驗單元（experience unit）或活動單元（activity unit）

此種單元以學生為出發點，教材降為次要地位。設計時以兒童的興趣、經驗、需要為中心組成的單元活動；每一個單元活動都是一個完整的學習活動。

由於以教材為出發點的單元易落入只顧教材與進度的弊病，加上幼教課程必須考慮幼兒的學習特徵，注意幼兒的興趣、經驗與需要，所以多半都是先以學生為出發。不過好的單元設計，教材的選取與組織亦是不可忽略。

㈡按教學結果分

莫利生（Morrison, 1931）曾根據教學的結果將單元分爲：

1. 科學單元（science type）

此種單元所希望的結果是對於因果關係、原則及方法的了解。在自然學科、歷史學科、社會、數學、音樂、美術等均可找到此類單元。

2. 欣賞單元（appreciation type）

此種單元涉及人類的喜愛、或情感方面。如可學習對道德、宗教、美術等有一適當的判斷標準，從而了解其中的價值。

3. 實用技藝單元（practical arts type）

此種單元能使學生適應其環境中的機械方面的生活。在機械、工藝、家事、繪畫等科可找到此種單元。

4. 語文單元（language arts type）

此種單元能使學生了解別人及被人了解。在閱讀、書寫、外文、及音樂等科可找到此種單元。

5. 純練習單元（pure practice type）

此種單元能使學生熟練一項知識或技能，如練習唱歌、外語等均屬之。

此種分法只是就單元的單純結果而言。事實上，每種學科或活動都會包括一種以上的單元學習；當幼兒進行繪畫的活動，他不僅達到實用技藝單元的結果，也必有欣賞單元的結果。因此，由結果來介紹單元，目前仍被沿用；無非就是希望設計者能注意到教學結果，以防偏頗。

㈢按有關科目或單元的範圍分

1.單科單元 (single subject unit)

此種單元內容僅和一個學科有關，且完全以教材為中心。如自然科中以「有用的水」做中心，編造一個單元教材，則在這個單元內，可探討自來水、雨水、河水、海水等的用途，以便幼兒能了解水的用途。

2.聯絡單元 (correlated unit)

此種單元考慮到對其他學科及對同一學科其他教材領域之可能的關係。

3.統合單元 (integreted unit)

此種單元的組織不顧及科目的界限，因為科目間的界限是人為的。統合單元有兩種：一為教材領域之統合單元，即各學科間有關某教材之領域則混合成為一個完整的課程單位。當以「家」為主題時，設計者就將與家有關的各科教材抽取出來，加以混合；如：語文方面是介紹家人稱謂、名字等，數方面則可談論家庭人口數，住址、電話等，如此將學科間有關的教材組織成完整的單元，即教材領域的統合單元。二為完全的統合單元，這是不顧及學科或教材領域的界限，而將學校的課程全部組織起來。如：大單元活動，即打破學科的界限，以一個實際的問題來組織各科教材的活動方式。舉例來說，「我們的食物」是大單元，在這個單元中，可介紹食物的來源、產地、生產者、種植的方式、買賣途徑、食物的營養、烹調的方法、食物的保存方式及飲食衛生等。這些活動包括了語文、常識、健康、工作等領域，但出現在學生面前時是以活動為主，而非科目。

㈣按擬定單元的人員分

1.資源單元 (resource unit) 或稱參考單元

　　是以一個問題或一個題目為中心，把有關的教學活動及教材與教學資料搜集起來，編組成一個單元。內容包括教學目標、教材綱要、研究問題、預期效果、參考書目、教學用具、學習活動及教學評量。通常是由數位教師共同設計。

2.教學單元 (teaching unit)

　　即參閱資源單元後，教師自己再根據任教班級兒童的能力、經驗、興趣、需要及特定的教學時間，而編成的教學計畫。這種教學計畫普通稱為「教案」。教學單元大多是教師在教學前預先編好的，但在進行教學活動前，教師亦可指導兒童自行擬具「學習單元」的計畫，供教師修改教學單元的參考。由於幼兒較小，故通常教師可在舊單元行將結束，準備銜接新單元時，引導學生一起討論新單元的架構，這也是了解學生對新單元存有多少舊經驗的一種評估。

3.學習單元 (learning unit)

　　即由教師和兒童共同設計的學習計畫，也可由教師指導兒童自行編擬。

　　換言之，「資源單元」只是代表一種「預先的計劃」，往往是由幼教方面的出版社編寫供教師參考，當然也可以由園所的教師負責收集編纂；而「教學單元」一般是由教師編寫；至於「學習單元」應算是一種很彈性的計畫，因為它是配合實際的教學過程持續的發展，而非固守「預先

的計劃」。

　　由上可知，隨著使用者的運用，如：按教學的結果、教學的內容或方法、牽涉的科目及擬定的人員，「單元」有了許多的種類；其中與課程組織的類型頗有相似之處。關於這一點，如果大家還記得「單元」是課程的單位，或許也就能夠理解了。

本節思考重點

1.不妨和同學討論一下，有關「單元」的概念。
2.認識單元的種類對課程設計者有何用處？

第二節　單元教學活動設計

前面提過,「單元教學活動設計」是民國四十八年國小教案改革下的產物,但怎麼會有「單元教學活動設計」這麼一長串的專有名詞呢?它到底是怎麼來的?具有何種意義?設計時該包括那些要項,其由來為何?又其特點為何?

一、名詞的由來與意義

瞿述祖(民56)表示「單元教學活動設計」是由「單元」「教學」「活動」「設計」四個教育名詞所組合的新名詞;而這四個名詞又可組合成「單元教學」、「教學活動」及「活動設計」三個名詞。但按完形心理學的觀點:許多部份構成一個完形,而此完形並不等於各部份的總和。

在這種情況下,「單元教學活動設計」到底是什麼呢?恐怕是難有標準答案!但至少大家可以先瞭解它的各部份是什麼?

(一)分為單元、教學、活動及設計四個教育名詞來說明

1.單元

課程的基本單位,視教材份量多寡,可分為大單元及

小單元。

2.教學

教師輔導學生學習。

3.活動

以兒童爲中心的各種學習活動。

4.設計

是作名詞解，即計畫的意思。

故綜合單元、教學、活動、設計四詞的意義來看，是一種教師用來輔導學生學習各種以他們爲中心的活動計畫。

(二)分爲單元教學、教學活動及活動設計三名詞來說明

1.單元教學

是指一個完整的教學活動。這個教學活動有明確的目標、有與目標密切配合的教材，有指導學習的有效方法，有考察教學效果的具體標準，使學生在學習之後，可獲得完整的生活經驗，而非零碎的知識或抽象的文字符號。

2.教學活動

是指教學過程中教者與學者所有「聽」、「看」、「想」、「做」、「說」的一切行爲。包括學生由於興趣及需要而自發的，或在教師輔導下所進行的學習活動；和教師爲實現教學目標而預先計畫的，或教學中臨時發生的教學活動；以及教學過程中的師生互動。

3.活動設計

是指進行單元教學活動的計畫。就設計的內容：計畫時應注意師生的聯繫、教材與教法的配合、教學目標與效

果的評鑑。而在教學過程方面，自準備活動、發展活動、乃至綜合活動；及教學範圍方面，從主學習、副學習至附學習；均應由簡而難、由淺而深、由具體而抽象、由已知而未知、循序漸進，縝密編排。就設計的精神：應是著重師生共同設計，以培養創造及民主的觀念。

　　似乎「單元教學活動設計」的涵意，若以單元教學、教學活動、活動設計三個名詞來說明，即是指計劃一個包括教者與學者所有「聽」、「看」、「想」、「做」、「說」的一切行為的完整的教學活動。此一活動著重師生共同設計，但也可以是學習者自發或全然偶發，或是教師依目標來產生；且須具有明確的目標、與目標密切配合的教材，指導學習的有效方法，與考察教學習者的具體標準；兼顧完整性、連續性與順序性。

　　然而，就像前面所說的，全部並不等於部份的總和；「單元教學活動設計」這個當時的新名詞，想要涵蓋所有名詞中的優點，卻沒想到若以「學習者為中心」，就很難在一開始就有訂定「明確的目標」；因為「非工學觀」的統整觀與「工學觀」的原子論是兩個極端，其中的平衡點，至今都還在計算當中呢！

二、設計的要項

　　儘管單元教學活動設計的名詞深奧難解，但課程研究者還是列出教學單元、教學目標、教學重點與研究問題、教學資源、教學活動與教學效果評量等六大設計要項。關

於這些項目的內容，同樣也是參考瞿述祖（民56）來說明之：

(一)教學單元

即單元標題，這個標題主要是表明一個單元活動的中心。它的表達形式可以是一個普通的題目，如：有用的蔬菜；或是一個問題，如：蔬菜那裡來？或是一個中心論題，如：蔬菜。至於該如何訂定，則視單元的內容與需求而定。

(二)教學目標

亦可稱為「單元目標」或「單元教學目標」，也就是該單元所預期的教學效果，或是希望兒童學會的知識、情意及技巧。

(三)教學重點與研究問題

1.教學重點

是指教材研究範圍、教法提要、兒童經驗之調查、各科單元教材的聯絡、教材疑難與重點等。

2.研究問題

指的是該單元重要的「教材大綱」，而以問題的方式表現之。可分教師事先擬定與兒童提出兩部份，最後再由教師整理。

(四)教學資源

即教學時必須用到的資源，包括：

1.畫刊方面

2.視聽教育輔助工具

3.人力資源方面

(五)教學活動

此為單元教學活動設計最主要的項目。一般分為三階段來進行：

1.準備活動 (initiatory activities)

此乃根據桑代克學習律的預備律，目的是要喚起學習動機。因此，一開始，教師須了解兒童的舊經驗，從舊經驗中選取與該單元有關聯的知識與能力，以作為學習該單元的開始，引發兒童學習的興趣與動機。然後，引導兒童自行閱讀有關的教材或資料，蒐集相關的圖片或實物，或是進行觀察、實驗與討論，好讓兒童在進行該單元的學習之前，即有充足的相關經驗，將有助於學習活動的進行，故準備活動相當重要。至於該活動應起於何時？普通是前一單元結束時開始，或在前一天，數天或數週前開始，得視教材內容而定。

2.發展活動 (developmental activites)

此為整個教學過程中的主要活動，包涵許多小型的學習活動；如：研討、實驗、觀察、製作、閱讀、訪問、報告、示範、演算、實習、放映幻燈片、錄影帶、電影等。舉凡有助於兒童知識、經驗、技能、習慣的增進的重要活動，都在這一階段施行。

3.綜合活動 (culminating activities)

此為單元的結束活動，也被稱為「高峰活動」或「結束活動」，多在單元的最後時段舉行。它包括整理、驗證、欣賞、發表、批評、應用、展覽、診斷及補救教學等活動。

這些活動有的在課內進行，有的則因時間的限制須引導兒童於課外繼續進行。

上述教學活動雖分三階段，然事實上並無清楚的界限，教學時可視實際需要靈活運用。

㈥教學效果評量

單元教學結束後，為了解教學的效果必須進行評量。一可考查兒童的學習是否符合教學目標，以便加以補救外，再則可以檢討教學計畫及教材教法是否得當，作為教師改進教學的參考。

從教學單元、教學目標、教學重點與研究問題、教學資源、教學活動到教學效果評量；其實也離不開泰勒模式所影響的發展程序，即是從目標、內容的編選、教學之設計與評量的歷程。

不過，在這些項目中，有些內容似曾相識；雖然，瞿述祖書中未說明單元教學活動設計的項目內容是如何產生的，但熟悉「單元教學法」與「設計教學法」者，或許已經發現「單元教學活動設計」與「單元教學法」、「設計教學法」不僅在名稱上相似，就是在項目或程序上也頗類似。

加上近來國內有些幼教工作者受到國外幼教學者 (Katz & Chard, 1992; Forman, 1990)「設計取向」課程 (the project approach) 的影響，常談論「the project approach」。到底這些「設計」之間有無關聯呢？值得查一查！

三、三大專有名詞關係探討

為解開單元教學活動設計，單元教學法與設計教學法三者的關係，以下將先介紹「單元教學法」與「設計教學法」的內容，再就其關聯探索之。

㈠單元教學法

關於單元教學法，早期有莫利生（Morrison, 1931）提倡的單元教學法（Morrisonian's Cycle Plan of Teaching），共有五個步驟：

1. 試探（exploration）

由教師利用問題、討論，以探知學生的興趣、需要與程度，必要時可進行評量。

2. 提示（presentation）

由教師向學生說明單元的目標、教材等。

3. 自學（assimilation）

學生根據教師的解說，自行閱讀與作業。

4. 組織（organization）

學生將閱讀的結果整理，並提出書面報告等。

5. 複誦或詢問（recitation）

集合學生進行口頭報告或口試。

上述莫利生的單元教學法具備自學輔導法及社會化教學的優點，即注重學生自學及鼓勵學生共同討論兩大特點。

另外，還有一個有別於莫氏的單元教學法，可稱之爲「現代單元教學法」或「單元教學法」(unit teaching)；道格拉斯與邁爾斯 (Douglass & Mills, 1948) 即表示：單元教學有其心理學的背景，其一是完形心理學所主張的，認知是由於對整個情境各部份間及各部份與整體間關係的了解；但整體並非各部份的機械性總合，而是各部份有機性的結合。因此應給學生範圍廣博問題或情境，以統攝各有關的知識。其二是差異心理學，差異心理學重視人類的個別差異，認爲人類的能力、興趣等各不相同。若實行單元教學，學生便可在單元活動中，隨自己的興趣及能力從事不同的工作、不同的作業。

故採用單元教學法要先有一個以生活問題爲中心之一系列的學習活動，它也有五個步驟：

1. 準備 (preparation)

   由教師根據各種原則選定研究的問題。

2. 發軔 (initiation)

   由教師引起學生學習的興趣與動機。

3. 發展 (development)

   由師生共同計畫各種活動，並依計畫實行。

4. 高峰或綜合 (culmination)

   由學生利用各種活動，發表學習的結果。

5. 檢討 (evaluation)

   由教師或師生共同考查學習結果。

顯然，現代單元教學法在做法上較以學生爲中心，且著重師生共同設計與考核。同時，準備、發展與綜合三步驟，與單元教學活動設計的教學活動三階段極爲相似。

㈡設計教學法

原本黃光雄（民78）表示設計教學法已較少被提及，且有關「設計教學」的解說也不一致。而今，「設計」的精神似又受到幼教工作者的青睞，凱茲與察德（Katz ＆ Chard, 1992）還著書探討師生如何共同設計所謂「設計取向」(the project approach) 的課程；並表示其起源是杜威與柯伯屈。如此一來，介紹柯伯屈（Kilpatrick, 1925）所宣揚的設計教學法（project method of teaching），便不止是了解它和單元教學活動設計的關係了。

其實「設計」，是一種有目的的經驗單元、或有計劃的活動。學生必須自己決定學習的工作、擬定計劃、運用材料、從實際活動中去完成這項工作，解決實際問題。它的教學步驟如下：

1. 決定目的 （purposing）
   由師生共同決定要研究的教材和問題。
2. 計畫 （planning）
   由師生共同策劃研究的方法及欲從事的活動。
3. 執行 （executing）
   學生在教師指導協助下，從事各種學習活動，著重學生毅力的培養，有始有終的完成計畫。
4. 批評 （judging）
   由師生共同檢討學習的過程及學習的結果。

首先，比較現代單元教學法及設計教學法的教學步驟，二者間的差異主要是前者是教師選定研究問題、引起動機，而後者是師生共同決定研究的教材及問題、共同策

劃所欲從事的活動；除此之外的步驟二者則相類似。

　　至於，它與單元教學活動設計的關係；應是它更加強調師生共同設計與共同檢討的精神。故國內的幼教工作者，若想進行「設計取向」的課程，師生共同設計與檢討，將是不可缺少的過程。

㈢三者的關聯性探討

　　從上述的教學步驟來看，國內所流傳的「單元教學活動設計」雖依循工學模式的發展程序；但在教學活動方面幾乎可以說是單元教學法與設計教學法的綜合與修改。只不過，名詞組合容易，但由師生共同研究生活中的重要問題，共同設計的精神卻未能全部實現，十分可惜！。

四、單元教學活動設計的特點

　　當年單元教學活動設計的產生，就是希望做到重視學習者的需要與參與，其中還特別指出三個設計的特點，1.著重兒童與教師共同活動、2.時間分配與教學活動具有彈性與3.注重教學評鑑活動，雖是針對小學教育；但仍是今日幼教界應努力的方向，值得大家注意：

㈠著重兒童與教師共同活動

　　即將傳統教案中教師活動與兒童活動融合為一，以兒童活動為主體，教師站在兒童群裡，協助兒童進行各項學習活動。所以在單元教學活動設計中，不再分教師與兒童活動，而是注重師生共同活動。

(二)時間分配與教學活動具有彈性

由於傳統教案必須清楚標示每項活動的時間，在實際教學上，往往無法分秒不差，反而干擾教學活動。所以單元教學活動設計，僅有整個單元教學時間的預定，或將該單元的段落標示外，不再註明詳細時間而讓教師在實際教學時，可視實況彈性運用。

(三)注重教學評鑑活動

由於每一單元教學活動的設計均有清楚的教學目標，因此在教學之後，應評量教學的效果如何？兒童的學習是否已達到預定的目標？所以，在單元教學活動設計中，有教學效果評鑑的活動。此外，教師本身亦同時檢討教學的計畫、教材的編選、教法的運用、教具的配合教學環境的佈置是否適當，以作為以後改進的參考。

從上述的特點可知，早在三十多年前，單元教學活動設計就已提倡師生共同活動，來改善教師說、學生聽的注入教學。它的精神是開放的、作法是彈性的；使用者若能抓住這些特點，相信它和凱茲與察德所介紹的「設計取向」的課程一樣精彩。

本節思考重點

1. 試說明單元教學活動設計所蘊涵的意義？
2. 單元教學活動設計的要項為何？

元教學法或設計教學法和單元教學活動設計的關係
為何？

4. 試比較及分析單元教學活動設計的項目與課程要素間
的關係？

5. 如何掌握單元教學活動設計的特點，試探討之。

第三節　幼兒單元教學活動設計

　　隨著小學教案的改革；幼稚園也在民國五十四到五十九年間開始實驗「大單元設計課程」，想必也是受到當時風氣的影響。至於，政府為幼稚園與托兒所編寫的課程設計範例，如：臺灣省教育廳（民77）、臺灣省社會處（民74）、臺北市教育局（民71）、臺北市社會局（民74）等（詳見附錄），在要項與格式上，和民國四十八年或五十四年所編擬及強調的並無多大差異；只不過，幼稚園使用的，就叫「幼稚園單元教學活動設計」；托兒所使用的，則稱為「托兒所單元教學活動設計」；在幼教界便通稱為「幼兒單元教學活動設計」。

　　就其根源，理想的幼兒單元教學活動設計是以學習者為中心，同時，也以生活中重要的問題為中心的設計類型。只是各範例都相當重視目標的擬定，且在預先設計的情況下，想由淺至深引導幼兒一起設計、共同檢討，進而達到健全發展的可行性受到質疑。因此，本節擬從園所各階段的幼教課程，探討幼兒單元教學活動設計在其中所扮演的角色與適用性，藉此作為從課程理論進入設計實務的第一步。

一、幼兒單元教學活動設計與幼教課程

　　雖然國內的幼兒教育起步較慢，但近年來在課程發展的程序上，頗強調由幼教專家、學科專家與各有關的實務工作者等，就六歲以下幼兒的發展、社會的需求、心理學的理論及教育哲學的思辨後，訂出包容性最大的幼兒教育的長程目標，再分析欲達成幼教目標所須的內容、方法，及有關的評量事項；因此，在幼稚園方面有課程標準，在托兒所則有教保手冊；供幼教工作者參考。

　　尤其幼兒教育並非是一天或一週的事，面對剛入園所的幼兒，園所該如何合宜的規劃此幼兒這一年或四年的學

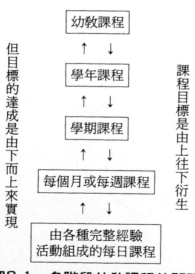

圖8-1　各階段幼教課程的關聯

習目標，以作爲園所安排幼兒學習活動與經驗的依據，進而達到身心均健全發展的幼教目標呢？

以圖8-1來說，由上而下的箭頭指出各階段幼教課程，如何從一個長程廣大的方向，往下發展出每學年、每學期、以及每個月或每週，乃至於每日活動課程的目標；同時，也可由下往上的箭頭知道，幼兒是如何藉由每日實際操作的活動課程，逐步修正與完成幼兒教育的最終目標。

在這種情況下，不管是持工學或非工學的課程觀點，其課程的設計與安排，都必須考慮「時間」與「階段性目標」。那麼，幼兒單元教學活動設計與各階段幼教課程的關係爲何？扮演著何種角色功能呢？現分階段說明之：

(一)**學年課程**

爲達到幼兒教育龐大籠統的長程目標，園所中的課程設計者除須確立本身所持的課程觀點外，還得根據幼兒在園所的時間（一或四年）及狀況，訂出幼兒逐年所必須達到的中長程目標。然後，與負責教學的教師共同研究目標的合宜性與可行性，再根據課程內容的選擇原則選出大致的內容。

(二)**學期課程**

隨著每學年的課程方向與內容的產生，園所還可能將一學年分成兩學期，並研討出該學期的學習目標。一般而言，園所對此中程性階段的課程應已較有把握，因爲每學期課程在時間的段落上雖不算短，但比起一年或三、四年是具體多了。

故許多使用單元教學活動設計的園所，也許不先訂出

的課程目標與標題，但至少會訂出一學期的課程目
標題。

甚至有不少非工學觀或主張過程模式的園所，仍然運
用學期目標與標題，做為幼兒在個別活動外可以與其他同
伴共同研究的方向。而教師也可按學期目標的大方向，搜
集並提供相關的資源及各種創造性課程，好讓幼兒經由自
己的探索、重組，建立自己的所需發展的新經驗。同時，
也有利於和家長溝通。

㈢每個月或每週課程

然而，對於採用工學觀點或目標導向的課程設計者，
學期目標仍只是較粗略、廣泛的，因為往下還可按月或週，
分析出屬於中短程性的目標。亦即在此層次，課程設計者
可根據學期的課程目標，選出一個個和幼兒生活有關的重
要問題或所謂「教學單元」（單元名稱或標題）；以減少分
科教學的重覆或不連貫，進而提高幼兒學習的動機與意
義。

故單元標題（名稱）的選擇必須是具有顯示所欲達到
的目標的功能；舉例來說，當大家看到「交通安全」的單
元標題，即可瞭解這個單元一定與建立交通安全觀念的學
期目標有關。

其實單元教學活動設計在發展之初，是包容師生共同
設計、自發、偶發或教師依目標設計等多種可能性。但或
許是受到工學觀或目標導向的強勢影響，似乎由教師依學
期目標選擇及設計的形式最多。

至於，此階段的目標到底需要以月、週或數天來完成；
得視所欲達到的目標所需的時間而定；因此有所謂「大」、

「小」單元之分。亦即目標難度或或廣度較大時，往往須設計許多不同類型的活動，透過較長的時間來幫助幼兒持續的學習，以達到該目標；便被稱為「大單元」。而一般坊間設計的實例多以「週」為單位，則被稱為「小單元」。不過，除目標外，幼兒的能力，對活動的專注力與興趣也是決定單元長度的要件。因為長時間進行同一單元幼兒也許會厭煩，而無法專注。

㈣由各種完整經驗活動組成的每日課程

課程到此階段已是藉著各個短程性目標或具體的行為目標的達成，來實現上述中短程的目標，那麼，該怎麼做呢？

以非工學觀點或過程模式的觀點來看，學習的主權在幼兒，教師只要在一般目標下，提供幼兒適當的學習環境；無法也不須在事前列出具體的行為目標，而應是在幼兒主動探索與學習之後，再將所觀察到的學習結果加以記錄，作為繼續安排環境與引導幼兒學習的依據。

但反觀國內的幼兒單元教學活動設計，雖也強調師生共同設計，卻往往因為範例的誤用，或教師本就是持工學的課程觀點，使得教師預先設定活動的形式最為常見。即在確立單元目標之後，教師不僅要列出教學重點（即可達到單元目標的內容與方法的概要說明）；還要就每一活動概要進行教學活動的說明，扼要的寫出每一活動的行為目標、活動的過程（從準備活動、發展活動到綜合活動等活動的內容及所運用的方法），並標示完成每一完整活動所需的教學資源與評量方式。

幸好，在注重教學評量的概念之下，這些事先寫好的

動，仍得視幼兒每天的實做情形加以調整，是故，
應謹記課程的組織是由許多的「預先的計劃」及「實
際進行時所產生的計劃」所共同組成，實際所進行的課程
可能和原始計畫會有差異；故使用單元教學活動設計的教
師，彈性與不斷修正的觀念是最不可缺少的要件。

二、幼兒單元教學活動設計的適用性

　　前面介紹及分析單元教學活動設計時，曾提到凱茲與
察德所提倡的「設計取向」的課程。她們表示此種課程並
不是全新的觀念，而是源自杜威與柯伯屈；且類似於開放
式教育。因為她們發現這種由一個或數個學生，依個人的
喜好，共同對某一標題做深入學習的方式，正符合來自幼
兒生活、幼兒的發展，具有統整知識、技能、意向及感情
四方面的目標，代表現在又有益於幼兒未來生活；且活動
平衡的課程計畫。

　　最有趣的是，此課程的設計要項，如：標題的選擇、
**活動的設計、工作的階段（計畫與開始、發展，及回饋與
結論）**，甚至師生角色；都與當年單元教學活動設計相似。
故面對今日的單元教學活動設計，國內的幼教工作者該如
何重現其原始精神呢？接下來就以「教師該如何發揮師生
共同設計的精神，讓幼兒主動參與到自己的學習活動裡？」
及「該如何做到以啟發來進行單元教學活動設計？」兩大
問題來探討之：

(一)如何做到師生共同設計或讓幼兒成為教學的主體？

　　首先教師要讓自己在設計單元時，是從學習者的立場來看，他們需要什麼？會做什麼？應該做什麼？聰明的教師會透過觀察或與幼兒討論來展開資料的搜集；而這可說是師生共同設計或以幼兒為教學的主體的開始。

　　尤其當單元標題都是選自幼兒生活中的一個重要的問題，到底幼兒已知道些什麼？還不知道什麼，當然只有幼兒自己才知道，也唯有他才能回答，教師若只憑自己的意見作主，便可能因為缺乏幼兒這方的資料，變成一切都由教師設計，也由教師指揮完成；於是整個活動又落入以教師或教材為中心，而這樣的結果並不是單元教學活動設計的本意。故教師若無法瞭解幼兒的想法、需求或能力，就算是使用「開放式教育」，恐怕也只是口號，並不會成功。

　　更何況，對新教師而言，「幼兒單元教學活動設計」的程序、項目等，正好提供一個關心及周密思考生活中各種問題的機會，是組織課程時一種很具體的參考架構。因為即使是使用過程模式發展課程，教師仍應知道那些是值得幼兒探索的問題，以及在每一階段幼兒一般性的學習目標，才能為幼兒安排探索與學習的環境。故教師在經過單元教學活動設計的訓練之後，若能培養思考問題的延展性及認識各知識間的相關性，必也能在最適當的時機給予幼兒所須的學習環境與選擇的機會。

(二)教師該如何做到以啟發來進行單元教學活動設計？

　　由於「啟發」須以學生的經驗為基礎，利用開放性的問題或佈置好的環境、資訊等，去引發學生思考、分析、

...斷、推論與歸納，使學生的經驗得以擴展且思想...活。而單元教學活動設計的項目中，本就非常鼓勵教...多利用環境、資源、開放性的問題及多元性的活動來引導幼兒主動參與、選擇及積極思考。

故開放或啟發的真正關鍵是教師的教學理念，如果教師認為單元教學活動設計，就是按照它的格式將它填滿，或甚至只是抄襲坊間現成的教案，完全忽視幼兒的存在；則就算教案寫得有模有樣，卻仍只是僵化被動的文字。同樣的，自許是崇尚開放或角落教學的教師，若認為開放就是不必設計課程，也同樣誤會課程設計的真義。

其實開放教室或重過程的課程設計，同樣要對幼兒的興趣或發展需求多加了解，只是課程必須等學習者來發動；教師不能主導學習者參與學習的過程，因為學習的主權是操在學習者身上；教師跟著幼兒的腳步，在必要時給予幼兒所須的協助與討論。所以，教師必須相當的敏銳，才能充份的反應學習者的需求，達到開放式教育的效果。否則，「放牛吃草」將永遠成為開放式教育的一個笑話。

由此可知，要達到開放及強調學習過程的課程理想，教師除須徹底的了解自己的教育觀點，還要有能力選擇合適幼兒的內容與方法來呈現，以免不用單元教學活動設計的格式敘寫時，幼兒的學習就變成「放牛吃草」；反之，用了設計的格式又變成教師導向，事事由教師指派，幼兒只是被動的學習；則單元教學活動設計的精神將蒙上不白之冤，在這種狀況下，單元教學活動設計是否還適用於幼教？其實應由使用它的教師或課程設計者自己來回答。

本節思考重點

1. 試說明幼兒單元教學活動設計的意義？
2. 就第一節介紹的單元種類，何者與幼兒單元教學活動設計的關係最密切，爲什麼？
3. 請說明幼教課程與幼兒單元活動設計的關係。
4. 如何才能做到師生共同設計單元教學活動？
5. 設計一個以幼兒爲中心的單元容易嗎？
6. 以單元教學活動設計來呈現一個強調過程與主動學習的課程設計，可行嗎？理由爲何？若不可行，有無其他辦法？
7. 你會以幼兒單元教學活動設計來設計課程嗎？爲什麼？

參考書目

臺灣省教育廳（民77）：幼兒學習活動設計。臺灣省教育廳。

臺灣省社會處編印（民74）：托兒所教保單元。臺灣省社會處。

臺北市教育局主編（民71）：臺北市幼稚園單元教學活動設計與指導。臺北：正中。

李祖壽（民70）：教育原理與教法。臺北：大洋。

黃光雄（民78）：教學原理。臺北：師苑。

瞿述祖（民56）：單元教學活動設計的基本理論。臺北：臺灣書店。

盧素碧（民79）：幼兒教育課程理論與單元活動設計。臺北：文景。

盧素碧指導（民74）：臺北市立托兒所活動單元。臺北：臺北市社會局。

Douglass, H. R. & Mills, H. H. (1945). *Teaching in High School*. New York: The Ronald Press Company.

Forman, G. E. (1990). Piaget, art, and childhood education. Presented as keynote to: *International Congress for Child Educators*. Osaka, Japan.

Goetting, M. L. (1955). *Teaching in the Secondary School*. New York: Prentice Hall, Inc.

Jones, A. J. Grizzell, E. D. & Grinstead, W. J. (1939).

Principles of Unit Construction. New York: Mcgraw-Hill.

Katz, L. G. & Chard, S. C. (1992). *Engaging Children's Mind: The Project Approach.* Norwood, N. J.: Ablex Pub Co.

Kilpatrick, W. H. (1925). *Foundation of Methods.* Macmillan.

Leonard, J. P. (1953). *Developing the Secondary School Curriculum.* New York: Rinehart and Co.

Morrison H. C. (1931). *The Practice of Teaching in the Secondary Schools.* Chicago : University of Chicago Press.

Saylor, J. G. & Alexander, W. M. (1955). *Curriculum Planning.* New York: Rinehart and Co.

第九章

單元標題與學期大綱

目標

- 瞭解標題與幼教課程間的關係
- 瞭解標題與幼兒學習目標間的關係
- 知道選擇單元標題的原則
- 認識常見的單元標題
- 增進選擇標題的能力
- 激發創新標題的興趣
- 培養組織課程大綱的能力

「單元」既可打破科目課程的界線，提供學習者較完整的經驗，進而幫助幼兒健全的發展。但何種單元標題才是幼兒生活中有意義的問題，而這個問題對幼兒來說，還是有趣、有計畫、有價值、有關聯的學習經驗呢？

其實前章曾談到單元教學活動設計可以是偶發的，學

習者自發的，師生共同設計的，或教師依目標來訂定的；
故單元標題的產生，原是可以由學習者來決定；再經由不
斷的探索、組織、討論，由淺而深一直發展下去。

　　不過，多年來國內還是以教師或園所來決定為多；因
此，本章仍將說明此種由上往下產生標題的選擇原則與命
名的方式，再談教師或園所可以如何來開發各種標題；及
如何將標題編寫為學期大綱。

第一節　標題的選擇與命名

　　談到標題或「單元主題」，它所要表明的是一個單元活動的中心，也就是指出幼兒將要參與，並從中獲得經驗的一個「重要問題」。故選對了標題，有了活動的中心或重要的問題，也就可以發展出整個單元的活動；對教師搜集資料或佈置有關的學習環境也都有具體的幫助。

　　然而，何種標題或主題才算是幼兒能參與，並從中獲得經驗的一個「重要問題」？除了是和幼兒的生活有切身的關係外，幼兒主動發掘且具有學習價值者，或有助於幼兒各方面的發展，及達成教育目標或課程目標者；都應屬之。

　　故單元標題的產生和第一篇所談到的目標的產生，有許多相似之處，如：須考慮幼兒的發展與需求、教育者、學習環境、社會生活、文化與價值，以及可行性等因素。現分標題的選擇原則及命名，說明之：

一、標題的選擇原則

　　關於標題的選擇，除根據筆者多年設計單元的經驗，更參考課程內容選擇的效標及瞿述祖（民56）；李祖壽（民65）；盧素碧（民79）書中的建議，列出選擇單元標題的原

則，希望能導出有意義又有趣的單元，使由園所或教師依目標發展的單元教學活動設計也能順利有彈性的進行。

㈠符合內政部與教育部所訂的幼教目標

雖然托兒所及幼稚園收托的對象並不完全一樣，但從實際的收托情形與各所依據的法規來看，二者的教育目標或教保目標以及課程目標卻相當類似。其中兒童身心的健全與良好習慣的培養，以及獲得生活的經驗或知能，倫理觀念、合群習性等目標，均是二者所關心的。故選擇的單元標題，當然是以能達到以上種種的目標者為優先。

㈡配合各園所設立的宗旨與目標

一般來說托兒所及幼稚園其設立的宗旨與目標，除須配合部訂的教育目標之外，往往也強調其本身設立的宗旨與目標，來彰顯園所的特色；如：採雙語教學的園所會提出培養幼兒的世界觀、增進美語溝通能力等為其目標；或採用混齡編班者是認為園所具有替代家庭的功能，可養成幼兒互相照顧的能力、增強幼兒學習的信心、引導幼兒透過觀察學習等，而這些宗旨與目標往往會反映在單元標題的選擇上。

在這個多元的社會，不同的園所可讓家長與幼兒選其所需。不過，園所的設立者應自我約束與評估，給予幼兒真正需要的學習內容，而不是小學先修或揠苗助長的內容。

㈢符合幼兒發展的目標與能力

到底幼兒的成長需要什麼？其實從發展心理學、幼稚

園及托兒所的教育目標中，已一再的顯示學者專家、課程研究者的研究結果：即課程要以增進幼兒身體動作、智能、社會情緒、語文、創造力等的充份發展爲目標。故單元的選擇要以能夠協助幼兒達到上述發展目標，及拓展幼兒的舊經驗的單元爲優先；舉例來說，談到日常食用的蔬菜，四歲的幼兒可以安排菜市場參觀的活動，但對二或三歲的幼兒則利用影片及實物的教學活動，會比去參觀菜市場的效果好；因爲參觀必須考慮幼兒的年齡、在外參觀的持續力等，適合他們的能力，且符合連續性、階段性與統整性組織原則的單元會是比較合適的單元。

㈣生活中常見的問題

　　好的單元應是從幼兒的生活出發，故教師若能尋得和幼兒生活有關，又能達成上述目標的單元，則整個設計已有一個好的開始。然而所謂「生活」並非只是每天上學、放學或家庭生活而已；凡是幼兒可以接觸的媒體，如：電視、收音機、報紙所延伸的世界；只要是具有實用性，且是幼兒可以了解，均有可能成爲好的單元標題。

㈤符合幼兒的興趣

　　偶有教師會提到：所選的單元既是符合幼兒的發展需求，也是幼兒可以了解的，但幼兒卻露出一副幫教師完成一件苦差事的模樣，這是爲什麼，對他的學習好嗎？

　　關於這樣的問題雖可能與幼兒本身的學習動機有關，但也可能是時機未到或主題的趣味性不夠。故對才開始進入園所的幼兒，教師宜多觀察及了解他們的興趣，並由幼兒可能感興趣的主題去引導去思考，大量的列出所有想到

的題目，再根據有關的原則做調整，如此較容易選出一系列幼兒喜歡，內容又有聯貫性的單元，幼兒的參與動機自會提高。

其實只要教師平時多觀察，就不難發現幼兒現在關心什麼、想些什麼？如果他們的興趣能獲得重視並成為學習的活動，其中的動力是無比強大的；因為不管幼兒是主動或被動的學習者，當他們不斷從學習中得到激勵，則喜歡學習將逐漸成為一種內化的習慣，則只要是可以學習的人事物，就會吸引幼兒去學。

所以，如何能選擇出幼兒有興趣的單元來帶動學習，是使用單元教學活動設計者必須掌握及確實做到的原則。

㈥涵蓋課程領域的廣泛程度

一個涵蓋課程領域較廣泛的單元可提供師生共同去探討，安排各種不同的活動，不致因為單元本身領域的限制，落入每天只能進行某類型的活動，以「小小科學家」和「好玩的科學遊戲」兩個標題來看，「小小科學家」除可探討科學家所代表的意義、模擬科學家的研究態度、進行一些簡單的科學實驗或遊戲外，更可以進行拜訪活動、討論科學家對人類的貢獻等；標題涵蓋的領域有語文、常識、遊戲、甚至健康、工作與音樂，同時也很容易和生活中的人、事、物產生聯結。

然而「好玩的科學遊戲」則散發出以科學遊戲為活動中心的濃厚意味，雖然教師也可想辦法將這些遊戲和生活聯結，但不如「小小科學家」容易延展。故除非是幼兒發展或生活上有此需求，不然；兩個主題若只能選一，「小小科學家」所涵蓋的領域會比較廣，幼兒既可玩到科學遊戲，

又可以扮演科學家、拜訪實驗室與科學家面對面，對幼兒來說，是從不同領域的活動來獲得知識、情意、技能、習慣與態度等各方面的發展，符合不同活動達成同一目標，以及相同活動達成不同目標的原則。

不過，這樣的原則是基於教師或園所依學期目標，由上往下選擇可以兼顧幼兒學習經驗及統整課程領域的單元標題。反之，標題若是來自幼兒自發的選擇，則活動間能否涵蓋各方面的發展，就有待教師在過程中多加觀察與引導了。

㈦教材取得的難易度

亦即單元的可行性，如果所選的單元符合上述的條件，但是取材不易，幼兒無法透過具體的教材來學習，此單元仍不算是好單元。例如：亞熱帶的臺灣，下雪就不是一個容易取得的情境；雖然有電冰箱的冰，或某遊樂場特製的雪景，但和實際的雪總有差距。故這類主題的施行就比較不具體，除非幼兒相當感興趣，或實際上的需要；否則這類主題被選用的機會就會比較小。

㈧單元標題間的聯貫性

基本上，每個單元標題都是一個生活中重要的問題，透過完整的活動來讓幼兒學習，因此，當一個單元主題活動的結束，也代表一系列完整經驗的獲得；如此一來，是否也象徵著每個單元的完成就是一個結束，無須考慮每個單元間的關係呢？這的確是單元設計者選擇單元標題時必須思考的問題，畢竟幼兒在校的時間並非只是一週，而是一學期、一學年、甚至三學年，倘若設計者認為單元本身

已是完整的經驗，而未考慮各單元間有關經驗的銜接與聯貫，則可能出現前週的經驗無法在下一週重覆練習或運用，那麼，幼兒在整學期所得的經驗，將仍是一種不聯貫的經驗。

因此，不管是幼兒自發，或是教師依目標訂定的單元，都必須注意之間的聯貫性，好讓課程的組織不僅能符合幼兒發展的順序，也能與知識內容的次序相一致，這對設計者來說，當然不太容易，甚至是相當大的挑戰，但卻是不可不去注意的要則。

㈨時間：季節、節令、慶典與長度的合宜性

時間也是選擇單元的一個重要考慮，如：在白天的課程中，要實地的為幼兒介紹夜晚的景象或星象就有困難；又如：在冬季裡，選談「翠綠的植物」，夏季安排「動物如何過冬」都是時機不對，且缺乏動機與可觀察的實例，其恰當與否可想而知。此外，「四季」所涉及的時間太長，並不適合為週單元或月主題；頂多只能做為學年課程的大方向。

至於節令或慶典，雖是做為單元的好體裁，但並非每年都一定要以它為題來發展，應視該學期其他單元的特性而定，以免因為節慶或慶典主題的加入，而中斷前面單元剛建立的經驗。

另有關單元進行的時間應該多長的問題，設計者可依該單元所探討的問題而定，一般單元的進行多是以一週為單位，然事實上，有些問題也就是所欲達到的目標可能兩天就能有個完整的發展，但有些問題卻需要十天，故教師可視實際狀況，如：幼兒的興趣或專注性來調整。

㈩園所在地的資源

設計者在選擇單元時，應將園所所在地的有關資源：地理環境、社區特色、及園所本身的設備、財產等加以評估，舉例來說，位於海邊的園所有豐富的海資源，既實際、又接近幼兒的生活，且容易取得；則設計者或園所便可考慮以此為單元的主題，加以發展，而不一定要捨近求遠，硬要安排山野、森林的單元了。

此外，有些資源是社會性的、人力性的，亦應列入考慮，如：社區人士、教師及家長的專長等。

(十一)經費預算

由於現階段的幼稚園或托兒所，私立機構為多，經費自是取自幼兒，即使公立機構也同樣有預算的壓力，因此，選擇單元時，如何在合理的預算中，選出同樣能達到目標的單元，又符合上述多項原則者，便是非常重要的考慮，值得設計者好好考慮。

其實上述原則的落實，是需要透過園所及教師清楚的教學觀點來達成。故園所及教師應對幼兒學習的方向進行討論，再為新學期架構出學期大目標，然後，根據上面的原則找出可包含這些大目標，且又是園所師生可進行的標題。

以每一學期剛開始的適應週來說，一個全新的園所可能會選「快樂的園地」為標題，因為幫助幼兒認識園所的環境與設備、知道園所中的有關人員、瞭解園所每天的流程等；對園所中的師生都很重要。反之，若已到下學期，

則標題可能變成「我們開學了」，因為幼兒到了下學期，對園所中的人事物已有所認識，目標應是擺在上學意義的再肯定，如此一來，「我們開學了」就成了下學期適應週的標題了。

可見單元「標題」的產生，尤其是能選出以幼兒為中心，又可兼顧教師的能力與需求；且標題之間彼此相連貫，達到舊經驗帶新經驗，則絕非靠個人的喜好，或任何上述唯一原則，而是需要經過多項原則的取捨；若選擇者缺乏專業的訓練或教育觀不清，便可能做出不當的選擇。故不管是教師或園所編訂、或幼兒自發，都必須慎思，並隨時評估及做必要的修改。

二、標題的命名

經過上述的精挑細選之後，適合的單元產生了，但該怎麼稱呼它呢？由於單元標題或單元名稱主要是表明一個單元活動的中心，藉此提醒教師活動的重點，及幫助學習者（幼兒）認識活動的中心。雖然透過單元標題也可協助家長瞭解幼兒學習的內容；不過，一般命名時，仍是以幼兒能理解的層次與趣味為首要考慮。

所以，設計者可根據這些原則，或是以問題的方式，或是指出中心論題來命名，再配以幼兒了解的字詞，就會是吸引幼兒的單元標題了。舉例來說，在一個準備探討聲音的來源、種類，或相關的器官與發明時，設計者可考慮以「是什麼聲音？」或「奇妙的聲音」來命名。

總之，不管是為單元標題命名或是某個活動命名，所

要掌握的是並非只是一個好聽或吸引人的名稱，而是這個名稱是否可以反映出該單元或活動的中心或目標，以免訂出一個好聽，卻牛頭不對馬尾的名稱，造成對該單元或活動的混淆。

本節思考重點

1. 試想托兒所與幼稚園課程目標對單元標題的選擇有何影響？

2. 選擇單元標題時，那些條件會出現在你的腦中？爲什麼？

3. 評估自己在運用上述選擇單元標題則時的靈活度。

4. 根據上述選擇單元標題的原則，試擬出四個彼此相聯貫的單元標題。

5. 當標題的選擇是出自幼兒時，上述的選擇原則是否還具有參考價值，試分析之。

第二節　標題的開發

「單元」的興起，旣是爲了打破科目課程間的界限，好讓學習者能透過該單元活動獲得一完整的經驗。而設計者在選擇單元標題時，又必須考慮該標題可達到那些所欲的目標，或可能包含那些課程領域與內容，又是否容易轉化成具體的活動來讓幼兒直接參與於其中，以及能否給幼兒完整的經驗等？到底有那些單元標題可供設計者來篩選呢？還是設計者自己有辦法來開發呢？

聯合國衛生組織說：「健康」是，生理、心理及社會三方面，皆處於良好狀況者；稱之。而健康是幼兒生活中最重要的問題之一，因此，本節擬將健康按生理、心理及社會這三個向度，如：生理（身體）、心理、及社會（從個人的我、家人與家庭、鄰居與社區、學校、居住地、國家到世界的種種：食、衣、住、行、育、樂；甚至生物界及無生物界等），來開發可用的標題。大家可能就會發現：對各種知識的概念越透澈，可開發的標題將越多；可往下延伸的活動更是不少。

一、生理（身體）

身體對幼兒來說，是旣熟悉又陌生，熟悉是因爲天天

都在使用它，看著它；陌生的是到底身體還有些什麼功能？又到底爲什麼人會動、會長大、會流血、會生病、會……爲什麼？

因此，爲幫助幼兒認識自己的身體、瞭解身體的功能、發揮身體的機能、並養成良好的保健態度與習慣；這類單元標題便成爲選擇的重點。

㈠可探討的內容

1.身體特徵與功能
(1)相同處：每個人都有五官、四肢、腦、軀幹。

(2)相異處：但每個人的高矮、胖瘦、膚色、髮色、眼珠色、眼鏡、肢體是否健全，則可能不同。

2.身體的發展與改變
(1)自然的改變：如生、老、病、死，或初生兒到老年人的成長特徵。

(2)人爲的改變：化裝、曬太陽、受傷、教育的結果。

3.身體的安全與保護
身體安全與不安全的差別，以及自我保護的方法等。

㈡常見的單元標題

我的身體、健康的身體、同與不同、我生病了、我的五官（聽聽我看看我、厲害的鼻子、嘴、觸覺活動、順風耳、有聲世界、千里眼）等。

二、心理

基本上，人是一個整體，不管是生理或心理，都是無法被分割的；雖然，為了研究的方便及專業的分工，心理學成為獨立的學科，許多心理特質也可單一的被討論，但從研究生理狀況如何影響心理機能的「生理心理學」便可知道心理學家也不否認生理與心理的關聯。

以大家相當重視的「自我概念」來說，雖是屬於心理的特質，但其形成的過程卻受到身體長相評價的影響；加上「人體」又是如此具體的存在，因此，很容易談起「自我概念」就必須討論接受自己長相等方面的信念。不過，在身體長相之外，其實也有許多心理方面的特質正不斷被探究，如：心理分析學派所研究的潛意識、行為學派所關心的外顯行為、認知發展學派所強調的認知發展特徵等，就是從不同的觀點提供瞭解人們的途徑；故幼兒在心理方面到底有什麼可以發展與探索的，教師當然有必要多加觀察及思考；然後引導幼兒接觸、認識、發揮與培養各種有助於建立正向自我概念，及發展完整人格的各項心理特質。

(一)可探討的內容

1.各種能力

(1)人類的基本能力：著重在認識各種與生俱來的能力，如：語言、思考、想法、情緒、唱歌、動作、製造、建構等。

(2)人類的特殊能力：若廣泛的來看「特殊能力」，則人類有而其他動物無者，就是人類在動物中所擁有的特殊能力，如：人類可製造文明。然而，以人類來看，特殊能力未必是「有與沒有之別」，絕大多數是高與低之分，如：每個人都會跑步，但奧運百米冠軍則是擁有全世界最快的速度，他的特殊能力就是比世界上的許多人都跑得快。

2.其他特質：信仰、興趣、喜好等

面對這些心理特質，教師如何選擇並組織成具體的經驗，供幼兒好好的探索，是達到此類目標非常重要的步驟。教師可考慮從人們所擁有的各種能力開始介紹，或從幼兒感興趣的部份著手；並探討人與人間在這些能力上的同與不同，進而幫助幼兒去認識每個人的獨特性及相似性。

(二)常見的單元標題

各種能力：我、我是乖寶寶、我是小幫手、我很能幹、我會做、我會想、寶寶愛上學、有禮貌的人等。

其他：我很快樂、我喜歡……、喜怒哀樂、小狗死了、我相信等。

三、社會（生活方面）

由於幼兒就生活在社會之中，一切人、事、物，只要幼兒碰得到，就是他們探索的方向，故不管是以「社會」或「生活」做為尋找與幼兒切身有關的問題，二者的關係根本就分不開，教師必須多加觀察，再從中選出必要且能

進行的素材，幫助幼兒發展社會能力、增進社會化，進而成為一個快樂適應的人。

(一)可探討的內容

1.一般社會性課程都是以學習者為核心

逐步向外延展；以幼兒來說，最中心的除了自己（可參考「心理」部份）之外，就是家庭關係了；然後是各種隨著生活圈擴大而來的人際關係（學校、鄰居、社區、居住所在地、國家、世界、宇宙）。

2.生活中的各種人事物

雖然幼兒的生活圈不如成人的大，但幼兒仍有機會經由傳播媒體得到有關的訊息，並發出疑問；如：為什麼會有外國人？這些書裡畫的人怎麼都是藍眼睛？喝酒為什麼會醉？我也喝過葡萄酒，怎麼沒有醉等？故以下列出一些方向供大家參考：

(1)國籍（人種）與語文。

(2)生活習慣（食、衣、住、交通或運輸、育、娛樂與休閒、音樂、運動等）、風俗等。

(3)職業或工作（士、農、工、商）。

(4)數量形。

(5)科學：主要是從人與地球上的生物與非生物的關係來探討。

(二)常見的單元標題

1.以學習者為中心向外展開

(1)家：我的家、可愛的家、美麗的家園。

(2)家裡的人事物：

①我的爸爸、媽媽、爺爺、奶奶、兄弟姊妹、其他
親戚等。(必要時,可加入單親家庭的介紹,因為
單親家庭並不一定代表不幸,教師可透過活動的
安排,協助幼兒適應。另外,貧與富也是一個可
以討論的問題。)

②家庭用品:傢俱、電器用品等。

(3)家以外的地方:

①學校:我的學校、學校裡的人(我愛同學、敬愛
的老師、寶寶愛上學等)。

②鄰居:我的鄰居(好鄰居)、我們的社區、別讓街
道髒ㄅㄅ。

③其他地方:家在台北、外婆的家、美麗的地球等。

2.生活中的人事物

(1)國家或國籍:

①美麗的寶島、住在寶島的人。

②我是中國人、誰是外國人。

(2)語文(溝通):

①我說中國話、不一樣的話、大家都有話要說。

②好聽的故事、大家來念兒歌。

③自己做的書、書的家。

④我會演戲、大家來做皮影戲、可愛的布偶娃娃、
好看的電視。

(3)食:

①營養的食物:好吃的米飯(麵食)、常吃的蔬菜、
常吃的水果。

②食物的來源:大家來種(菜、稻、水果等)。

③販賣食物的場所:菜市場、超級市場、麵包店、

餐廳、飯店、冰果店。

(4)衣：

　①衣服那裡來、四季的服裝、怎麼穿才禮貌？

　②布料行、服飾店、鞋店、百貨公司。

(5)住：

　①我家在那裡、居住的地方。

　②各式各樣的建築、從古到今的房子。

(6)行：

　①交通工具（陸、海、空、汽車或火車站、港口、飛機場等）、交通安全。

　②為交通服務的人：司機、技工、服務站的工作人員、賣車的人。

　③與行有關的活動：我們郊遊去（談郊遊的方式、地點、特色等）、大遊行。

　④電信：電話、通訊。

(7)育：若「教育即生活」則無處不學習，所有的活動都是教育的一部份。至於，為什麼要上學、快樂的園地等，可視為探討教育功能及場所的標題。

(8)樂：

　①運動好處多（釣魚、划船、游泳、划水、打球等），大家來運動、運動傷害要小心。

　②小小音樂家、樂器聲真好聽、我是好聽眾、小小演奏會。

　③跳舞真有趣、有表情的身體。

　④我是好觀眾（各種觀賞的活動）。

　⑤有趣的風俗、有趣的童玩。

　⑥遊戲花樣多。

＊以上食、衣、住、行、育、樂六項，當幼兒的經驗足夠時，也可進行不同居住地或國家，在這六方面的同與不同的比較。

(9)職業（工作或三百六十行）：
　①工作好處多、猜猜我是誰。
　②警察及消防隊員、三軍、公務員、郵差、教師、律師、電腦設計師、醫生與護士、工程師、工人、水管工人、礦工、漁夫、航海人員、鹽民、農家樂、歌星、演員、音樂工作者等。

(10)數量形：好玩的數遊戲、小商店、比一比、形形色色等。

(11)時：
　①時間：時鐘滴答走、越來越瘦的日曆、白天和晚上。
　②四季：美麗的春天、夏天、落葉的秋天、北風和冬天。
　③特別的日子：我的生日、各種節日或節慶〔過新年、元宵節、植樹節、母親節（親愛的媽媽）、端午節、快樂的暑假、七夕、開學了、教師節（我愛老師）、中秋節、國慶日——國家生日到、臺灣光復節、偉人的生日（孔子、國父、總統等）、行憲紀念日、冬至等〕。

(12)大自然與好玩的科學實驗：
　①星球：奇妙的星空、星星的故鄉、溫柔的月亮。
　②礦石：石頭、沙與石、泥土用處多。
　③昆蟲：昆蟲世界、可愛的昆蟲、美麗的昆蟲、常見的昆蟲。

④動物：頑皮家族、寵物與我、家禽、家畜、可愛
的動物。

⑤植物：依四季選擇適當的植物，介紹其根、莖、
葉、花、果實；或可食用的植物，如：米、麥、
蔬菜；或專門介紹樹木、山中植物等。

⑥水：水的旅行、水的用處多、好玩的水。

⑦風：空氣與風、風的遊戲（肥皂泡、抓空氣）、風
姐姐來了。

⑧火：有用的火、。

⑨光：光與電、光和影子、影子遊戲、明亮的太陽
（彩虹）。

⑩電：有用的電（靜電、電池等）、電器用途多。

⑪磁鐵：奇妙的磁鐵。

⑫重力：有工具方便多。

⑬動力：風車怎麼會動？汽車怎麼會動？

　　很顯然的，從生活出發，可以找到許許多多的題材。
但在短短的幼兒階段，又不可能全都安排得上。所以，近
年來，有不少課程設計者，極力主張以觀察幼兒間的交談
及學習行為，來導引出幼兒教育的課程。亦即此種課程的
發展程序有可能是從幼兒正在討論的一個問題開始，逐步
擴展至幼兒得到完整的經驗為止。顯然不同於先確定目標
（方向），再分層選出標題，發展活動的程序。

　　不過對幼兒來說，不管園所或教師是持何種發展程
序；最重要的是，藉由園所或教師的專業判斷與評估，得
到適性的課程及健全的發展。

　　因此，對準幼教師而言，此時尚不須選擇由上而下，

或由下而上；而是要好好的、深入的了解及練習兩種程
序，以便相輔相成靈活運用。

本節思考重點

1.繼續發展上面各主要方向上的新單元標題，或給予重
  新命名。
2.相信你一定還可以從幼兒的生活去尋找一些重要的方
  向或單元，試著把想到的寫下來。
3.試從幼兒所發出的一個小問題，找出相關的單元。

第三節　學期大綱

　　所謂「學期大綱」是園所根據學期的教育目標及前述原則，選出合適的單元標題，進行編排並寫出單元目標稱之。其編寫的步驟如下：

1. 決定參與討論的人員

　　如果園所人員不多，大家一起來也無所謂，但若是人員很多的園所，就視需要而定。

2. 擬定學期的大方向，規劃出學期的目標

　　事實上，許多園所並未如此進行；因為使用的是現成的教材。但如果想發展有特色的課程，這個步驟不能省。

3. 將學期目標與學期的長度做個預估

　　以免目標太多或太大，一學期的時間都不夠；雖然可以留做備案，但過多也無益。

4. 根據原則挑選所需的單元標題

　　通常這個步驟需要集思廣義，來將符合幼教課程目標、園所課程目標、幼兒發展的需求、機構與社區的環境特色、教師及家長需求與專長，時效性、節令、季節，和經費預算的單元標題選出來。

5. 再次篩選，以便繼續收集資料

　　確定那些單元是最需要的，可行性高，幼兒也感興趣的；園所人員就可以多方面的去收集相關資料，教師有準備，就不會因為所知有限而無法回映幼兒的需求。

6.編擬標題順序

按順序性、延續性與統整性原則編擬出標題順序。

7.列出單元目標

學期大綱只是界定大方向，所以每一單元標題之下只須列出單元目標即可，但至少要包含認知、情意與技能三種領域，且其層次也應隨活動的陸續進行及幼兒的發展而加深加廣（可參考第四章或第十章目標部份）。

8.學期大綱的基本項目

一般學期大綱的基本項目是週次、日期、單元標題、單元目標，至於其他各園所想交代或發展的項目，只要不影響家長或使用者閱讀與瞭解，則無特殊限制。

下面是筆者將臺灣省教育廳（民77）及臺灣省社會處（民74）為大班上學期幼兒所選的標題編成大綱；但由於這些資料是給一般園所參考，講求的是普遍性與共通性，故所提供的標題，也比較多，園所可依據本身的條件及物資的狀況再挑選之。

至於，最後介紹的是文化大學兒童福利系所附設兒童發展觀察研究中心，八十學年度第一學期的課程大綱以及檢核表；由於是具體的實例，故與前兩個大綱略有不同。大家不妨利用檢核表來評估這些大綱與選擇原則之間的吻合性。

一、臺灣省教育廳為大班上學期所編選的標題現編訂成大綱

列表如下：

大單元順序	大單元名稱	大單元目標	單元順序	單元名稱	單元目標
一	我們的幼稚園	一、認識我們的園地、老師和朋友 二、熟悉環境、設備及其使用方法 三、知道教師節的由來和意義 四、明瞭園中師長的職務 五、增進思考創作的能力 六、培養尊師重道、友愛同學、團結合作的精神 七、培養適應團體生活的能力	一	快樂的園地	一、認識我們的園地、老師和朋友 二、熟悉環境、設備及其使用方法 三、增進設計、創造、發表的能力 四、具備適應團體生活的能力
			二	老師和朋友	一、知道園內師長的職務 二、具有思考及創作的能力 三、培養尊師重道、友愛同學、團結合作的精神*
二	國慶日	一、瞭解國慶日的由來 二、明白　國父的偉大 三、認識國旗、敬愛國家 四、知道三軍的任務 五、認識三軍的交通工具 六、知道三軍的服飾 七、引發設計創造國慶遊行各項活動的技能* 八、知道勞軍的方法	一	國家生日	一、了解國慶日的由來 二、明白　國父的偉大 三、認識國旗 四、知道敬愛國家 五、激發設計創造國慶遊行各項活動的技能* 六、增進語言表達的能力 七、養成合羣的習性*
					一、了解陸海空三軍的任務 二、認識三軍的交通工具

				敬愛的三軍	三、認識三軍的服飾 四、知道勞軍的方法 ＊ 五、激發設計創造能力 ＊ 六、培養互助團結的精神 ＊
		＊ 九、培養互助團結的精神 ＊	二		
三	認識自己	一、知道自己的容貌 二、了解自己與他人的異同 三、認識方位 四、認識身體各部的名稱及功用 五、明白健康的重要性 六、增進設計創造的能力 七、增進聽和說的能力 八、保持良好的衛生習慣 九、表現分工合作團隊的精神	一	照鏡子	一、知道自己的容貌 二、了解自己與他人的異同 三、認識方位 四、增進設計創造的能力 五、增進語言發表能力 六、知道注意自己的儀容 ＊ 七、表現遵守遊戲規則的精神
			二	我的身體	一、認識身體各部的名稱 二、知道身體各部的功用 三、明白健康的重要性 四、增進聽和說的能力 五、增進設計創造及使用材料的能力 六、保持良好的衛生習慣 七、表現分工合作團隊的精神
					一、認識家的組織 二、知道家中成員的

單元	單元名稱	單元目標	小單元	小單元名稱	小單元目標
四	可愛的家庭	一、認識家的組織 二、知道大家庭與小家庭的異同 三、知道家中成員的角色 四、認識住的地方 五、知道房屋的種類、建築材料、設備和功用 六、認識安全措施的重要 七、認識環保的觀念 八、養成清潔的好習慣* 九、培養孝親尊長、友愛的觀念* 十、增進設計、創造、發表、觀察、欣賞及解決問題的能力	一	我的家人	角色 三、知道大家庭與小家庭的異同 四、瞭解家中工作責任的畫分 五、培養孝親尊長、友愛的觀念* 六、增進設計、創造、解決問題的能力
			二	我的身體	一、認識住的地方 二、知道房屋的種類、功用 三、知道房屋的建築材料 四、認識安全措施的重要 五、知道預防火災的常識 六、認識環保的觀念 七、養成整齊清潔的好習慣* 八、增進設計、創造、觀察、欣賞及解決問題的能力
五	可愛的動物	一、認識可愛的動物 二、了解飼養可愛動物的方法 三、明白動物與人類的關係 四、增進飼養動物的能力 五、增進創造發表的能力*	一	水族箱	一、認識魚的型態和習性 二、了解養魚的方法 三、養魚的能力 四、增進創作設計的能力 五、表現飼養魚的興趣 六、養成分工合作的習慣
					一、認識鳥的名稱、形態

		六、建立愛護動物的態度＊ 七、激發欣賞大自然的興趣＊	二　鳥園	二、了解飼養鳥的方法 三、認識有特色的鳥 四、飼養鳥的能力 五、增進音樂欣賞與發表的能力 六、表現關愛、喜悅鳥類的情操
我們常吃的食物		一、認識魚、家禽、家畜、果樹、水果、水果加工品和蔬菜 二、認識米麵製品 三、了解保存水果的方法 四、知道米麵的來源及用途 五、培養辨識新鮮魚肉的能力＊ 六、增進創造思考的能力 七、增進分類、比較、數數的能力＊ 八、建立同伴間相親相愛的情誼＊ 九、養成良好的生活	一　米和麵	一、知道米和麵的來源及用途 二、認識米麵製品 三、增進創造發表的能力 四、建立細心觀察的科學態度＊
			二　魚和肉	一、認識魚、家禽、家畜 二、培養辨識新鮮魚肉的能力＊ 三、增進創造思考的能力 四、養成良好的飲食習慣＊ 五、建立細心觀察的科學態度＊
			三　蔬菜	一、認識常吃的蔬菜 二、知道吃蔬菜的益處 三、增進設計創造的能力 四、養成良好的飲食習慣＊ 五、建立細心觀察的科學態度＊

		習慣*	四	水果	一、認識果樹、水果及水果加工製品 二、了解保存水果的方法 三、增進分類、比較、數數的能力* 四、增進設計創造的能力 五、建立同伴間相親相愛的情誼*
七	服裝店	一、認識服裝的種類、名稱及用途 二、知道四季服裝的特徵* 三、認識鞋襪的種類、式樣及顏色 四、了解鞋襪的功用及穿著時應注意的事項 五、增進隨四季穿著適當服裝的能力* 六、增進想像、創造、思考的能力 七、養成穿著整齊清潔的好習慣* 八、表現分工合作的團隊精神 九、知道交易行為中應有的禮貌與態度*	一	衣服	一、認識服裝的種類、名稱及用途 二、知道四季服裝的特徵* 三、增進設計、創造、思考的能力 四、增進隨場合、氣候穿著的能力 五、養成保持清潔的好習慣 六、表現分工合作的團隊精神
			二	鞋襪	一、認識鞋襪的種類、式樣及顏色 二、了解鞋襪的功用及穿著時應注意的事項 三、增進隨場合穿著適當鞋襪的能力* 四、養成穿著整齊清潔的好習慣* 五、知道交易行為中應有的禮貌與態度*

八	愛惜時間	一、認識鐘和錶 二、了解四季變化的現象 三、增進數的概念 四、增進創造、思考、發表的能力 五、養成愛惜時間的好習慣 六、培養好奇探究、細心觀察的態度	一	快樂的一天	一、瞭解晝夜的不同 二、了解守時的重要 三、認識鐘錶的類別、特性與作用 四、增進語詞的表達能力 五、分享快樂的時光 六、培養安排時間的能力 * 七、建立活潑快樂、合群的態度 * 八、增進聽覺的靈敏度
			二	一年過去了	一、認識日曆和月曆 二、了解四季的名稱和四季的變化 三、增進創造發表的能力 四、增進分類、比較、配對等數概念的能力 五、明白時間的重要 六、引發出利用時間的能力 *
			三	放寒假	一、知道寒假中要做的事 二、了解春節的習俗 三、知道如何整理清潔環境 四、欣賞冬天的情景 五、明白拜年的禮貌 六、表現有始有終的做事態度 七、懂得利用時間及不浪費金錢

二、臺灣省社會處為大班上學期
所編選的標題現編訂成大綱

單元名稱	單元目標
歡迎新朋友	一、協助幼兒熟悉所內的設施和生活情況 二、輔導幼兒展開社交活動 三、啓發幼兒設計和創作的能力 四、培養幼兒合群的禮貌和習慣
美化環境	一、培養幼兒愛護花木、美化環境的習慣 二、輔導幼兒分工合作的方法（知道分工合作的方法）＊ 三、啓發幼兒設計和欣賞的趣味 四、滿足幼兒操作遊戲的興趣
軍民一心	一、輔導幼兒體驗軍人的職責 二、啓發幼兒敬軍愛國的心理和行動 三、啓發幼兒設計創作的能力＊＊ 四、培養幼兒防空的觀念和知能
派出所警察局	一、增進幼兒對警察工作的認識 二、培養幼兒遵守公共秩序的態度和習慣 三、啓發幼兒設計組織創作的能力 四、輔導幼兒扮演警察的職務
慶祝國慶	一、培養幼兒愛國意識 二、（引導幼兒）認識　國父暨革命事蹟 三、啓發幼兒設計創作的能力　＊＊ 四、輔導幼兒模仿國慶的慶祝活動

運動會	一、培養幼兒喜愛運動的興趣 二、促進幼兒身心的健康和母子之愛 三、啓發幼兒設計創作的能力 ＊＊ 四、（培養幼兒）發揮團隊的精神
雜貨店	一、（引導幼兒）認識雜貨店的物品和名稱 二、輔導幼兒嘗試交易買賣的方法 三、啓發幼兒設計創作的能力 ＊＊ 四、培養幼兒分工合作的態度 五、認識基本的數概念 ＊
菜市場	一、（引導幼兒）認識食物的種類、形狀和名稱 二、培養幼兒飲食的良好習慣 三、啓發幼兒設計創作的能力 ＊＊ 四、輔導幼兒模仿商人交易買賣和基本的數概念
好吃的豆子	一、（引導幼兒）認識豆的種類和用途 二、協助幼兒研究豆類食品（認識豆類食品）＊ 三、啓發幼兒設計豆的遊戲 四、輔導幼兒觀察豆的生長（瞭解豆的栽種與生長過程）
小螞蟻	一、（引導幼兒）認識螞蟻的形態、種類和生活 二、培養幼兒飼養螞蟻與探討科學的興趣和態度 三、啓發幼兒設計創作的能力 四、輔導幼兒參與模仿螞蟻的各種遊戲
小蝸牛	一、（引導幼兒）認識蝸牛的形態和生活 二、培養幼兒飼養蝸牛並了解蝸牛和人類的關係 三、啓發幼兒探討自然的興趣和設計創作的能力 四、滿足幼兒喜歡遊戲的興趣 ＊

我的身體	一、(引導幼兒)認識身體各部份器官的名稱和功用 二、培養幼兒注意身體健康和接受健康檢察的態度 三、啓發幼兒設計和創作的能力 ** 四、(輔導幼兒)了解醫生和護士的職務
水的變化	一、引導幼兒實驗水的特性和水的變化的能力 * 二、啓發幼兒實驗水界的各種形態的好奇心 * 三、培養愛清潔的好習慣 四、激發幼兒參與各種水遊戲實驗的興趣 *
光和影	一、啓發幼兒探討光和影的科學知識 * 二、滿足幼兒遊戲的興趣及好奇的心理 三、啓發幼兒設計創作及發表的能力 四、輔導幼兒研究影的成因（知道影子的成因） *
有用的紙	一、(引導幼兒)認識紙的種類、性質和用途 二、培養幼兒收集紙和撿紙屑的習慣 三、啓發幼兒設計和創作的能力 四、啓發幼兒參與各種紙遊戲與實驗的興趣 *
電話	一、(引導幼兒)認識電話的種類和用途 二、輔導幼兒使用電話的方法(知道電話的用法) * 三、啓發設計創作的能力 四、啓發幼兒語文的能力 * 五、增進幼兒基本數字的概念 *

常用電器	一、(引導幼兒) 認識常用的電器和操作方法 二、發揮幼兒模仿表演的能力　* 三、知道視聽教育的功能　* 四、啓發幼兒發表、創作的能力 五、培養幼兒欣賞電視的正確態度與視聽的樂趣 　　*
鐘和錶	一、協助幼兒實驗鐘錶的功用（知道鐘錶的功用） 　　* 二、啓發幼兒設計創作的能力 三、誘發幼兒研究鐘錶機件的興趣 四、培養幼兒守時的觀念和習慣
新年到	一、培養幼兒有關新年的禮儀 二、啓發幼兒研究社會習俗的興趣 三、啓發幼兒設計創作的能力　** 四　輔導幼兒進行慶賀新年的遊戲的活動
放年假	一、(輔導幼兒) 了解春節的習俗 二、培養幼兒年假中應遵守的好習慣 三、啓發幼兒設計創作的能力　** 四、培養幼兒有關春節的禮儀

註：以上的大綱是筆者依據現有的標題組織而成的，並不是範例。
另爲忠於原始的資料，打「*」處是筆者認爲有些目標的敍述
僅在手段層面，或兩個性質不同的目標却被列在一起，而做了
修改或分開。故想知道原始面貌者，請參閱臺灣省教育廳及臺
灣省社會處所編的資料。

三、文大兒福系所附設兒童發展觀察研究中心學期課程大綱

㈠八十學年度第一學期課程大綱

本學期主題：健康快樂的小孩

設定的理由：兒童中心剛搬新家，同時又是一個新學期的開始，有不少新的小朋友來中心就讀，故以幼兒為題來發展課程。

週次	日期	月主題	要項	目　　　　　　標	備　　　　　　註
一〜二	9/16〜9/27	新鮮好奇的小孩	團體、老師與環境	1.認識新環境與人物 2.知道中心的活動流程 3.認識團體生活 4.增進團體生活的適應能力 5.激發並維持幼兒的好奇心 6.培養正向的學習態度	9/11、12新生適應 9/21家長會 9/22中秋節放假 9/23補假 9/28教師節放假
三〜八	9/30〜11/8	健康強壯的小孩	健康的身體、飲食、衛生	1.知道健康所代表的意義 2.認識影響健康的因素（衛生、飲食等） 3.建立正確的健康觀念 4.加強個人日常生活自理的能力 5.增進維護環境衛生的能力 6.養成良好的衛生習慣（儀容、身體的整潔） 7.建立良好的飲食習慣	10/10國慶日放假 10/25光復節放假 10/26彈性放假 10/31蔣公誕辰 ＊參觀牙醫院並檢查牙齒 ＊各班互相拜訪 ＊邀請家長示範拿手菜

週次	日期	單元標題	主題範圍	目標	備註
				（進餐禮儀、不偏食等）	
九～十三	11/11～12/13	能動能靜的小孩	基本動作、日常舉止、安全	1.認識人的基本動作能力 2.瞭解身體動作與生活的關係 3.增進日常生活與運動中的動作能力 4.培養合宜的行為舉止 5.培養正確的運動態度與精神 6.建立行動的安全概念 7.增進自我保護的能力	11/6秋季郊遊 11/12國父誕辰 ＊幼兒體能訓練開始 ＊親子運動會
十四～十七	12/16～1/10	可愛有禮的小孩	自我概念、人際、規範	1.增進對自我的認識 2.建立正向的自我概念 3.增進表達與溝通的能力 4.認識人與人間的關係 5.加強團體與社會生活的概念 6.培養遵守團體規範的態度 7.增進與人相處的技巧 8.建立良好的友誼關係	12/25行憲紀念日 1/1、2開國紀念日
十八～十九	1/13～1/24	穩定快樂的小孩	統整與肯定	1.知道使人改變的因素 2.知覺自己一學期來的改變 3.建立欣賞他人與自己的態度 4.養成主動學習的習慣 5.培養正向快樂的情操	1/24課程結束 1/25寒假開始 ＊統整大展

註：以上各主題的長度依目標而有不同，從二到六週不等；教師可依班
上幼兒的狀況，也許是由師生共同來決定所欲的設計，或是教師依目
標選擇均可。

(二)藉檢核表評估一學期單元標題的適切性

單元標題 選擇原則	新鮮好奇 的小孩	健康強壯 的小孩	能動能靜 的小孩	可愛有禮 的小孩	穩定快樂 的小孩
1.符合教育部與內政部的幼教目標					
2.配合各園所設立的宗旨與目標					
3.符合幼兒發展的目標與能力					
4.生活中常見的問題					
5.符合幼兒的興趣					
6.涵蓋課程領域的廣泛程度					
7.教材取得的難易度					
8.單元標題間的聯貫性					
9.時間：季節、節令、慶典					
10.園所所在地的資源					
11.經費預算					
12.考慮單元間的統整性					

總之，對講求效率，控制品質的工學觀點來說，預擬學期大綱是園所及教師教學前準備的依據；也是工作人員、家長或相關機構間的溝通工具。如家長在看過學期大綱後，可將意見、相關的教材或經驗告知園所，並協助子女學習。其實也不錯！

不過，除非所有的資料都百分之百的準確，而幼兒也停頓，不再隨著成長與發展而有所改變；否則沒有一份課程大綱是可以毫不修改的。畢竟課程大綱的擬定只是希望透過事前的討論，以使教學做得更好；遇到需要更動的狀況，還是可以調整更改的，絕不是設計之後就不能更動，設計者要好好把握。

所以，寫與不寫大綱並非教育開不開放的指標；因為預定的標題，還是可以根據幼兒的狀況調整與發展；就看教師與園所有沒有這份彈性了。

本節思考重點

1. 請列出對幼兒這個階段來說，最重要的單元標題？說明理由。

2. 倘若你的園所不必編寫學期大綱，你還會如上所述去思考一學期的走向，或以此為準備環境的方向嗎？原因何在？

3. 請實地拜訪一家幼稚園或托兒所，瞭解該園所如何設計一學期的課程大綱，其所依據的原則以及本學期的方向。

4. 假設你有一家幼稚園或托兒所，現準備設計新學期的

課程大綱，你會如何設計？請先把你的園所性質、設立宗旨、收托人數、師生比例、師資、資源等條件稍做介紹，再列出大綱表；然後評判一下它的連貫性、周延性與完整性。

❖❖❖❖❖❖❖❖❖❖❖❖❖❖❖❖❖❖

參考書目

臺灣省社會處編印 （民74）：托兒所教保單元。臺灣省社會
　　處。

臺灣省教育廳 （民77）：幼兒學習活動設計。臺灣省教育
　　廳。

李祖壽 （民65）：單元選擇，教育學　雲五社會科學大辭
　　典，八冊，149頁。

瞿述祖 （民56）：單元教學活動設計的基本理論。臺北：臺
　　灣書店。

盧素碧 （民79）：幼兒教育課程理論與單元活動設計。臺
　　北：文景。

幼兒單元教學活動設計實務

目標

● 知道幼兒單元教學活動設計的原則
● 知道單元目標與各活動目標間的關係
● 增進敘寫目標的能力
● 瞭解確立目標對選擇活動的重要性
● 增進選擇活動的能力
● 激發靈活運用教學方法的能力
● 培養評估單元教學活動設計的能力

　　從單元的意義、單元教學活動設計的要項，談到單元標題的產生，標題的命名，及探索單元標題的內涵與概念，本章該是著手設計單元教學活動的時候。由於單元是課程的基本單位，單元教學活動的設計在架構上和課程的四大要素是相似的；亦即設計時，要注意目標、內容、方法與

評量等問題。故以下除先介紹幼兒單元教學活動設計流程與原則外，將逐節說明單元目標、活動（行為）目標、教學活動內容與方法、單元教學活動設計的評量等要項。

第一節 設計的流程與原則

前面提到單元教學活動設計，除由教師依目標設計外；也可以由幼兒自發或師生共同擬訂，不過，國內園所仍以教師依目標設計為多。故本節的介紹也將以此種方式的流程與原則為主；至於，它是否會流於教師或教材導向，則留給大家來思考之。

一、設計的流程

當園所依教育目標等原則選出各標題，並編出學期大綱後；教師便根據單元教學活動設計的要項，即單元名稱、單元目標、活動綱要等，發展出如表10-1的設計格式。其流程如下：

㈠單元名稱

列出一個能表示所欲目標，又是以幼兒生活中重要問題為中心的標題；如：寶寶愛上學。

㈡單元目標

基於標題的產生是多方考慮的結果，教師或設計者應已相當了解選擇此標題的理由；故在「寶寶愛上學」單元

名稱之後，便是敍寫出此一單元所欲達到的一般性目標。
如：

　　1.認識新朋友及老師

　　2.培養自我表達的能力

　　3.知道乘車禮節與安全知識

　　4.增進適應學校生活的能力

　　5.養成遵守常規的習慣

　　6.熟練日常生活的技能

　　7.培養與人互動的能力

　　8.養成喜歡上學的態度

㈢活動綱要

　　此欄須概要的列出各個達成單元目標的活動。這些活動可能是某一活動針對某一目標，也可能是數個活動共同達成某一目標。如：「迎新會」就具有達成認識新朋友及老師與培養自我表達能力的目的見表10－1。

㈣每一活動的設計

　　有關每一教學活動的設計，是逐一列出上述活動綱要的名稱所欲達成的行為目標、可行的內容與方法，教學資源及評量；現簡介之：

　　1.活動名稱

　　即各活動綱要，必要的話可加以命名。

　　2.行為目標或活動目標

　　以動作動詞來描述幼兒經由各活動的學習後，可望達成的具體行為，如：能向新朋友及老師介紹自己。

3.活動內容與方法概述（即過程）

　　即列出能達到上列目標及符合幼兒興趣，能力與需要等選擇及組織原則的活動內容；以及最能實現這些內容的各種教學方法，如：靈活運用團體（指全班或多數人從事同一類型活動者）、小組或分組（將全班指派或自選成數組分頭進行學習）、及個別（提供各種學習活動，且完全按個人意願或步調去選擇與學習）等型態，來組織活動。

4.教學資源

　　指各活動中，種種有助於幼兒學習，以達成目標的人、事、物等。

5.教學評量

　　指教師欲知幼兒經過上列活動內容與方法的實施之後，是否達到預設的行為目標時，所用的評量方式。如果教師也願意列出評量的時機，如：前、中、後評量等；或其他有關條件亦可。此外，「評量」一項；除列在各個統整活動之後，也可單獨列一欄。

表１０-１　幼兒單元教學活動設計實例說明

單元名稱：寶寶愛上學		對象：新生
單元目標	活動綱要	安排活動的理由
一、認識新朋友及老師 二、培養自我表達的能力 三、知道乘車禮節與安全知識 四、增進適應學校生活的能力 五、養成遵守常規的	• 舉辦「迎新會」 • 寶寶愛上學：故事及分享 • 坐娃娃車：實地操作與討論 • 室內室外都好玩：實地的操作活動與討論（可分有學習區（角落）及無學	• 本週活動的重點在於熟悉園所的作息與環境，因此除藉著迎新會打破陌生感外，坐娃娃車、進行室內外活動的操作與討論，將是最直接具體的學習方式。

		習慣	習區的教室來進行設計)	· 至於經驗的深度則可在往後的單元裡繼續延展。
		六、熟練日常生活的技能		
		七、培養與人互動的能力		
		八、養成喜歡上學的態度		

活動名稱	行為目標	活動內容與方法概述(過程)	教學資源
迎新會（半天）	· 能向新朋友及老師介紹自己㈠ · 能叫出新朋友的名字㈠ · 能和新朋友與老師一起玩㈧ · 能主動與老師及友伴交談㈡	· 準備活動 教師於事前先備妥迎新會的相關事宜，邀請園所的主任或有關的工作人員參加。 · 發展活動 1.跟幼兒說明迎新會的目的與流程。 2.討論如何佈置場地、分配工作、並完成。 3.迎新會開始： 　(1)教師及工作人員自我介紹 　(2)幼兒也上台自我介紹 4.用點心：幼兒自由走動、和同伴或師長交談。 5.迎新遊戲：（拍下活動錄影帶） 　(1)分組進行打招呼的遊戲 　(2)團體一起進行打招呼的遊戲 · 統整活動 收拾與心情分享。 · 評量 藉觀察與口頭的方式來評量。	· 教室現有的設備、錄音機、音樂帶、小點心、裝好底片的錄影機
	· 能說出對園所的看法㈡ · 能說出學	· 準備活動 園所作息圖、活動錄影帶。 · 發展活動 1.觀賞錄影帶或照片。	· 園所作息圖 · 電視、錄影機、錄

幼兒教育課程設計

342

單元	目標	活動	教具
寶寶愛上學（半天）	期新希望(二) • 能說出喜歡上學(二)(七) • 能習慣學校的作息(四) • 上課時會發問(二) • 能在團體面前表達自己的意見(二)(八)	2.分享對迎新活動及園所人事物的感覺，及對上學的看法或心得。 3.教師說故事：介紹園所的作息。 4.分組活動：到各學習區認識環境與同伴。 • 統整活動 　分享下午的活動經驗，預告明天的活動。 • 評量 　藉觀察與口頭的方式來評量。	影帶
坐娃娃車（一天）	• 能說出乘車時應注意的事項(三) • 會按順序小心的上下車(三) • 會協助友伴坐好位子(三)(八) • 在車上不會走動或打鬧(三)	• 準備活動 　和司機談好時間及行程，前一天向幼兒預告學習區的錄影帶。 • 發展活動 　1.討論上下車及坐車的規則。 　2.進行模擬坐娃娃車的活動。 　3.實地坐車瀏覽學校四周。 • 統整活動 　1.記錄搭車的過程，或在教室中繼續模擬扮演。 　2.經驗交流與分享。 　3.觀看使用學習區的錄影帶並討論明天的活動。 • 評量 　藉觀察、口頭與作品的方式來評量。	• 司機先生、娃娃車 • 過去幼兒使用學習區的錄影帶、電視、錄影機
	• 能主動的加入各種學習活動(四)(八)	• 準備活動 　明確的學習區佈置、使用圖示、照片或錄音帶。根據幼兒的狀況，決定介紹的區域。	• 過去舊生使用的錄影帶、電視

室內室外都好玩

（由於幼兒的學習活動包含吃飯、上廁所等自我照顧的技能，應將之納入。不過，教師也必須考量幼兒的學習狀況，以免抹煞幼兒的學習興趣，得視目標是否達成而定。學習區一起學習，故此一活動需要多少時間，）

· 能說出教室裡好玩的地方(四)
· 能說出教室裡有那些約定(四)
· 能做到教室裡的那些約定(五)
· 能說出教室外好玩的地方(四)
· 能說出教室外有那些約定(五)
· 能做到教室外的那些約定(五)
· 能按規定使用及歸放物品與用具(五)
· 能餐前洗手、餐後刷牙(六)
· 會自己吃飯(六)
· 能自己入廁及處理善後(六)
· 能自己穿鞋穿衣(六)
· 能按規定使用及歸放物品與用具(五)

· 發展活動
1.再看一小段錄影帶，然後開始討論如何使用學習區；尤其是與自我照顧或基本技巧有關的片段。
2.到某一學習區，請幼兒找出可以幫助他使用該區的一些工具，如：圖示、照片或錄音帶。
3.分組：幼兒從一早討論過的區域裡，挑出自己想探索與學習的地方，如剛開始可先開放與洗手、吃東西、或使用工具等有關的學習區與戶外場地，既可滿足幼兒的好奇心，又可以幫助他們進入團體生活；教師則視實際需要，從旁觀察、鼓勵、協助或教導。
4.收拾：確實的完成各區的整理與收拾。
· 統整活動
1.分享在各區的經驗：大家對發生的問題提出意見，並討論如何繼續發展學習活動；教師可根據所擬之目標，帶領幼兒佈置所需的學習區，逐步完成各學區物品、規則及各種自我照顧的技巧。故目標未完成之前，此發展活動與統整活動將繼續循環。
2.建議設計之順序如下：
　(1)剛開始可先以生活自理、扮演，或簡單的操作及美勞素材讓幼兒探索練習
　(2)然後再開放其他學習區域

· 錄有使用規則或遊戲說明的錄音帶、圖示及照片
· 各學習區最基本的工具、材料

		(3)戶外遊戲區域則視安全度來介紹，因爲有了安全意識；幼兒較能自我管理 ・評量 藉觀察、口頭、與作品的方式來評量。	

　　上述的設計是針對有學習區的教室，但如果所在的園所沒有學習區，有關作息或自理活動的設計將因環境的單純化；而可以由教師依目標或師生共同決定活動的順序，然後依序進行；直到目標完成爲止。現假設「我會自己穿衣服」是師生所決定的活動，則其設計如下：

活動名稱	行爲目標	活動內容與方法概述(過程)	教學資源
我會自己穿衣服 （然，就太單元了。幼兒都有此需要，要不此種安排是基於全班的	・能參與討論 ・會排出穿衣服的正確步驟 ・會參與練習的活動 ・能正確的穿衣服	・準備活動 穿衣服的步驟圖、及穿戴整齊與不整齊的比較圖、衣飾框、娃娃與衣服。 ・發展活動 1.討論：詢問幼兒會不會自己穿衣、穿鞋？早上的衣服是不是自己穿的？想不想學著自己穿？ 2.示範： (1)排穿衣服的步驟圖 (2)請幼兒示範自己如何穿衣 3.分組 (1)衣飾框的練習 (2)幫娃娃穿衣服的練習 (3)給自己打扮的練習，教師從旁觀察、協助及鼓勵 4.穿衣服比賽的遊戲。	・穿衣服的步驟圖、比較圖、衣飾框、娃娃、衣服等

		· 統整活動 分享自己所從事的活動，討論做得好的秘訣。 · 評量 藉觀察與口頭的方式來評量。	

至於其他不同形式的設計，請參見附錄。

二、設計的原則

瞿述祖（民56）曾談到單元設計應注意的原則，其實就是將基本的教學原則運用於設計實務上，以期達到良好的教學效果。學習者若能舉一反三，將所學反應到設計及實際教學上，便可避免教案僵化、照本宣科的弊病。

(一)統整原則

設計單元時，在縱向上應注意單元目標的選擇，並根據目標設計教學過程及評量。而在橫向上則應注重教材(教科書、參考讀物、教具、教學環境) 的組織，及教材與教法的配合，力求經驗的統整。

(二)準備原則

單元活動的設計著重教師與學生於事前共同制訂教學目標，提出研究問題，蒐集教學資料，佈置教學環境，以引起幼兒濃厚的學習動機與興趣。正因這種事前的準備充份，更提高了教學效果。

㈢自動原則

單元活動的設計既是師生共同制訂，從一開始便鼓勵幼兒參與教學，由做中教、做中學、做中用。此種做法正符合自動原則。

㈣同時學習原則

單元目標的擬定及實際的教學，一向重視主學習、副學習及附學習；且在評量時，對理解、能力、態度、理想等均加以考查。

㈤熟練原則

單元的施行除著重做中學外，也強調學習後的評量，以確保經驗的熟練。因此在學習過程中，應視狀況提供幼兒練習的機會。

㈥社會化原則

由於單元活動的設計主張師生共同制訂，因此在整個活動的過程中，幼兒必須學習和他人討論、分享，促使他們了解個人與團體的關係，及權利與義務的分野。

㈦個性適應原則

設計單元時，幼兒能力、興趣及需要為選擇教材的首要考慮，易言之，教材的分量與次序端視幼兒的實際狀況而定。

(八)直觀教學原則

由於單元教學活動非常著重教學環境的佈置及教具的自製與應用。只要有助於幼兒學習的圖片、實物、模型等，均充份佈置於教室內外，以供幼兒觀察；此外各種視聽設備及教學資料，也儘量提供給幼兒觀察、實驗及討論，彌補直接經驗之不足，這便是根據直觀教學的原則。

(九)類化原則

單元的編排都是由淺入深，且根據幼兒的舊經驗為起點，然後循序漸進的讓兒童從舊經驗去觸類旁通，並拓展至實際生活，這便是根據類化原則。

(十)興趣原則

幼兒的學習興趣不僅有助於課活動的進行，也有助於幼兒的學習，因此設計單元者亦將幼兒的興趣列入考慮，此即興趣原則。

上述十項原則雖歷史久遠，卻是單元教學活動設計不可忽略的根本原則，大家應謹記在心，方能設計出不僵化的活動。

本節思考重點

1.試提出你對上述幼兒單元教學活動設計流程的看法。
2.設計單元教學活動應注意那些原則？該如何運用，方

能避免落入教師或教材為主的設計？

第十章 幼兒單元教學活動設計實務 3 4 9

能避免落入教師或教材為主的設計？

第二節　單元目標與行為目標的產生與敍寫

　　一般有經驗的幼教老師，腦中都有許許多多的單元活動；因此每當單元標題一出現，她們馬上可以想出一大堆跟這個單元標題有關的活動。而這些活動是可以讓幼兒「有事做」，只可惜「有事做」並不等於「有必要做」，因為和單元名稱有關的活動不一定符合單元目標或問題的重心，以及「單元是一個有計畫、有關聯的完整活動」的定義。也許有人會認爲：只要幼兒有事做，玩的高興，活動間的聯貫是個必須考慮的問題嗎？

　　基本上，當幼兒在解決一個生活中重要的問題時，不管是由教師或師生共同設計，聯貫性的活動在無形中爲幼兒提供一種思考的示範，他們將從聯貫的活動中，抽絲剝繭的澄清自己的疑慮，累積自己的經驗，不僅有助於經驗的完整，更是追根究底、解決問題的具體的表現。當然教師若只由題目來聯想教學活動，也可以滿足幼兒喜歡學習的需求，但這些活動極可能只是片段與零散的知識，並不能給幼兒完整的經驗。舉例來說，幼兒的體能活動有各種不同的目標，如增進速度、平衡、肌力，以及對自己的身體意識等。如果教師認爲活動只是要讓幼兒有事做，玩的高興，則幼兒也可以從單純的跑跳、追逐獲得快樂與運動量，但未必是最有效的運用到身體各部位的能力。反之，教師若根據幼兒的學習（單元）目標來做思考，並帶動幼

兒；那麼幼兒也將知道自己為何學及學什麼。換言之，當單元活動是由教師依目標來設計時，先思考幼兒的學習目標，再來選擇活動內容是教師必須培養的一種能力與習慣。現在就來試試看！

一、單元目標及行為目標的產生

(一)單元目標

　　首先，「單元目標」是在課程目標之後，根據單元活動的中心（單元標題）所發展出的一種涵蓋層面較廣，彈性較大；也較不會有遺漏，且容易涉及情意方面，卻不易引起爭議的一般性目標。它的層次介於課程目標與行為目標之間，亦即比課程目標具體，但比行為目標籠統。

　　在訂立單元目標時，最常見的是根據選擇該單元標題的理由，再依認知、情意及技能三大領域的教育目標層次來擬定與呈現；這些目標若妥善的運用應可涵蓋幼兒的各項發展：身體動作、情緒（心理健康、社會）、創造力、認知、語言；但最重要的是，必須和單元標題的活動中心搭配，才可稱為單元目標。例如：在「好玩的水」單元裡，「知道水的特性」便是針對單元及認知領域而產生的單元目標。故即使是支持過程模式者也可以運用它來思考大致的學習方向，及選擇活動的依據。

(二)每一活動的具體目標──行為目標

　　至於「行為目標」，這種工學背景下的產物，可視為單

元目標的具體化。在本書第四章中，曾談到為了能有效的運用目標於教學計劃中，必須清楚的界定，精確的代表學習者表現的方式及結果，如：幼兒在學過刷牙的技巧後，於餐後能按所教的步驟正確的刷牙。故這類目標的產生是須考慮可欲性、可學性、明確性、具體性、統整性、涵蓋性、特向性、階層性及關聯性。雖然條件多又有些刻板，但清楚的行為目標不僅有助於教師選擇經驗的內容，也將影響教學評量的方式。

二、單元目標及行為目標的敘寫

在知道單元目標及行為目標如何產生之後，接著就是要把想到的目標敘寫出來。但該如何敘寫呢？對於初次接觸單元教學活動設計的新手，雖知教學的對象是學生（幼兒），但在敘寫目標時，卻往往分不清單元的目標到底是針對教師、還是針對學生，甚至會把目標寫成活動或手段，如：把「知道動物的名稱」誤寫為「介紹動物的名稱」。以下將舉例說明單元目標（一般性目標）及行為目標（具體目標）的寫法：以便新手能掌握書寫的要領，寫出正確的單元目標及行為目標，來幫助學習經驗的選擇及教學的引導。

㈠單元目標的敘寫

基本上，單元目標的寫法和一般性目標是一樣的，只不過它的層次在課程目標之下，故較之為具體明確、確實可行；但內容上仍是包含幼兒知識、情意、技能、習慣、

態度等發展，敍寫時也是以認識、知道、瞭解、培養、養成、增進、促進、啓發、激發、引導、擴展、充實等動詞開始；一條目標只代表一項該單元所欲完成的結果，且不可將手段寫成目標。現舉「自己動手做」的單元，發展出下列的單元目標：

1. 知道工具的使用原則（認知領域）
2. 增進使用工具的能力（動作技能領域）
3. 養成收拾用具的習慣（技能領域）
4. 知道廢物利用的方法（認知領域）
5. 引導幼兒參與工作的興趣（情意領域）
6. 培養有始有終（持續、專注）的精神（情意領域）
7. 促進幼兒的創造力（動作技能領域）
8. 培養幼兒的審美觀（情意領域）
9. 知道自己作品的優缺點（認知領域）
10. 培養欣賞友伴作品的情操（情意領域）
11. 培養愛惜公物的情操（情意領域）

㈡行為目標的敍寫

在工學觀點下，教學的完成應是學生行為有改變，無論知識、情意或動作技能的學習，最後都將表現在行為上，是可以觀察的。故一般是以幼兒的行為表現來訂定教學目標。敍寫時，應注意以下的條件：

1. 是誰能學得可欲行為（對象）：如幼兒。
2. 應是實際行為：寫出、說出或做出等動作動詞。
3. 評鑑已獲致預期目標的行為表現或結果：唱歌、說故事、刷牙或配對等。
4. 表現此等目標行為的有關條件或情境：如在全班面

前。

5. 用來評鑑結果或行為表現的標準：如一首或一至五等。

如：幼兒在學過一到五的數字後，能在操作數量與數字卡時，將一至五正確的配對。

不過，一般情況下，若只寫出具體的學習結果與行為表現亦可接受，如：能將一至五的數字數量卡正確的配對。

現針對「自己動手做」單元中，學習正確的使用各種工具、養成收拾用具的習慣等單元目標，編選出其中的一個單元活動——「常見的工具」，並寫出它所要達成的行為目標如下：

1. 能說出工具的功用（認知領域）
2. 能說出使用工具時應注意的事項（認知領域）
3. 會使用剪刀、膠水、釘書機、打洞機、水彩用具等（動作技巧領域）
4. 工具用畢會清理、歸還（動作技能領域）
5. 會愛護所使用的工具（情意領域）

㈢行為目標的爭議

1. 行為目標的層次不易分析，教師往往只能訂出低層次或易於評量的行為。
2. 行為目標的表現標準很難訂。
3. 情意領域的目標不易訂定，易為教師所忽略。
4. 教師易因既訂的行為目標，而忽略幼兒偶發的學習行為，或失去教學活動的彈性。

5.教學前是否應讓幼兒知道教學目標以促進效果,則尚無定論。

　　儘管行為目標是有爭議存在,但只要教師多加注意,行為目標的訂定對教師做好教學計劃,仍是不可缺少的步驟;同時也提醒並提供教師透過觀察了解幼兒的行為與學習的關係。

本節思考重點

1.請利用表10-1「寶寶愛上學」中,所列的單元目標及行為目標,標出各目標所屬的教育目標領域(認知、情意或技能)。

2.如何掌握單元目標及行為目標的敘寫?

3.你會如何避免自己訂出來的單元目標或行為目標,只是在追求一些知識的表面意義,而不是真實的意義?例如:你認為安排幼兒認識顏色的名稱,其真正的意義何在?

4.請選一單元,說明選擇的理由,並列出單元目標與行為目標。

第三節 活動內容與方法
的選擇和組織

　　了解單元目標的產生與敘寫，只是幼教老師必備的基本知能；而配合教室裡的實況，編擬出最適合的目標，並可以找到合適的教材與方法，引導幼兒去達到目標；則是教師教學時，必須有的能力。換言之，在理想的狀況下，教師要能確切編擬出此一階段幼兒必要達到的目標，並透過教材教法來達成之。

　　但不可否認的，課程所面對的是活生生的幼兒，他的興趣與心情是會變動的，所以，教師除要能確定所擬訂的目標的必要性外，適切的選擇與組織各種教材，並靈活運用各種教學法，以引發幼兒的學習動機更是不可逃避的責任。同時，靈敏的評估幼兒學習狀況，必要時，修正目標也是做好教學的基本手段。

　　在本節將先探討選擇及組織單元教學活動內容與方法的原則，以期引發幼兒的學習動機，順利的進行活動。

一、活動內容的選擇和組織

㈠根據單元目標選擇活動

　　每一單元目標都應有適當的內容來達成，事實上，目

標一直都是活動內容選擇時的效標之一，故若目標的產生無誤，則由目標來找尋所須的活動內容將是非常明確的指標。

㈡從幼兒感興趣的事物去選擇活動

關於每個單元可以展開的活動內容，可說是不勝枚舉，只要從幼兒生活中去思索他們可能感興趣或可能面對的種種問題，然後設法轉換成活動來引導幼兒學習；必能引起幼兒學習的興趣。

教師可以直接詢問幼兒的意見，鼓勵他們一起來思考自己的學習活動；相信這將更符合師生共同設計的精神。

㈢活動應涵蓋幼兒發展（課程的領域），並符合團體與　個別的需求

除了安排有趣的活動之外，更重要的是活動應涵蓋幼兒發展，以便透過活動幫助幼兒發展。基於國內幼教課程標準所規定的課程領域，所強調的也是幼兒的健全發展，因此，課程領域的涵蓋性也成為編選活動的一項指標。表10-2可用來對每天的活動，進行課程領域的概要分析。

經由此表，設計者可大致看出一整週活動的走向；其用意在於檢視整個單元教學活動設計，所涵蓋的課程領域是否相當或者平均。不過，相當與平均是指量與質、內容與目標兼顧的活動；絕不是為了要有音樂的活動，就隨便湊一首歌充數。

此表可用於活動前與活動後，前者是針對預擬的設計案進行分析；後者則是針對幼兒實際的活動加以檢核。至於是以文字或符號來代表有無，則視個人習慣而定。

表10-2 一週單元活動概要分析表

課程領域＼活動概要＼日期						
健　康						
語　文						
音　樂						
工　作						
數量形						
自　然						
社　會						
遊　戲						

此外，幼兒的發展雖有共通性，但個別的需求也不可忽視，故在團體的步調之外，對個別的幼兒是否也「合適」，亦是選擇及組織活動的一大要件。

㈣尊重他國的文化和自己的文化一樣重要

由於在臺灣，大家講的是國語，談的是中國文化，對幼兒來說，認識自己的文化都來不及了，似乎較少論及他國文化；但在今日天涯若比鄰的世界觀下，尊重他國的文化和自己的文化一樣重要，這一點在介紹課程發展的基礎時，已討論過，相信大家都還有印象。

㈤避免性別刻板化或歧視

今日社會對於男女角色的界定，除天生生理上無法改變的差異外，多主張以人權的公平性去看待兩性的生存、就學、就業或其他社會角色。由於幼兒正是性別角色認同的重要階段，家庭與教育機構自然必須朝認識性別特徵與性別角色，以及引導幼兒相互尊重去努力。

㈥各活動的組織應注意前後、難易、長短、空間、人數等的協調

基本上，各活動間的組織原則與課程內容的組織原則並無不同。同樣會面臨內容順序或發展順序的平衡問題，尤其當單元教學活動的設計是預擬時，教師除須考慮上列的原則，更應以學習者的實際狀況來調整進度，避免一味的催促幼兒，或過多的等待，影響幼兒學習的興趣與態度。

(七)活動的內容雖要滿足幼兒但也不忽視大人的需求

　　國內的幼教老師常是一人帶一大班幼兒，如果要信守幼兒在、教師也要在的原則，則教師連上廁所的時間都沒有；所以，在設計活動時，應儘量注意到人手的安排與合作；當幼兒得到良好的照顧與學習的同時，教師也有適當的休息時間，或與家長、同事談話的時間。

(八)活動備案的考慮

　　選擇的活動可能會受到天候或突發的因素而無法進行，此時活動備案便發揮救援的功能；所以，教師在設計活動時，若認為該項活動可能受天候或突發因素而無法進行，應寫上備案，以免措手不及。

　　綜合上述的原則，便可為「自己動手做」的單元目標，找到以下的活動；如：常見的工具、我愛動手做、讓我想一想（廢物利用），以及作品展示會等。

二、活動方法的選擇與運用

(一)好的內容還得有好的教學方法配合

　　舉凡是單元活動的設計者，都希望自己所選擇的內容能有生動的教學法來配合，以達相輔相成的效果。舉例來說，要新生站起來自我介紹，可能有人會害羞或拒絕，但若改在遊戲中叫自己的名字，一來幼兒對遊戲都感興趣，

再者遊戲之際大家容易忘記陌生與緊張，效果自然會比較好。

　　但萬一絞盡腦汁之後，仍覺得所選的內容除了用講的方法外，根本沒辦法轉化成讓幼兒主動參與的活動；那麼，至少要試著改變講述的方法，利用肢體、聲調、媒體、圖片等來幫忙，因為「活動設計」並非掛在嘴邊的名詞，更是提醒教師所設計的內容必須是能讓幼兒參與其中的「活動」，亦即在內容的編排時，教師就應注意到可進行的方法及方法的可行性。

　　至於教學法應如何與單元教學活動的過程配合運用呢？以下分準備活動、發展活動及綜合活動說明之：

1. 「準備活動」的目的是要喚起學習動機，故教師可透過介紹有關的教材或資料，相關的圖片或實物，或是進行觀察、實驗與討論來引發幼兒對該項單元活動的學習動機，進而主動學習。故針對「常見的工具」，至少教室裡常使用的工具，應以實物呈現之。

2. 「發展活動」則可透過許多小型的學習活動；如：研討、實驗、觀察、製作、閱讀、訪問、報告、示範、演算、實習、放映幻燈片、錄影帶、電影等，由淺至深、在實際且具體的參與過程中豐富了幼兒學習的內容。

3. 到了「綜合活動」或「統整活動」，所用的方法有整理、驗證、欣賞、發表、批評、應用、展覽、診斷及補救教學等活動。許多現成的實例中，綜合活動是在整個單元即將結束前，才出現；筆者則認為每天的活動即是一個完整的單位，均應安排統整活動。不過，真正的高峯活動倒可排在最後，來統整各小活動。

㈡活動內容的呈現方式應注意到動靜交替與調節

　　許多教師及父母都希望自己的子女或所教的幼兒動靜得宜，其實這並不難；只是大人要先瞭解幼兒活動性高、注意力較短，不能勉強他們長時靜坐。但可透過活動及環境的安排來培養之。舉例來說，教師可將偏靜態的活動（如看書、團體討論）和偏動態的活動（如體能活動）交替安排，或改變方式；如一首歌可以是大家一起唱，也可以是分組表演；同樣的，數字的學習也可以大家坐在位子上練算，也可透過動態的遊戲來進行。抑或利用環境的暗示；如佈置一個安靜的圖書區，讓幼兒想安靜時，就能因環境而自動安靜下來。

　　總之，在幼兒單元教學活動設計中，動靜態活動的交替是提高學習動機與持續力的重要因素。

㈢活動空間的安排應兼顧室內與戶外

　　活動空間的適當轉換除是提高學習動機，更重要的是滿足幼兒大肌肉動作發展的需求，同時也增加單元活動的設計空間，教師只要注意天候與安全，配合活動佈置人文與物理環境，幼兒的學習空間便可由教室向外延伸，獲得豐富的活動經驗。

　　不過，教師人手若不足，則應避免一人同時看顧室內與戶外的幼兒，以防意外。此外，園中若缺乏戶外場地，又不便外出，則應增加室內的大肌肉動作的活動。前面表10-1中，列有活動內容與方法的實例，大家不妨分析該表中所提供內容與方法，是否合於上述原則。

本節思考重點

1. 你認為那些因素會影響你選擇及編排幼兒單元活動的內容與方法？

2. 你覺得將幼兒生活中的重要問題和幼兒的發展需求結合來構思單元的內容，容易嗎？以家為例，設計者該如何把與家有關的問題與幼兒本身的發展需求結合，發展出單元目標與活動概要呢？

3. 假如幼兒需要學會一至五的對應數數,你可以舉出多少種方法來教他？

4. 請選一單元標題，根據它的單元目標，選擇並編排出能夠符合幼兒發展興趣與需求的活動內容與方法？

第四節　單元教學活動設計的評量

　　和課程評量的目的一樣，單元教學活動設計也強調評量；只是在單元教學活動設計的格式上，評量是針對學習效果——即目標——而設（參見表10-1）。如果幼兒未達到目標水準，才進一步探討可能的原因，如：教材的難易度、教師的準備度等。不過，大家也可以整體性的來評量，故以下分評量項目及注意事項說明之。

一、評量項目

　　單元教學活動設計的評量項目，可以針對輸入的理論基礎、所欲達成的目標、教師所選擇的內容及運用的各種教學方法，以及評量的方法加以評量。（見表10-3）

(一)理論

　　在本書第一章曾提到不同的理論背景，產生不同的課程觀點；其中工學觀點對課程的發展具有很大的影響力，以致許多並不是持工學觀點的設計者；也是依據目標來發展課程。就像許多主張開放式教育的園所及教師，也是依前述單元教學活動設計的流程來計劃課程；那麼，教師是否能做到以「幼兒為中心」，或做到師生共同設計；或至少

能充份了解幼兒的發展與需求，然後配合各種條件設計出以一個生活中重要的問題爲中心的完整性活動；便是教師評量所持觀點的重要依據之一。

㈡目標

　　若按工學模式的特徵來看單元教學活動設計，教師對其目標的評量應注意到：

　　1.單元目標是否符合教育的目標

　　2.目標是否是依幼兒的發展程度（起點行爲）而訂立的

　　3.目標的訂定是否包含三大教育目標的領域

　　4.目標（單元及行爲目標）的敍寫是否正確

　　而過程模式或質的模式則主張從幼兒的實際活動來搜集資料，以作爲課程決策及達成或修正教育目的的依據。

㈢內容

　　1.內容是否是針對目標而來的

　　2.內容是否符合幼兒的發展程度（難易度）

　　3.內容是否符合幼兒的興趣及需求

　　4.內容是否包含統整的六大課程

　　5.內容是否動靜態的活動均顧及

　　6.內容是否注意到季節性與地方性

　　7.內容是否注意到文化的傳承與介紹

　　8.內容是否是無性別歧視

㈣方法

　　1.採用的教學法是否能充份的反應內容的特質

　　2.環境的佈置與是否合乎遊戲中學習的理念

3.活動的形式和過程的轉接是否合宜（即活動的流程）

4.教具或資源的使用是否合宜

5.教師本身的準備度是否充份

(五)評量

針對單元教學活動的學習效果的評量，應注意到：

1.評量工具（符合性）是否針對學習目標來選用

2.評量方法（多樣性、統合性）是否合適

3.評量標準（客觀）是否合適

4.評量時間（前評量、中評量、後評量及追蹤評量）是否合適

5.評量的態度（隱私性、專業化等）是否合適

6.評量結果的應用（診斷性）是否合適

表10-3 單元教學活動設計的整體檢核表

單元名稱：	班		老師
項目	內　　　　　　　　　　　　　容	是	否
所持觀點	1.是否為幼兒自發		
	2.是否是師生共同設計		
	3.是否是教師依幼兒的發展及需求所設計的		
目	1.單元目標是否符合教育的目標		
	2.目標是否是依幼兒的發展程度		
	3.目標的訂定是否包含三大教育目標的領域		

標	4.目標（單元及行為目標）的敍寫是否正確		
內	1.內容是否是針對目標而來的		
	2.內容是否符合幼兒的發展程度（難易度）		
	3.內容是否符合幼兒的興趣及需求		
	4.內容是否包含統整的六大課程		
	5.內容是否動靜態的活動均顧及		
	6.內容是否注意到季節性與地方性		
	7.內容是否注意到文化的傳承與介紹		
容	8.內容是否無性別歧視		
方	1.採用的教學法是否能充份反應內容的特質		
	2.環境的佈置與是否合乎遊戲中學習的理念		
	3.活動流程的轉接是否合宜		
	4.教具或資源的使用是否合宜		
法	5.教師本身的準備度是否充份		
評	1.評量工具是否針對學習目標來選用		
	2.評量方法的選擇是否合適		
	3.評量標準是否合適		
	4.評量時間的安排是否合適		
	5.評量的態度是否合適		
量	6.評量結果的應用是否合適		

其他有助於達成單元教學活動的相關因素的評量，如針對教師、環境、內容與方法等的評量亦均要考慮上述評量所須注意的項目。畢竟，單元教學活動設計的完成，除是幼兒學習目標的達成外，其實更是許許多多相關條件相互配合所致。表10-3的格式，可作爲大家發展單元檢核表的參考。

二、注意事項

㈠評量的觀念

教師須具有正確的評量的觀念，知道自己所要評量的是什麼，並擁有進行評量的技能。

㈡評量的重點

除幼兒的學習結果外，應重視整體性、全面性的教學評量。即上述所列的項目均是評量的重點。

㈢評量的方式

評量的方式很多，教師可視教學評量內容，選擇以觀察、記錄、口述、表演、操作或作品等來進行，因爲以幼兒的發展特性來說，選用實作評量（表演、操作、示範、作品等）要比紙筆測驗合適；其次，避免使用固定的評量方式，以防評量結果不夠客觀。

㈣評量的內容

　　教學評量應包括前評量、教學活動中的評量、後評量及追蹤評量。尤其單元活動的進行是一種動態的過程，幼兒一點一滴的在改變，若能透過教學和活動中的評量（形成性的評量），則可隨時修正活動的目標、內容或方法，對助長幼兒的學習及教師的教學活動設計都有較大的幫助。

㈤客觀性的文字描述

　　教學評量的結果，最好能反應出內容與品質，故客觀性的文字描述會比較具體清楚，不過，如果評量的標準已非常明確當然也可以符號代替。

㈥避免標記化

　　評量的結果可作爲教師改進教學及輔導幼兒的依據，同時也可作爲家長教育子女的參考。所以要避免標記化（labeling），如認爲甲幼兒聰明、乙幼兒愚笨等，而影響教學的客觀性。

㈦評量資料的建檔與管理

　　評量的資料應妥爲建檔與管理，因爲唯有清楚的記錄資料及有系統的整理，才能讓這些評量的結果有效的累積和被運用，否則教師辛苦的結果極可能變成相關工作者想參考卻看不懂或不想看的垃圾資料。

　　隨著本章節的說明及作業的練習，相信大家對單元教學活動設計已有不少的認識。現在最重要的，是去園所收

集一些現場的資料，進而發展出單元教學活動設計，再拿到教室來和本課的教師討論一番。

本節思考重點

1. 你認爲在單元教學活動設計中，評量的必要性爲何？

2. 如果現在要請你來規劃單元教學活動的評量，你會如何來選擇有關的評量方法？爲什麼？

3. 如果你是一位工作繁多的幼教老師，你會如何進行評量工作？

4. 你認爲應如何使用這些評量的結果？你會如何處理這些資料？

5. 利用表10-2及10-3，對附錄中的四個設計實例及自己的設計進行分析與評量；若有疏漏處，可加以修正。

❖❖❖❖❖❖❖❖❖❖❖❖❖❖❖

參考書目

瞿述祖（民56）：單元教學活動設計的基本理論。臺北：臺
　　灣書店。

第四篇

方案式課程

首先，「方案」（program）是屬於由專家學者或有關機構設計提倡的「理想的課程」，從理論基礎及各課程要素的設計，到整個課程實體的完成，其工程已相當浩大；若再加上教學現場的實施，各層次的評估；人力、物力與時間的耗費自然不小。

　　但隨著幼兒教育的興起，國外資訊流入，以及沒有統一課本的彈性；國內幼教課程除使用單元教學活動設計外，也出現標榜「蒙特梭利教育法？」、「皮亞傑課程？」與「開放式教育」等，不同於「單元」或「標題」的課程設計。

　　對於這些由國外傳入的方案式課程（Schwartz & Robison, 1982），到底具有何種理論基礎？該如何施行？對幼教課程的發展又有那些幫助呢？這的確值得教師及課程編訂者好好的認識與思考。

　　因此，本篇將透過「蒙特梭利教育方案」、「皮亞傑理論下的課程設計」、「開放式教育課程設計」以及文化大學青少年兒童福利系及研究所附設兒童發展觀察研究中心，十年來所實驗的「混齡編班的幼教方案」；來說明園所與教師層次，如何去詮釋及認定所欲使用的方案，又如何去付諸實行等；至於評量則視各方案的性質來介紹。

　　希望這樣的探討有助於國內幼教課程的正常發展，好讓幼兒不再只是提前「上小學」，而能有屬於他們這一階段生命該有的生活與發展。

第十一章

蒙特梭利教育方案

目標
● 熟悉蒙特梭利的教育觀
● 認識蒙氏教育的內容
● 瞭解環境在蒙氏教育方案中的重要性
● 激發研究此一教學法的興趣
● 開啓運用蒙氏教育方案於本土課程的基本能力

　　早年我國的幼教前輩，便頗受福祿貝爾與蒙特梭利教育理念與教學法的影響；而今，在臺灣，福祿貝爾與蒙特梭利仍是赫赫有名，尤其是福氏恩物與蒙氏教具的運用歷久不衰。其實除開恩物或教具，他們窮畢生之力投入並研究教育，且提出許多重要的論點，才是最深最大的貢獻。

　　故如何深入的鑽研他們理論的精華，使理論、教學方法及恩物或教具成爲一套完整的教育方案（program），運

用於現代幼教之中，應是有心吸收福氏或蒙氏教育觀與教學法者，所必須努力的。

只不過，國內多年來是以「單元教學活動設計」為課程設計的主流，故師資的養成過程中，也就缺乏對福氏或蒙氏理論與實務做較深入的討論與實習。因此，有心以福氏或蒙氏的理論為基礎來發展方案者，必須自尋訓練管道；卻也引來「正統」與「非正統」之爭？尤其是有關蒙特梭利師資訓練這方面。

這應該是基於對蒙特梭利教育貢獻的推崇與尊敬，以及確保蒙特梭利教育理念傳承的品質所致；畢竟這是蒙特梭利耗盡畢生心力，也是她的後進者不斷努力的成果。當然不是買了蒙氏的教具或上了幾次有關的課程，就一定能通盤了解或靈活實施的；故鼓勵接受專業的訓練並透過證書制度來保障，實無可厚非。

不過，若因此而減少了瞭解蒙氏的機會，這對一般只知蒙氏之名或聽過蒙氏教具就以為已經瞭解蒙氏者，無非是增加誤解的機會。因此，當本篇要介紹「方案式」課程時，流傳在世界各地的蒙氏教育方案便成為首要之選。

但在尊重專業的前提下，本章所介紹的理論基礎、方案的實施與評估；僅供課程發展與設計之參考，將來有心以蒙氏教育方案為自己的課程發展模式者，應做更深入的探討與實習。

第一節　蒙特梭利教育的理論基礎

談起瑪麗亞・蒙特梭利 (Maria Montessori, 1870
—1952)，就不免想起在一九〇六年，她成功的幫助心智障
礙的孩子學習之後，隔年在義大利桑羅倫索 (San Loren-
zo) 貧民窟中所展開的幼兒教育計畫。對五十名三到六歲
的貧民窟的幼兒而言，「兒童之家」(Casa dei Bambini;
or The Children's House) 是一種新的生活，但對蒙特梭
利來說，卻是教育原理的研究 (Gettman, 1987)。

然而，瑪麗亞・蒙特梭利並不是一位理論家，她沒有
設計一份獨創的理論架構，也沒有要求把科學應用在單純
的觀念上。那麼，她是如何發展出自己的教育哲學與理念
呢？主要是藉著科學的實驗與觀察，歸納及研討，並吸收
其他理論的特色而成；所以她只稱自己是「兒童的發現者」
(Montessori, 1976)。

有關蒙氏教育的理論基礎，本文除參考林道爾 (Lin-
dauer, 1987) 所提的三個基本但很重要的層面，「孩子的
天性」、「成長與發展」，以及「環境與遺傳的角色」；更佐
以蒙氏的相關著作 (詹道玉譯，民78；許惠珠、邱琡雅譯，
民79；李田樹譯，民80；Gettman, 1987) 的說明，期能扼
要的探討蒙氏教育觀的核心。

一、孩子的天性

　　蒙特梭利認為人類的幼稚期雖較其他靈長類長，但這只是組織上如此；在精神上、智力上和肢體發展上卻有無比的潛力。蒙氏相信人自出生，就具有一種吸收知識的自然能力，即所謂的「吸收性心智」(absorbent mind)。藉由吸收性心智，可幫助孩子教導自己獲得發現生命本質的知識。就像晶體逐漸從飽合溶液中形成，孩子在豐沛的環境下，吸收性心智會自然吸收這些訊息成為新的行為、模式與方向，並促進發展。

　　首先，孩子是透過一種新的內在專注力來運作，如感官的需求；接著，他們透過重覆與努力來達到協調；最後，他們開始有意圖、有目的的活動；這就他們吸收性心智下三階段的學習，促使孩子可以藉由聯結或統整學習。故沒有人是被別人所教導，每個人都是自我教育而成；這也是人類有別於動物的地方。

　　同時，蒙特梭利更發現六歲以前的孩子，有一種沒有任何明顯的理由，卻長時間重覆某種活動的強烈興趣，且這種重覆的行為，會延續到一種新的功能爆發式的出現才停止；她稱這最初的幾年為「敏感期」(sensitive period)。此期的孩子能從複雜的環境中，選擇適合其成長與其成長所需的事物；而其所獲得的經驗，將提供往後心理和人格發展的基礎。故蒙氏主張讓孩子透過與環境的互動，創造屬於自己的人格結構。

　　由上可知，在蒙特梭利的眼裡，孩子是一種易感的生

物，具有天生的美德與內在的驅力（inner-motivation）；可藉著與環境互動發展成自我管理、自我酬賞、自我實踐、自我控制的獨特性個體。

二、成長與發展

「成長」主要是指個體在量方面的改變；而「發展」是個體依其預定的目的成長而言。故發展是持續的，是個體無意識與有意識的創作的一部分；且根源形成於生命的第一年。

善於觀察與記述的蒙特梭利曾記述在生命初期的孩子，必須建立二種機能：運動機能和感覺機能；透過「運動機能」，孩子學會平衡感，學會走路和身體動作的協調。透過「感覺機能」，孩子接收來自環境的感覺，藉著不斷的觀察、比較和判斷環境，他們漸漸的熟悉環境；並形成智能的架構。

蒙特梭利認為運動神經和感覺機能的發展原則是由單純到複雜、由具體到抽象，並有其敏感期；且這六期敏感期與下列孩子的內在需求有關（Gettman, 1987）：

第一期：從出生到五歲左右，孩子有充份練習各種感覺的需求；如：以口和觸覺探索環境的需求，故被視為感官知覺的發展階段。

第二期：出生三個月後才慢慢產生並可延至五歲或五歲半，此期的孩子開始對人的聲音及嘴巴相當敏感；他們會模仿人的聲音，但不會學狗叫；除非是人裝的狗叫聲。因為孩子是藉由與人的溝通模仿語言。故此期為孩子探索

語言的一個重要的時期。

第三期：是發生在孩子第一次生日後，兩歲達到高峰，三歲開始下降；他們需要秩序，或者說是需要穩定的生活作息或有結構的環境；這樣的環境有助於孩子內在秩序感的建立。但此期常被父母忽略，或以為孩子只是鬧情緒，而不知道是他們不滿意外在的無故變動，值得大人多加注意。

第四期：約在二歲左右，此期孩子有了感官、語言與秩序的經驗之後，他們開始對細微事物發生興趣，他們不再只是看到眼前最明顯的，他們更注意到細微的事物；同時去思考它。這是蒙氏所強調的「細微」，一種能從所有現象中去發現「細微」並運思的發展特徵。

第五期：約在感官發展之後，兩歲半左右到四歲之間，主要是動作的協調，也就是身體的控制；不管是手、腳、指頭、口等，故洗手、擦手也是此種需求下的反應，而非他們愛乾淨。

第六期：也是敏感期的最後一期，約在二歲半到五歲左右，此期的孩子對社會關係，如：友誼，規範等；具有強烈的興趣。可引導他們認識與社會文化有關的知識；而禮貌、餐桌習俗、祈禱、或關心他人等是基本的規矩。此期為孩子六歲以後的智能發展提供發展的助力。

由此可知，敏感期不僅反映出孩子每一階段的內在需求，也顯示了孩子依序獲得知識的特徵；故如果孩子無法在每一個敏感期得到應有的樂趣，則這天生的學習機會將永遠喪失。故按著每個孩子的敏感期去做準備，便是蒙特梭利的課程領域，以及設計感官與日常生活練習等教具的

依據；這些教具之所以出現是因為孩子的需求與興趣，而非大人所指定。

　　以上內在需求與敏感期的觀察，也是蒙氏不談「遊戲」而說孩子喜歡「工作」的主因。這是蒙氏與其他兒童教育或發展學家觀點最不同的地方，因為她認為遊戲是渙散的，不真實的；孩子是為內在需求而工作，他們喜歡工作；是自我發展的一部份。他們並不需要白日夢等不真實的遊戲。

　　不過，此一論點的關鍵也許是蒙氏對遊戲的定義過於狹窄，視遊戲為幻想、白日夢；而一般兒童心理學或發展學家的定義又太廣，視蒙氏的工作為遊戲。但不管如何，有關幼兒何以會且能專注於某項工作或遊戲的原因，卻都是雙方所關心的問題。

三、環境和遺傳的角色

　　蒙特梭利雖贊成人類具有遺傳的本質，亦即孩子具有某種程度的潛力去形成和達到生活的滿足；此種有組織且統整的架構，可以決定成長並確保在有機體間的一致性。不過，她也指出此一預定的設計並未完全掌控有機體的形成；有機體其質與量的變化，仍與其生活中互動的環境有關。

　　舉例來說，「吸收性心智」代表孩子完成知識的一種的遺傳潛力，而「敏感期」是孩子依序獲得知識的特徵；在孩子生命的初年，通常是指三歲之前，其心智是無意識地吸收，吸收他所處世界中的每一件事，及發展他所有的感

覺。然後，隨著孩子的成熟，他們開始有意識的吸收性心智，且對於所處的環境變得更有選擇性；進而發展出自己的判斷力。故吸收性心智的概念之所以重要，是因為它顯示孩子是經由與環境互動而自然的學習。

就像他們會從最親密的人的社會互動中，吸收到基本的社會互動模式，並發展出個人的行為模式。舉例來說，年幼的孩子不必經由上課，就可以從與周圍人的互動學到他原本不會說的語言；但成人即使是上了課也未必能學好另一種語言。故蒙特梭利認為這就是吸收性心智與敏感期對語言學習所產生的影響。也就是說，如果孩子的潛力能得到環境的配合，就可以造就一個完整的個體。

故蒙氏教育方案所須的並不是豪華的屋舍，而是和一般園所的環境一樣安全、乾淨、溫暖、舒適、與明亮的空間，及適合孩子尺寸的桌椅設備；加上天天為孩子開放，且能反映他們內在需求的蒙氏教具。

從以上的論點可知，蒙特梭利相信孩子具有天賦的發展潛力，及依序出現的內在需求；當這些需求得到環境的配合，孩子的天賦的潛力便得以發揮，進而成為完整的個體。既然孩子是主動的與環境互動，進而自我修正及發展；那麼，蒙特梭利能做什麼呢？

蒙氏表示就是要向孩子學習，從孩子身上去找到可以配合他們內在需求的互動環境；然後為孩子準備之。故受過醫學及心理學實驗研究訓練的她，根據當時的觀察與研究的結果，發展出動作、感官、語言與知識、書寫、讀書、算術及品德等課程領域；其組織的方式是讓孩子依照自己的身體和狀況去作選擇，訓練自己去觀察環境；進而做物

體間之比較，形成判斷、推理及作決定；故在教學策略上便是尊重孩子及觀察孩子；而觀察更成爲當時蒙氏進行評量與修正的手段（Montessori, 1965）。就這樣，蒙氏的理念有了具體的內容與做法，並在世界各地流傳與推廣。

本節思考重點

1. 請詳細閱讀一本描述蒙氏理念的書，先整理其中的觀點，再分析自己的看法？
2. 請觀察一名五歲以前的幼兒，試試能否察覺「吸收性心智」的存在及「敏感期」的特性？
3. 你贊成蒙氏對「孩子的天性」的看法嗎？爲什麼？
4. 你贊成蒙氏對「遺傳與環境」的看法？爲什麼？
5. 蒙氏的理念對你設計課程上有何影響？

第二節　方案的實施

要談蒙氏教育方案的實施，不免也會遇到正統？非正統？的證明問題。不過，如果有人潛心研究蒙氏的理論與方法，並能像蒙氏所說的，從孩子身上學習，且隨著觀察與實驗的結果，修正及改變教育的方法或策略；則即使他們沒有證書，相信蒙特梭利也不會介意的。

就像現在大家所談論的蒙氏教育的課程內容及教具，也並非停留在蒙特梭利時代，更包括後來研究者所添加的部份；如：蒙特梭利自己的手冊裡的分類 (Montessori, 1965)，就和其他著作：如傑特曼 (Gettman, 1987) 或林道爾 (Lindauer, 1987) 的分類略有不同。故本節也想以較開放的尺度來介紹此方案，好讓大家知道如何透過課程的領域與組織的原則，及預備的環境與師生角色來達成此方案的目標。

一、目　標

在蒙特梭利對孩子的天性、發展與環境的信念下，方案的主要目標是幫助孩子自然的發展；使成為自足、圓滿且適應的成人；進而有一個和平的世界。故幫助孩子發展出自發性的人格和養成一種獨立、自信、自律、自足及自

我管理自己的活動習慣是此階段之目標。

二、課程的內容

為達到上述目標，蒙氏順著敏感期的特徵，如：感官、動作、概念或學業能力，以及文化與藝術等能力的發展；由淺至深，由具體到抽象；研究設計出感官教育、日常生活練習教育、語言教育、數學教育與文化教育等五大科目或領域。(相良敦子原著，新民幼教圖書公司譯，民77；Gettman, 1987)

至於這些科目或領域的名稱，雖與和我國健康、遊戲、語文、工作、音樂及常識的六大領域課程略有出入；但除開遊戲一項，其餘各領域所強調的發展特性是類似的。所以，這些科目之間的關係也是平行重於先後順序；不過，科目本身則有明顯的順序性。現分述於下：

㈠感覺或感官領域

蒙特梭利認為感官活動是一切智能發展的基礎，因此，感覺領域的課程，其直接目的在使孩子感官敏銳；間接的目的在培養孩子之觀察、判斷、區別、比較、歸類之能力與習慣。如此孩子才能發展一種探索環境、適應環境的能力，也是個體適應環境之最佳準備。

為此，蒙氏精心收集、整理、改良和發展一系列的感官教具，計有十六種（如下）；目的在促進感覺區辨的技巧，以及對形狀、大小、顏色、重量、溫度和質料等概念。

1.圓柱體

2. 粉紅塔

3. 棕色梯

4. 長棒

5. 彩色圓柱

6. 色板

7. 幾何圖形嵌板

8. 幾何學立體

9. 構成三角形

10. 觸覺板

11. 溫覺板

12. 重量板

13. 實體認識袋

14. 音筒

15. 味覺瓶

16. 嗅覺瓶（音感鐘）

(二)日常生活練習領域

自由的活動是動作發展的基本要件，而動作領域或日常生活練習領域的課程是在協助孩子克服身體的困難，脫離對成人的依賴而眞正獨立的工作。因此，安排基本運動、社會行爲、對環境的關心，及對自己的照顧等各種日常生活練習的活動；以幫助孩子學到許多生活自理的基本技能，發展大小肌肉、動作和肢體的協調、學習自我控制、培養獨立、自主、專心、合作等態度；並知道如何與人溝通及建立良好的人際關係。

故配合日常生活練習的內容，教具亦分爲：

1. 基本運動（握、搬運、坐、倒水的方法等）。

2.社會行為（打招呼、打哈欠的方法等等）。

3.對環境的關心（鋪床的方法、除掃、澆水的方法等）。

4.對自己的照顧（洗手、擦鞋、換衣服等的方法）可取材自真實的生活環境，但要合乎孩子的尺寸。

㈢語文領域（說、聽、讀與寫）

在孩子生活的環境裡，有太多接觸語言，甚至文字的機會；若以孩子是主動的個體，會主動與環境互動、吸收來看，則語文的學習將無所不在；它可能和孩子各種工作的操作一起存在，且不分個別或團體。

1.語言的學習

蒙特梭利認為語言與聽覺息息相關，若要訓練孩子的語言能力，須先訓練其聽覺，如：注意聽取、辨認、區別周遭所發出之聲音，以為孩子能注意更精確的語言聲音而準備。且平時教師和孩子交談時，應注意字的發音要清晰與正確。

正式的語言訓練，由命名練習開始，採用塞根的三段式教法，它包括：

(1)命名（naming）：如「這是厚的」。

(2)辨認（recognition）：如「把厚的給我」。

(3)拼音（the pronunciation of the word）：如「這是什麼？」

藉由以上的練習，不但可增進孩子清楚而精確的語言能力，亦是使其獲得某些基本概念的重要機會。

2.文字學習

孩子經由動作教育或稱為日常生活練習，以及感官的練習等活動，四歲左右便已具有讀、寫、算之良好準備；

再運用一些書寫操作的練習，以及文字組合教具，幼兒很快便能發展到書寫和閱讀的能力。

3.配合語文領域的教具

　　(1)語言教育（教具）

　　(2)金屬嵌板（感覺教具與語言教具的橋樑）

　　(3)砂紙文字

　　(4)畫卡集等

㈣數學領域

　　感覺活動中，如：序列、大小等的基本練習，便與數學（尤其是算術）領域的課程息息相關。同時，蒙特梭利更藉由具體的概念，運用教具和教學活動，逐漸地把抽象的符號和概念一一介紹給孩子，並且透過具體的教具操作將孩子導入抽象的四則運算之中。數學領域的課程主要在增進孩子邏輯思考、解決問題、推理等數理能力。其中屬於幼兒的算術教具有：

　　1.數字棒

　　2.砂數字板

　　3.數棒和數字板

　　4.紡錘棒箱

　　5.0 的活動

　　6.郵票遊戲

　　7.取數遊戲

　　8.奇數和偶數

　　9.使用數棒的特別練習

　10.靜態十進法

　11.動態十進法

12.塞根板

13.數的消除等

㈤文化領域

從蒙氏的理念可知，個體與環境關係密切，教育一者要幫助孩子發展為獨特的個體，再者也要幫助孩子適應這個世界；包括適應他所生存的物理環境和社會需求。故文化領域的課程包含地理、自然科學、歷史，而人類的藝術或休閒活動自然也包括在內；幫助孩子瞭解所生存的空間，以及人在世界上的活動，扮演的角色，進而快樂自在的生活。

正因文化會隨各地各國而不同，文化教具應由各地各國的教師多多發展設計：

1. 音樂（音感鐘等）

2. 地理（地球儀、世界地圖拼圖等）

3. 植物（植物卡等）

4. 其他：因地因國而設計之，如：實際的地形模型、國旗及圖片外，各國、各地民俗風土的文物：服飾、娃娃、水果或食物等；或人類或生物的進化史；生物或無生物標本、圖片；可操作的科學儀器；以及藝術作品或各種美勞材料等；視實際需要設置。

基於「發現兒童」的真義，以及研究發展的精神；上述課程內容及教具只是一個概況，實際的工作者可能因孩子與社會的需求不同，延展出更豐富的內容。

三、課程組織原則

　　既然蒙氏強調孩子具有吸收性心智，及敏感期的特徵，其課程組織的方式自是以孩子內在需求爲出發點；因此，必須仔細觀察孩子，並充份瞭解可以幫助他們發展的活動，如：評估每科各個活動間的關聯性，然後依序組合之；以書寫活動來說，便包括圓柱體的操作、分豆子、到用手指輕畫砂紙字體，再進入書寫；此種組織方式被稱爲「間接性的預備」(Gettman, 1987)。

　　可見課程的組織不僅考慮到各領域課程本身的順序性，更兼顧各領域間的關聯性，雖不是以生活爲中心的單元來統整課程，以致被批評爲技巧與學業導向；不過，蒙氏表示她所做的只是反映孩子的需求。因此使用此方案者應牢記「孩子」才是課程組織的中心，以免整個方案只剩下教具的操作。

　　就像有人提到蒙氏的課程內容是以教具爲中心，由於教具是依孩子各敏感期去設計，故順序性很清楚，孩子只要照自己的進度去操作教具；不必特別按年齡規畫（相良敦子原著，新民幼教圖書公司譯，民77）。這種方式的優點是孩子可以按照自己的能力去發展，不須由他人來指定；但最後會不會眞的忘了「孩子」，而只注意到孩子在「教具」上的成果，便是此課程最具爭議的部份。

四、預備的環境

若孩子是蒙氏課程的中心，則環境就是課程的基礎；蒙氏認為任何教育計劃的施行，**首要的是提供孩子安全、真實且適合孩子尺寸的環境**；以激發孩子發展她或他自己的步伐；尤其是能幫孩子引起其自我知覺，自我支配的動機。**此外，還需要：**

㈠秩序

人與物都是環境的一部份，秩序的第一步是將設備與教具按孩子的發展及其特殊的目的，整齊的安置在孩子容易取得的區域。這些區域擺有小桌子、小椅子和小地毯，依孩子的個別性去達成他們的個別工作；進而成為秩序的一部份。故教師首先是將預備環境介紹給孩子；爾後，孩子被允許在他們需要和希望的環境中，和自己選擇的教具工作。

㈡自由

傳統的蒙氏教育強調個別化學習，如此一來，幼兒可以自由地在已設計好或適合他們需要的環境中選擇工作，學著用感覺和運動能力去操作。然而孩子的自由也是隨著自我意制的逐漸形成而更有自制力；教師得視孩子的發展特性來協助他們。

不過，自由之所以重要，除因為它提供一個孩子可以自然學習的環境及教師觀察的現場外；更重要的是孩子從

中發展獨立，並培養出獨立於未來生活的能力。因此，教師的任務就是準備具感應性的環境，並做必要的示範。

(三)美感

為了助長孩子感官的發展，以及增加藝術和天性的美感；除了井然有序、几淨窗明，使用的教具與設備也應注意色彩、形狀與材質的協調性；藝術品、植物、圖片及窗戶應擺在視覺範圍。但如果這些美的事物限制了孩子的行動，不敢去使用，就不適合孩子；應該予以去除。

(四)社會性

蒙氏認為人類的發展，只有在與他人互動時，才能實現，因為只有在團體中，個人的潛能才會被發揮（Montessori, 1976）。不過，在這裡不強調集體上課；若安排集體上課，也是為未來的生活做準備。另混齡班級可以幫助孩子自然的發現彼此間的同與不同，以及如何相處、協調、彼此關心等社會技巧。

(五)自然

人是自然的一部份，孩子也喜歡大自然，對自然界的感應性更是高；因此，除應提供孩子接觸大自然環境的機會外，園所本身應該就是自然的一部份，有花有草、有小蟲、有動物；並由孩子來管理照顧。

(六)各區域的建構

這個環境是根據孩子發展的特徵及課程領域所規畫，包括室內與戶外兩方面；同時，應反映孩子生活上的基本

需求。

　1.室內方面

　　根據課程領域通常會有日常生活活動區、感官活動區、語文活動區、數學活動區、文化活動區、自然科學區及藝術、音樂、美勞等區，以及與各區有關的設備及教具。

　2.戶外方面

　　也是環境的一部份，和一般園所一樣，它需要有陽光、新鮮的空氣，以及動的、靜的、可動可靜的區域，如：固定遊樂器材區、可活動遊樂器材區，內有各種幫助孩子動作發展與社會關係的遊具；另外，植物栽種區、動物飼養區、沙池、水池、樹屋，或供緩衝休閒的區域等。(吳玥玢，民78)

　　以上各區，孩子可以自由選擇，只要不干擾到他人，並不限制孩子操作活動時，一定得在某一特定區域之內。

㈦教具的選用

　　除由簡而難、由具體到抽象外，還應考慮性質的孤立化、可自我訂正、美感、適合孩子的拿取與可移動外，教具的擺放應隨幼兒需求及課程領域來更換（即間接性預備），使其在孩子可選用的量上是足夠，但每套有限的原則下，自由選擇。如此當孩子執意看上他人正在操作的教具時，只好心甘情願的耐心等待與輪流使用；不然，他就改選別的工作來操作。

　　這是基於現實社會中，並不是人們想要的就能馬上得到，如果眞的想要，則學習「先來後到」的等待，也是眞實生活的一部份。不過，整個教具的擺設與選用，所強調

的並不是輪流，而是遵從個人的興趣；只要不侵害到他人的權益或行為；孩子可以在一個具有個人特色的環境裡，表現出自我控制、對教材的尊重和環境的尊重，以及對他人權益的尊重。(相良敦子原著，新民幼教圖書公司譯，民77；Gettman, 1987；Lindauer, 1987)

對孩子而言，「預備環境」是美好的地方，不僅具有吸引力且能刺激他們去照顧、愛護並與環境互動，進而吸收，操作、專心工作、擴展經驗及天生的好奇心；助長獨立性、自我控制、自我信賴和內在酬賞。

一位擔任蒙氏教育方案的教師語重心長的表示：欲從無到有的去架構一個這樣的環境，並非是購買一些現成或進口的蒙氏教具即可；而是需要教師全心投入、逐步去規畫、甚至要自製或上街去尋找合適的工具，使之能符合蒙氏的精神呈現在孩子面前。

因此，一個全新的蒙氏教室雖有各工作或活動的區域，却不是充斥所有蒙氏教具的教室；而應是一個能反映當時新生發展與內在需求的環境。因此，需要教師示範的教具通常不會一下子全都擺出來，所以，如果有人以為蒙氏教室就是把所有現成的教具或比較有名的某類教具大量的擺在教室各區即告完工。那麼，稱之為陳列室可能還比較恰當。

總之，這套教育方案雖有相當完整的教材與教具，但仍須教師依據現場觀察來組織與修正，如果拘泥於現成的形式恐怕就會產生僵化、缺乏創造力等，使用不當的副作用了！故教師的角色分外重要。

五、教師的角色

按照蒙特梭利的說法，並不是每個人都能夠成為這種教學法的教師，縱然受過良好觀察技巧的訓練，也能為孩子預備環境；應付孩子個別的需求和引導孩子們使用適當的教材；但還必須在這個強調個人特色的方案中，散發出愛與尊重、耐心與瞭解；進而成為孩子社會互動的榜樣（Lindauer, 1987）。

何以尊重孩子是如此的重要呢？因為蒙氏發現孩子能體驗控制及掌握工作的真正喜悅，他們並不需要外在的獎勵、競爭或相互比較；但完全的尊重，卻可以幫助孩子如同大人般地去尊重另一個人。

舉例來說，當孩子出現不成熟行為或不當的行為，或教具未按本身的秩序取拿時，教師會如對待大人般理智的處理，而不是衝動的指責他；教師會站在孩子的立場去思考其中的原委，再做最恰當的反應。不過，孩子若有破壞行為，仍會被教師制止並失去使用教材的權利，雖然，這種規則的執行相當嚴厲，但孩子自己很清楚其中的理由（Hainstock, 1978）。

故分析蒙氏教育方案中的教師，具有以下角色：

㈠環境的維護者

為孩子準備適合個別需要的環境。

㈡觀察者

隨時觀察孩子的行為,「以不帶成人偏見的眼光來看孩子」,來瞭解孩子的發展和需要。

㈢示範者

教師應適時為孩子示範教具的正確操作方法,並成為環境中行為的示範者。教師做示範,卻不會告訴他們模倣錯誤;取而代之的,只是再一次示範或引導選擇另一個新的教具。

㈣支持者和資源者

在孩子需要時,教師會隨時出現在孩子身旁,成為孩子情感的支持者和學習活動的最佳資源。

總之,教師以尊重孩子的立場,不干擾孩子專注的工作和活動的自由,與孩子建立和諧而積極的互動關係,使孩子在教師為其準備好的環境中,獨立自主的活動。故要能完成這些角色,須經過良好的帶領與訓練,並不是一畢業就能充份勝任的。

至於,孩子的角色;從理論基礎開始,他們就是方案的核心;他們需要自由、主動地去探討和教導自己,從中習得如何去學,去認知、選擇、識別及成為一個獨立的個體。

六、時間

　　當孩子可以依自己所須的時間、速度與節奏去工作；每個個體的差異性就得先被接受。在這種狀況下，孩子所遵循的是完成此一工作週期的秩序。即選擇工作，然後，選一個能完成此工作的區域；並在工作作完後將教具歸回原處。每個人都按自己的步調行事，且尊重他人的步調。

　　不過，在一個團體之中，往往還是出現一個時間表；除是回映年幼的孩子需要穩定的生活作息之外，也提供較大的孩子與環境中的訊息互動；進而具有時間概念。更何況，孩子越大，社會性興趣也漸明顯；關心他人與團體是發展的一部份。故時間表可由教師觀察全班幼兒的狀況來規劃，如：個別工作、小組和團體的時段；當然也可以跟孩子一起討論，使其能滿足全體的需求。

七、淺談國內蒙特梭利教育方案

　　國內目前也不少標榜「蒙特梭利教育法」或「蒙特梭利學校」的園所，其中雖有些只是「順應潮流」；但不乏學有專精，又有辦學理念者。他們知道幼兒、家長、社會需要什麼？幼兒教育的真正目的與功能是什麼？因此，當蒙氏的教育方案和他們的理念可以相結合時，他們就很清楚的做了起來。

　　陳淑芳（民80）曾進行蒙特梭利教學模式與一般單元

教學模式的比較研究，其中她是以蒙特梭利理想園爲例說明該園當時、該階段的發展狀況；頗可作爲蒙氏教育方案在國內發展狀況的參考，現摘要於下：

㈠教育理念

1.尊重兒童（兒童本位）。
2.兒童是有能力的個體，可以自我教育自我發展。

㈡教育目標

培養健全，獨特的個人。

㈢教育計畫

1.安排一個有吸引力的環境，讓幼兒自由的探索，快樂的發展成獨特的個體。
2.順應兒童需要，彈性變化。
3.強調學習的過程。

㈣課程內容

1.領域：日常生活練習、感覺、語言、數學與文化教育。
2.依個別差異和興趣，個別實施。
3.偏重基本能力與概念之培養。
4.由教具傳達，教師詮釋。

㈤活動形態

1.混齡的大團體。
2.個別活動爲主，以及隨機的二至三人的小群活動。
3.注重個人職責。

㈥環境佈置

1.開放的空間。
2.自助式的設備。
3.依學習功能區分區域：如日常生活練習區……

㈦教師角色

1.教具的示範者。
2.環境的維持者。

㈧親職教育

1.協助家長瞭解幼兒個別特質。
2.針對家長需要安排活動，如個別談話，教室觀察等。
3.鼓勵家庭聯誼。

㈨作息時間表（單天）

```
7:40   開始入園
8:00
 〉    脫外套、自由活動
8:30
 〉    集合　團體時間
9:00
 〉    工作時間
11:00
 〉    團體時間
       帶活動、說故事或分組活動
11:30
```

```
        ～   午餐時間
            半天班（一）陸續接走
12:00

12:30
        ～   集合
 1:00
        ～   工作時間、視聽時間或戶外散步
 1:30

 2:00
            午睡或自由活動
        ～   四歲以上的兒童不勉強要求，依個別需求而定
            二歲半至三歲半的兒童一定要睡
 2:30   半天班（二）陸續接走
 3:00

 3:30   集合、吃點心
        ～   自由活動
 5:00
            集合、收玩具
        ～   陸續接走
 5:30
        ～   全部回家
 6:00
```

　　上述資料，所能顯現的，雖僅是一個園所從理念到施行的簡介，但足以告訴大家，人們如何將自己所相信的信念，轉化為目標與行動；其中還特別提到該園為家長所進行的親職教育。就整個方案的發展來說，已具規模；相信

隨著觀察與實驗的繼續進行；今日此一方案必有更豐富完整的發展。

　　但不管如何，一個方案的誕生，需要經過多次的澄清與抉擇，所以，今日的蒙氏教育方案，即使是有證書的；也不可能和蒙氏當年所想所做的完全一樣。但她的信念，如：尊重孩子，發現孩子；必將成為幼教工作者永遠的座右銘。

本節思考重點

1. 拜訪國內實施蒙特梭利教育方案的園所，觀察他們如何運作此方案，其課程是以教具為中心？或孩子為中心？並請教他們的心得？

2. 試詮釋你所知道的蒙氏教育方案？

3. 在蒙氏課程架構下，應如何設計才能符合蒙氏尊重孩子的論點呢？

4. 試比較此方案的課程設計與單元教學活動設計間的異同。

第三節　評量與爭議

　　有關當年蒙氏發展及設計這些教育內容與教具的整個工作，以及所產生的實體，乃至於「兒童之家」的實驗；蒙氏都是以一種內容描述的方式呈現在一些有關的書籍中。若以今日研究的類型來說，應就是對自己所發展的內容進行「質的研究」。

　　至於她所陳述的內容是否客觀周全？則只要能說服閱讀者，並有助於閱讀者做出自己所相信的這些論點；便具有實質的意義與影響力。故本節所要討論的並不是蒙氏當年的種種，而是後來方案工作者所面臨的問題。現分評量與爭議說明之：

一、評量

　　關於本方案在教室層次實施時，應如何來進行評量呢？原本答案應該很簡單就是「觀察」。因為蒙氏對教育目標的基本主張是幫助孩子自然的發展，因此她也從自然的觀察中，去獲得達成此目標的各領域課程及教具；按課程發展的程序來說，應屬非工學觀，重過程的模式。

　　但再開放的過程，隨著無數次的觀察與修正，內容必然越來越清楚明確，而其中的教材或稱為教具者，也必然

越來越層次分明。然而，這是後來方案實施者所未曾經歷的過程。因此，大家不免就把焦點放在具體的「教具」上，甚至提出以「教具為中心」的課程觀。弄得一些自稱是蒙氏學校的園所，不論在何時或何地，擺設上卻都很相似。

　　故對於這樣一個經過多年實驗而成的方案，方案的實施者若只套用既有的架構，而忘了從「孩子」身上去學習，去聽聽他們說些什麼？操作些什麼？在那裡操作？遇到什麼困難？有什麼新的發現？有什麼新需要？否則即使它再完備，也只是一個複製品。

　　此外，是有關方案效果的評量，雖然，過去是有一些評量報告，但都不是隨機取樣，且資料都有瑕疵；尤其是有關如何實施這個方案上，並沒有明確的定義；加上評量工具間的差異性，評量結果往往互相矛盾。在這種情況下，雖然許多報告都說自己所評的是理想的課程；但實際上，差異很大。就像陳淑芳（民80）的研究，也僅能指出兩種課程模式上的一些差異，至於何者是理想的方案，恐怕不是她的研究可以回答。

　　因此，國內採用此方案的園所，應多多交流，甚至組成課程發展團體，針對蒙氏的理論基礎、課程的目標、內容、組織、環境、教具、教師本身及孩子的學習行為與結果等項目，分析評量所需要的資料，然後做出評量計畫，包括：何時做？誰來做？怎麼做？用什麼工具或方法等？一同為質與量都能兼顧的課程評量共盡心力。則「蒙特梭利學校」將不會只是「招牌」而已了！

二、爭議

從一九〇七年到今天，兒童之家的成立至今已八十多年；而蒙氏的教育方案雖起落於世界，但也稱得上是歷史悠久了。對此，林道爾 (Lindauer, 1987) 整理了一些資料，由於部份資料距今已二三十年，所提的問題現已不盡如此，但仍可做爲方案實施者自評與提醒：

㈠教具的不可變性與教材的結構性

拜耳 (Beyer, 1966) 認爲蒙氏教育方案將學習內容窄化在某種特定的感官及空間概念中；且認爲這些練習可做爲未來學業技巧的基礎；是不眞實的說法。而哩喇 (Lillard, 1973) 則批評蒙氏教具的設計都有特定的目的與使用的方式，這種缺乏彈性的作法只在掌控而非處理或產生知識。另艾爾坎 (Elkind, 1983) 則堅決主張此種教學法會阻礙孩子的創造性和想像力。

不過，蒙特梭利的支持者卻贊同若要培養孩子獨立自主，就需要嚴厲的規則及格式化的環境 (Rambusch, 1962)。在二、三十年前，產生以上的批評與答辯；雖可能眞的是課程本身的問題，但亦可能是方案實施策略傳遞錯誤，或者是使用者本身及實施機構的問題所致；但希望都已是過去式了！

今日，許多蒙氏支持者可以透過書籍、影片與訓練課程去瞭解、討論及澄清蒙氏的教育精神或理念。他們不只是照本宣科，更是去實驗向孩子學習的可能性，並從自己

的國家與社會去尋找課程內容，及研發與製作新的必要的
教具。

　　雖然在孤立化原則下的蒙氏教具其目的是單一，卻是
因著孩子的發展而設計的；只要孩子是自願且能滿足的操
作；或許旁人就不必過度操心了。更何況，新一代的支持
者認為只要孩子能尊重教具的使用原則，他們可重組或多
元使用自己所熟悉的教具，甚至因為進行的工作「工程太
浩大」，導致孩子們必須互相合作；從表面上來看是掌控
教具，但它所真正反映的卻蒙氏所說的，孩子在豐沛的環
境中，學習經驗會相互連結，就如同晶體在飽和的溶液中
自然析出一樣；孩子透過外在的新組合，完成自己的內在
發展；這一切不是技巧而已。

　　故真正的問題不在教具或環境，而是本源的教育觀。
教育觀若不澄清，誤把「秩序」說成格式化，強壓一群想
要協調筋骨的孩子靜下來操作教具，那麼，再好的教具也
發揮不了功能。希望國內不研究理論、只買教具的園所要
多加注意。

(二)創造力的不被重視

　　同樣的，上述的批評者又指出蒙特梭利教育方案中，
缺乏自由的藝術教具，且孩子使用藝術教具時，已被指定
在一既定的目標上創作，只強調技巧及實體複製的做法；
顯然是創造力不被重視。

　　但蒙特梭利的支持者則反駁說，提供孩子製作技巧，
並不會抹殺小孩子的創造力。他們甚至辯解說，假使孩子
知道使用畫筆，來畫出可供辨認的東西，那麼繪畫才具有
深遠的意義 (Standing, 1957)。

說到這一點，真的是今非昔比；首先許多蒙特梭利學校的教師並不拘泥於形式，在環境裡就已經安排了許多有關藝術、音樂等的機會；不僅是圖片、雕像、各種藝術品，還提供材料；並鼓勵孩子與環境互動。另有些人還特別針對音樂、美術等，設計延展的課程。

雖然有些傳統的蒙特梭利學校還是嚴守傳統，但若曾仔細閱讀過蒙氏的作品，必會對她描述孩子如何利用幾何圖形嵌板及色筆設計出各形各色的圖形印象深刻。或許，她是太科學、太有效率，以致能從觀察中找到可以幫助孩子美感或創造力的基本元素，並設計成孩子最能接受的方式呈現在環境之中，大家反覺得沒有創造力。其實她所努力的不就是現代教育喜歡說的「境教」嗎！

(三)不重視透過角色和戲劇的扮演表達情感

許多的理論家均表示了角色扮演或戲劇扮演提供孩子一個合理的方式去表達出不滿的情緒或建造一個想像的世界。但蒙氏支持者認為，孩子必須在他們真實的世界中接受缺失 (Orem, 1971)；何況角色扮演並不能導致在真實世界中掌握知識、成就或獨立自主的喜悅 (Gitter, 1970)。

基於蒙氏相信孩子必須透過與真實的生活環境互動才能學習，因此，她是給了孩子一個真實，但有秩序的環境；所以，孩子可以在那樣一個設計下的環境，朝向她所預定的目標發展。舉例來說，一般的園所是以玩具廚具或碗盤來進行娃娃家的扮演；而蒙氏教室則一律是真實可操作的，儼然大人般的做事，成就感自然高，自我滿足的孩子又那來的壞情緒。因此，她致力於鼓吹及期許其他的大人或家庭，都能提供孩子這樣的環境。

不過，孩子對社會關係的興趣往往是自發且直接的；小女生一邊切菜，一邊數落著旁邊那位被稱爲「爸爸」的小男生，都不幫忙；小女生是在扮演，但內容卻可能是來自眞實的社會所透露的訊息，藉扮演顯示出她對父母或男女角色認同上的一些觀察；故牽涉的可不是學習切菜便能自足的問題。如果她不是經由此種自發的扮演行爲表現出來，教師又從何知道這小女生注意到這個問題呢？

　　故孩子雖然必須學習面對現實，並在眞實的世界裡解決問題；不過，扮演也非一無是處，它或許解決不了眞實的問題，但可以幫助師生淸楚問題的根源。這可能也是新一代支持者也開始把扮演加進蒙氏教育方案裡的緣故吧！

(四)缺乏增進社會互動及語言成長的機會

　　蒙氏的批評者認爲方案中太講求個人特色，缺少大型的團體活動；且宣稱蒙特梭利教學法所教出的學生缺乏合作的社交技巧。但蒙氏的支持者則表示，合作和社交技巧是來自獨立自主和信賴自己的合理結果。

　　在實際參觀的園所中，許多孩子雖從事個別性的學習；但二、三個人聚在一起的小團體也不少；再者，敏感期的最後一期是孩子對社會關係產生興趣；根據蒙氏的說法，此時必須安排有助於此種內在需求發展的環境，怎能說不注重社會性呢！更何況蒙氏也承認個人的潛力必須在團體之中才能顯現，故孤僻自負並不等於獨立自主。

　　至於大型團體活動，應是視大家的需要而定；如果不是大家都需要，人是坐著但心早不在；既不能培養出社會性，恐怕還會形成不良的學習態度。以理想園的作息表來說，不也有很多自然形成的大團體嗎？

第十一章　蒙特梭利教育方案　411

看了這些爭論，再度肯定課程設計者的觀念對課程發展的重要性；教師若很清楚自己何以如此組織或設計課程，並能找到合適的教材與教學方法；儘管也可能出現爭議，卻可視為檢討改進的好機會；課程的發展也就越來越成熟。

　　同時，更提醒大家：現成的課程雖省事方便，但要慎選善用；別忘了孩子是活的，只有能回應學習者的課程對學習者才有意義。

本節思考重點

1. 收集國內蒙氏教育方案的有關報告，瞭解其所面臨的問題？

2. 請分組討論如何進行本方案的評量，並配合參觀活動；試著使用在當天孩子的學習活動上。

❀❀❀❀❀❀❀❀❀❀❀❀❀

參考書目

吳玥瑉（民78）：兒童之家──一個準備好的環境。成長幼
　　教季刊，*Vol.1, No.1*。

陳淑芳(民80)：幼稚園課程研究──蒙特梭利教學模式和
　　一般單元教學模式之實證比較。師大家研所碩士論
　　文。

相良敦子原著，新民幼教圖書公司譯（民77）：蒙特梭利教
　　學（理論與實際），一至四。臺北：新民。

詹道玉（民78）：蒙特梭利教學法。臺北：崇文書局。

許惠珠、邱琡雅譯（民79）：發現兒童。臺南：光華女中。

李田樹譯（民80）：童年之秘。臺北：及幼。

Gettman, D. (1987). *Basic Montessori: Learning Activ-*
　　ities for Under-fives. N. Y. : St. Martin's Press.

Hainstock, E. G. (1978). *The Essential Montessori.* N.
　　Y. : Mentor.

Lindauer S. L. K. (1987). Montessori education in
　　young children. In J. L. Roopnarine & J. E. John-
　　son (ed.). *Approaches to Early Childhood Education.*
　　Ohio: Merrill Publish Company.

Montessori, M. (1965). *Dr. Montessori's Own Handbook.*
　　N. Y. : Schocken Books.

Montessori, M. Jr. (1976). *Education for Human Develop-*
　　ment. N. Y. : Schocken Books.

第十二章

皮亞傑理論下的課程設計

第十二章 皮亞傑理論下的課程設計 417

　　皮亞傑對心理學界的貢獻已是有目共睹，在討論到有關課程的心理學基礎時，曾大致介紹過皮亞協認知發展理論及其對幼兒思考的關注點；相信大家對他試圖站在孩子的立場，去瞭解他們的思考模式及理由的研究精神必定印象深刻。而今，他的學說改變了許多人對孩子的看法，雖然他本身並未投入兒童教育的現場，但他的觀念卻廣被學者、研究者及教育實務工作者所接受與傳播。

其中，有的是擷取他的精神，如：相信孩子是主動的學習者，主要是提供孩子可以自由探索、自在工作的環境；即高廣度認知導向的幼教課程（the high/scope cognitively oriented curricrlum in early education）。有的則是根據他的研究結果，如：探討如何幫助幼兒表徵能力（representational competence）的發展時，發現家長若讓孩子主動的處理問題，則有助於發展其表徵能力；但事實上，從心理學的觀點來說，則是要求孩子把自我和此刻所發生的種種分開；故席格（Sigel, 1970）將家長的這種教學策略稱之為「距離策略」（distancing strategies），進而成為距離模式幼教課程（a distancing model in preschool education）。此外，還有一個設在麻州大學人類發展實驗附幼的「建構遊戲學校」（the school for constructive play），則將皮亞傑建構論的觀點，由觀念到可操作的活動發揮的淋漓盡致。

　　其實，皮亞傑所影響的課程方案並不止這些，但已可以看出人類吸收資訊之後，再現或表徵的方式是如此的不同，而這一點不就是皮亞傑所強調的：不是答案對錯的問題，是為什麼會有這樣的答案？如果每位課程設計者或幼教工作者都能知道自己在做什麼？且知道為何而做？則對錯必自明。就像瞎子摸象，如果它知道自己所摸的只是大象的一部份，也就不會說大象是柱子了！

　　總之，本章無法全面介紹所有與皮亞協論點有關的幼教課程，但很希望藉由下面的說明，引發大家在吸收某一理論時，也能經由思考發展出具體的策略與行動；則來自人們的理論才有機會回應到人類發展的現場去。

第一節 高廣度認知導向的幼教課程

　　根據威克特與修偉恩哈特 (Weikart & Schwein-hart, 1987) 的介紹，在一九六〇年到一九七〇年之間，高廣度幼教課程的理念和實行方式在威克特的領導下，有了更深入的研究及完整的模式。且隨著幼兒自然發展的主張，高廣度幼教課程更被整合成一個新理念，使其更適合於新興人口中的幼兒。同時，高廣度幼教課程也被系統化，並廣泛運用在眾多美國及美國以外國家的學校裡。

一、歷史沿革

　　在一九六〇年的早期，威克特主管公立學校 (Ypsilanti Public School System) 的特殊教育部門，對於學校教育的失敗非常關心，高比率的留級、特殊教育的安置，以及被退學生的問題都令人擔心，於是他希望能透過學前教育的研究，降低學生進入傳統學校教育模式的失敗率。

　　而一九六二年沛利學校方案 (Perry Preschool Program) 所帶動的高廣度認知導向幼教課程，可說是啟蒙教育計劃 (Head Start Program) 中，第一個透過幫助學齡前兒童超越貧窮問題的幼教方案；更是一個具有追蹤效

果的縱貫性研究的計劃。這個計劃是源自於心理學者的理論和學前教育的教師們直接和幼兒接觸之後所得到的結果；而皮亞傑對幼兒發展的理念，則提供此一課程的基本架構。

二、理論基礎

高廣度幼教課程的理論基礎是來自皮亞傑對兒童的發展觀，主張幼兒是一個主動的學習者；對周圍的事物具有很好的學習動力。故在高廣度幼教課程中，教師和幼兒是在「共同」的氣氛下一起工作並且互相尊重。而教師所做的是安排一些有趣的室內活動和維持每日一定的作息，鼓勵幼兒學習如何安置各種事物並預測結果，以期促進幼兒健康聰明的發展。

㈠孩子具有主動學習的能力

高廣度幼教課程最具爭議性的論點，是教師要讓幼兒們能主動和有計劃的學習他們的知識。幼兒的知識來自於其個人與周遭環境的相互影響，故教師的角色是提供這些經驗並幫助幼兒對之進行邏輯思考。一般而言，幼兒是以一種觀察和推理的科學方法去學習。此科學方法的本質，是來自自由學習及幼兒認知結構的平衡與調適。

今天典型或傳統的學校教育，其運作原理與高廣度幼教課程理念是背道而馳的。因為在典型的學校教育中，教師是被看成主其事者，要直接傳達知識給幼兒並令其學習；幼兒在此不需要發現或重組資訊。此種直接式的教育

技巧，如：將主要的學習內容打散成片斷去比較，再問幼兒一個問題去證明幼兒接收了此資訊。如果幼兒的答案是正確的，教師便稱讚幼兒並鼓勵他繼續下一部分。假如幼兒沒有成功，則教師將從頭開始重覆此一教育技巧。此種學習僅能加強模仿能力，幼兒所能做的只是在回答一些固定的答案。而許多教育學者認為，此種直接的指導方式對幼兒的學習是不利的。

(二)教師的角色

高廣度幼教課程中的教師也是一個主動的學習者。在每天的計劃中，教師學習如何對待幼兒和處理教室活動的經驗，並努力去發現每名幼兒獨特的技能和興趣；故教師可藉由觀察師生的成就與互相支助的方式來向自己的工作挑戰。

但教師並不是限定幼兒的範圍，而是傾聽幼兒的計劃並與幼兒一起積極的工作。此時，教師問問題之技巧就很重要；如：「發生什麼事」、「此東西要如何操作」、「你可展示給我看」、「你能幫助其他幼兒」等等；著重於引發幼兒參與其間，產生新的資訊。故單一答案性的問題，如：顏色、大小、數字或尺寸等，很少被使用。此外，教師向幼兒問問題之風格，也有助於建立幼兒與幼兒間的語言模式。

故在高廣度的課程中，有關教師的訓練主要的是針對一些特定的目的；如：教師必須適應實際的工作（空間佈置等等），帶領團體幫助幼兒從課程中學習經驗，並幫助他們加以整合，促使他們去練習、思考、分享，再進一步將自己的意見整合到他們自己的想法中。此外，物理的和社

第十二章 皮亞協理論下的課程設計

421

會性的課程也是幼兒必須學習的，教師也須定時的學習。

　　總之，高廣度幼教課程與傳統課程的不同處是視幼兒為主動的學習者，強調幼兒獨立思考和解決問題的認知能力。故在高廣度幼教課程中，教師須不斷的評量幼兒的發展狀況，並呈現各種有利的挑戰以延伸幼兒的認知和了解；教師的觀念與能力對課程的運作有很大的影響。

三、藉每日例行工作完成主動的學習

　　認知課程每日的例行工作，是由計劃—做—檢討 (plan-do-review cycle) 的順序及其他數個要素所組成的循環。此計劃—做—檢討的重要處，在於能提供幼兒適當的選擇自己的活動，現介紹於下：

㈠計劃時間 (planing time)

　　這段時間除讓幼兒構思外，也給幼兒們適當的機會表達自己的想法，研究這些想法的可行性，進而鼓勵他們自己做決定。

　　而教師的任務便是在幼兒實行計劃之前，和幼兒討論自己所提出來的計劃，幫助他們把自己的想法、主意在心智上形成一個影像，並知道如何去進行自己的想法。

　　對教師來說，這是和幼兒一同去發展一個計劃，去鼓勵和回答幼兒的想法，甚至是去建議一些有益於計劃的意見，具有了解、評量幼兒發展和思考模式的功能；故師生皆得到利益，幼兒得到加強補充，使計劃趨於完善；而教師可以知道幼兒在此計劃中那裡需要幫助，師生各扮演適

當且同樣重要的角色。

(二)工作時間 （work time）

在計劃─做─檢討的循環原則中，"做"是屬於「工作時間」，是段長時間的單獨時期；在此段時間之前，幼兒要先完成計劃，然後在工作時間裡，教師和幼兒都將忙於活動之中。

剛開始，教師對此課程中的的角色頗感困惑，因為他們不能帶領幼兒工作，幼兒是在執行自己所計劃的工作，故他們便自然的在旁觀看。其實這就是教師此刻的角色：觀察幼兒；看他們收集資訊、互動的情形，視機提供解決問題的途徑、給予鼓勵、或加入幼兒的活動。

(三)收拾時間 （clean-up time）

在計劃─做─檢討的原則下，「收拾」這個要素具有緩衝的功能；教師不妨利用此段時間提供適當的時間和空間，讓幼兒經由收拾習得認知的技巧。其中，教室的組織將影響幼兒收拾材料的技巧，如：在開架式櫃子中的所有的材料及物品，應被貼上標籤或圖片，幼兒可藉由此種安排，確實的將工作材料或物品放回原來所放置的地方；這一來不就是物體形狀與功能的配對嗎！

(四)回憶時間 （recall time）

在計劃─做─檢討的原則中，回憶是最後一個階段；幼兒在這個適當的過程變化中發展出自己的經驗。此刻，他們可能會想到共同參與計劃的同伴，亦可能畫一個建築物的圖畫，或敘述自己所遭遇的問題。故回憶的作法往往

是口頭回憶過去的一些事項、畫出圖形或回顧他們的計劃；這使得幼兒的計劃和工作時間暫停，也讓教師有機會支持幼兒其真實工作與原始計劃間的關係。

㈤小組時間 (small group time)

基本上，此處的小組時間和一般園所的規則是相同的。為何相同？因教師所提供的也是來自於幼兒之文化背景、田野旅行、季節、以及適合幼兒的團體活動；如烹飪、群體藝術創作等。活動沒有跟隨一定之順序，但是反應了幼兒的需要、能力、興趣及認知的目的。

每一幼兒都有機會去做個人的選擇，教師只是延伸了幼兒的想法和行動，如：問一些開放性的問題，鼓勵幼兒表達自己的想法，並用自己的方式解決教師所提出的問題。一個有活力的小組時間，可以給予幼兒一個探索材料和物體之機會，且藉此感覺幼兒與教師是一同工作。

㈥大團體時間 (large group circle time)

在這段時間內，教師集合全組或全班幼兒進行十到十五分鐘的團體，如：玩遊戲、唱歌、做手指遊戲、律動、玩樂器或分享一件特別的事，提供所有幼兒彼此分享的機會，更將小組中的討論成果分享給所有人。

此外，在這套課程運作的初期，教師每星期會做一次家庭訪問，通常訪問的主要對象是母親和幼兒。當學校提供家庭知識和練習時，雙親也必須加以練習以達成有關幼兒和家庭的目標。正因如此，高廣度課程以其品質保證帶動了家長的參與，故當家長與教師站在一線時，家庭訪問

也就可以停止。

四、幼兒發展的關鍵經驗

不管是採用何種觀點的教育工作者，卻都會問出同樣的問題：那些經驗對幼兒來說是最關鍵重要的？高廣度認知導向的幼教課程將之分為下列八大領域：

1. 主動學習的能力
2. 活用語言
3. 表達自己的經驗與理念
4. 分類
5. 排序
6. 數字概念
7. 空間關係
8. 時間

而上述的領域均可再細分為多個經驗；以下是以「主動的學習」和「數字概念」為例，說明之。

(一)主動的學習

1. 以所有的知覺來探索
2. 經由直接的經驗發現各種關係
3. 操作、轉換及組合教材
4. 選擇材料、決定活動與目標
5. 獲得使用工具與設備的技巧
6. 大肌肉的操作

7.學習照顧自己的需求

㈡**數字概念**

1.數字與數量的比較：數字比較大／小、相同；數量比較多／少、相同
2.以一對一對應的方式比較兩個集合中的數量
3.背誦式的計數

事實上，教室的學習經驗無法包涵全部的經驗，況且任何一個活動都可能引發各種類型的關鍵經驗；不過，上述的領域與細項，仍是幫助教師更清楚的思考幼教課程的有效工具。此外，這些關鍵經驗在建構課程的同時，也兼具開發新的領域與經驗的功能。因此，高廣度課程的教師，也陸續發展出音樂、電腦及戲劇的經驗。故希望關鍵經驗能使高廣度課程不僅繼續存在，並得以發展為促進幼兒健康生長和發展的工具。

五、有關的評量

關於本課程的評量，以下分幼兒經驗及課程效果兩項，簡述之：

㈠**幼兒經驗方面**

關於高廣度課程在幼兒觀察記錄方面，現以「數字概念」為例，說明之：
1.能比較數量、事物的多少

2.能判斷出連續數量間是相等的

3.能比較不連續數量的大小

4.能判斷出非連續數量間是相等的

5.能以一對一對應的方式比較兩集合間的數量

6.能背誦數字從一到三

7.能背誦數字從一到五

8.能數到二

9.能數到二以上

10.幼兒嘗試做加減運算

11.幼兒嘗試並成功的完成加和減的運算

(二)課程效果之研究

從沛利學校方案的追蹤研究發現，接受此課程者在學校成就、社區表現及工作意願上，都與未受幼兒教育組有所不同，且呈現正面的效果。更要緊的是，這樣的幼教方案不僅益於個人；對於減少社會犯罪率、青少年懷孕等，也具有積極的意義。站在社會成本的角度，對納稅人支付幼兒教育的費用，也算有所交代。

總之，這樣一個歷史悠久的幼教方案，即使它的名號國內並不很熟悉，但它的精神，如：幼兒是主動的學習者，其最佳的學習是來自自我計劃的實踐；故教師的任務是將教室安排成興趣區域，維持每日的例行活動，支持並加入幼兒的計劃，且適時提出問題，以幫助幼兒身體、智能與社會性的健全發展；卻早就廣被國內幼教工作者所使用。

本節思考重點

1. 你贊成幼兒是主動的學習者嗎？會不會因情境而有不同？請以觀察幼兒的結果來回答。

2. 請觀察一園所的課程運作，分析其與此方案有無類似之處？並訪問該班教師對設計課程所持的論點。

第二節　距離模式

席格 (Sigel, 1987) 在介紹距離模式的幼教課程時，提到它的起源是來自一個與中下階層白人和黑人幼兒表徵能力發展研究有關的計畫。換言之，這個幼教課程方案的產生是為了驗證當時研究者所發覺的問題，如：分類時，來自低收入的黑人兒童，將立體及真實物品分在一組的頻率顯然高於對圖片；但中產階級的白人兒童，則可將立體或真實物品與圖片視為平等。為何會有這種結果呢？是智力的問題嗎？倒也不是。那麼，是什麼原因使得樣本在此分類測驗中，出現圖片不同於實物的矛盾呢？

於是研究者便著手探討個體如何從實物學習，進入表徵的學習；亦即個體如何領悟圖片雖無生命，但它與其所代表的事物有著關聯的認知過程；包括：將此刻的事件與過去某一類似的事件聯結的記憶重組 (reconstructive memory)，以及在看過二度空間的圖片之後，能出現立體的影像；即具有空間的想像性 (spatial visualization)。而這樣的研究過程便引發了下面的幼教課程。

一、理論基礎

本方案的根源亦來自皮亞傑的學說，以及韋納 (Wer-

ner, 1957/1978）與席格（Sigel, 1970）的研究結果。其主
要觀點包括：

1. 兒童天生具有將其經驗組織及轉換成爲某種表徵的能
   力。

2. 兒童是主動、向外發展的有機體。在其向外發展的過
   程中，更與環境相互影響。由此，兒童建構了社會與
   物理的實體；這些建構對這些實體的心智表徵亦有影
   響。

3. 建構的過程通常是由整體到分化，且隨著分化與統整
   產生新的組合，並成爲適應未來生活情境的基礎。

4. 由於兒童亦生活於社會之中，故在發展組織的過程
   中，有一部份也取決於兒童其社會距離經驗；如最初
   的教養環境──家庭。而它便是提供一些不相關或矛
   盾的事物，但卻是發展表徵能力所需要的「距離經驗」
   的第一個地方；學校則是另一個地方。在這些地方，
   個體以本身所具有的潛能與這些距離經驗交流，進而
   產生各不相同的表徵能力；同時也反映出各人的行
   動、態度與價值。

5. 兒童以不同的層次參與在環境之中，故瞭解及使用符
   號的能力，也隨著兒童如何處理這些矛盾的經驗而改
   變。如果解決之道是經由心智重組出更新且完整的經
   驗，就表示認知上有成長。
   這些發展上的改變呈現出階段般的順序，從而提供修
   正此發展歷程的刺激；擴展並重組表徵經驗，以增加
   其抽象性。而這些轉換過程之所以可行，是因爲兒童
   天生具有認知功能的潛能。

6. 兒童生物特性與社會經驗的聯合，形成足以與物理、

社會及人際實體互動的知識（建構）。而此種知識的獲得不僅提昇個體的主動性，也能促進對新經驗的適應力。

7. 此一知識系統及這些已知的知識，可在兒童天生的潛能及社會情緒的經驗（包括文化因素）下，做有限度的修正。認知系統對同化新材料，及對此一新知識所做的調適的開放程度即認知的成長。

8. 認知上的改變未必是有意識的，通常，個體對此改變的知覺似乎是自然而有；但此一改變的洞察力卻可經由家長及教師的教學策略來引發。

基於上述觀點，席格還舉出三個與表徵能力發展有關的原則：

1. 兒童是經由表徵來瞭解他們所處的世界。
2. 表徵能力的發展有其順序性。
3. 表徵能力要能完整的發展，有賴於和物理與社會環境適當的互動。（摘自Sigel, 1987）

從這些原則可知，對於幼兒表徵能力的發展，家長或教師是可以開發一些有利的活動的，換言之，對幼兒發展的瞭解可幫助教師成為一個有效率且獨立的決策者。

二、教師的角色

在此方案中，教師是去引發四歲的幼兒產生活動與反應的關鍵；教師不僅要具有學說的觀念，更要有實現這些

觀念的教學策略。如：安排環境、組織課程，及適時的與
幼兒對話；亦即教師要非常敏感，有反應；且能抓對時
機。故教師必須主動加入每一個計畫的會議，與工作人員
討論；分享經驗與教材，並做好課程計畫。

　　對教師而言，課程計畫與做決策正可活化自己的表徵
能力，進而成爲更有反應的參與者。

三、課程計畫

　　基本上，此方案的教室與一般角落式的教室並無不
同，共有八個角落；一班約二十位四歲的幼兒及兩位教
師。而其課程則是來自上述觀念，並具有清楚的目標，如：
增進幼兒對物體或事件的瞭解，及知覺自己的反應等；格
式如下：

　　1.活動名稱。
　　2.時段：指時間表，如自由活動、大團體或小組等。
　　3.課程領域：如我國幼稚園課程標準的六大課程領域。
　　4.表徵系統：如二度空間與三度空間的建構。
　　5.目標。
　　6.教材與教師準備事宜。
　　7.活動：包括過程及教師的策略，如教師對幼兒發問的
　　　策略。

　　由此計畫的格式來看，目標導向相當明顯；且以認知
發展爲主，但席格認爲社會情緒的層面是內隱於幼兒的所
有互動中；只要教師能注意到發問的方式及幼兒的反應，

必能兼顧之。以下就是此一方案所發展出來的一些教學原則：

1. 溫柔並適時的引發互動。
2. 發問而非說明。
3. 回答幼兒所提的問題，但不是賣弄或替幼兒思考。
4. 發問要簡單明瞭。
5. 給予幼兒回答的時間。
6. 問眞正想知道的問題。
7. 多元化的追蹤所問的問題來幫助幼兒尋找適當答案：
   (1)適當的使用開放性問題及有特殊答案的問題。
   (2)有時候離題的問題對某些答案的追求是有幫助的。
   (3)在離題之後，記得要回到原來的問題。
   (4)偶而可對幼兒的反應提些建議。
   (5)不管是一時無法瞭解幼兒的想法或教材，教師都應坦誠面對。

除了這些原則，最重要的還是教師對幼兒的尊重；願意等待幼兒按自己的觀點來反應及回答問題。以常規的訂定爲例，在學期之初，全班共同討論教室的使用規則；如：積木角，原本幼兒一致認爲可以全班一起在積木角玩；此時教師不加以反對，只是讓幼兒實際去經驗此項提議；隨後幼兒發現此法行不通，因爲太擠了。於是他們又藉著嘗試錯誤得到最後的答案：四個人玩積木角最合適。但問題又來了，如果有第五個人想玩怎麼辦？同樣地，幼兒經由討論做了兩點決議：當有人離開，第五人就可進；或可以和這四個人協商，看看誰願意離開？但如果沒有人願意離開又該怎麼辦？

就這樣，在教師從旁協助下，幼兒經由處理這些衝突的情境裡，建構出自己的社會實體；而基模或內在的表徵也隨之發展出來。

四、評量

來自研究的距離模式，其評量的依據也是科學化的；首先，是這些變項的操作定義，如：幼兒表徵能力、參與度、記憶重組等；然後對幼兒進行施測，其結果都相當不錯。不過，卡塔度（Cataldo, 1978）的研究則提到在距離模式下學習兩年的幼兒，到了小學二年級其數學及閱讀方面雖居於班上的前四分之一；不過，他們也被認為較愛發問、易干擾上課的秩序，且需要教師較多的注意。當然，這可能是傳統的教育不鼓勵探索或發問等行為所致。

總之，此一課程模式所重視的是教師要充份的瞭解所持的觀點，並藉由教學技巧實踐之。故在環境、教材或設備上並沒有特殊的要求，只要有助於幼兒的認知發展即可。

本節思考重點

1. 試說明距離模式幼教課程的理論基礎。
2. 此方案的課程與幼兒的認知發展密切，教師該如何才能掌握？試依據計畫的格式，寫寫看？

第三節　建構論下的課程

　　皮亞傑宣稱所倡導的發展理論是根植於一種叫做「建構論」(constructivism) 的哲學觀。建構論認為知識是由豐富的心智過程所創造，例如：思想兩個對立的事件或用變通的方式思考一個問題；這種豐富的過程並不是透過社會化或外在增強而來的。它們是心理的功能，其根源來自生物適應的過程，並且是進化的一部分。故建構論認為知識遠超過因外在增強而累積的事實。

　　當上述的心理功能與物理世界發生關係時，兒童便建造了心理結構。在皮亞傑研究下，這些結構──包括分類、保留和轉變等。而兒童建構這些系統的方式與過程，便具有很深的教育意義。故本節將先介紹建構論的教育觀，再談建構論的課程特色與評量。

一、建構論的教育觀

　　第一，建構論認為知識絕不可能簡化到僅用感官來學習，因為感官通常所提供的是不完全的資訊。教師不應只是叫兒童注意桌上有什麼，或擺設一些小動物飼養園，做做練習本；教師必須培養兒童主動與現實接觸，用心智去吸收與建構。

第二，建構論認為所謂的發展是兒童能完全地反映表達自己的思想。發展是增進意識的過程，是思考有關思考的事，是將自己所想的，透過外在的事物呈現出來。在此目標下，教育從教兒童事實轉移到教導兒童去表達自己所知何以為真；因為對問題的判斷能力，要比答案是否正確更為重要。故在建構論的教室裡，錯誤的答案往往比正確答案來得有益。

第三，建構論認為有意義的學習是學習者可以問或回答自己問題。此一信念的核心並非只是自主性的問題，而是有關學習的深度，當兒童嘗試提出並回答自己的問題，其實是和了解問題的答案一樣重要。

第四，建構論認為教育是提供學習者實驗的機會，教師提供有待解決問題的環境，幫助兒童自己設訂目標，並允許兒童自由的去做些有趣的錯誤。這些錯誤可能就是下次實驗的題材，如：藉著拼音實驗，兒童便開始去學去讀等。

由上可知，建構論的教育觀不在「傳授或教導」，而是提供各種可以引發兒童主動去思考的機會；在這些機會中，兒童不僅是去看、去聽，更重要的是去問問題、去經驗自己的問題；然後，建構出其中的關係，由外而內成為新的基模或內在表徵。那麼，園所該怎麼做才能達到此種效果呢？

二、建構遊戲學校的課程

一九七五年麻州大學人類發展實驗附幼根據皮亞傑的

學說，發展了一套稱爲「建構遊戲學校」的課程。佛曼（Forman, 1987）表示此課程共受到皮亞傑建構論、平衡說（equilibration theory），及表徵理論的影響。詳細說明如下：

(一)理論方面

皮亞傑的平衡說主要是用來支持兒童建構知識的機轉。即兒童遇到某些他無法歸類的事實時，他會產生不平衡的認知狀態；此時他若選擇重新定義該事實，則有效的學習（valid leraning）便開始。一般而言，此種學習包括下列四個層面：

1. 對應（correspondence）

即相同與相等（identity & equivalence），當一放在櫥中的物品可能與先前放在外面的是同一個時，稱爲「相同」。但當這個物品可能與先前在櫥外所看的是「雙胞胎」時，則稱爲「相等」。對幼兒來說，分辨相同與相等是很重要的。

2. 作用（functions）

也可分爲正向與逆向兩種，如用力拍球、球會彈得高便是正向作用；反之，跑得快、距離長、但用的時間卻少，兩個變數改變的方向相反，則稱逆向作用。

3. 觀點（perspective）

觀點所代表的可能是知覺、情緒或認知，如：甲和乙同看一物，但所見不同；此乃視覺知覺觀點的不同。另外，甲和乙一起去看同一部電影但感受不同，這可能受到情緒與認知兩種觀點的影響。

4. 轉換 (transformation)

對本課程來說，幼兒瞭解整個轉換的過程具有相當大的意義。舉例來說，一個球體從甲處滾到乙處，稱之為滾動。此際，眼前所真正看到的是一系列動作，由於的心智活動使之與「滾動」的字詞聯結，才產生球在滾動的概念。換言之，這是一個複雜的心智運作過程，而非只是簡單的「看」而已。

(二)課程內容

建構遊戲學校裡的課程都是根據皮亞傑的觀點，尤其是將上述介紹的理念，設計成幼兒可以探索、研究的活動，如：相同與相等的對應、轉換過程的呈現、變數間的作用關係，及觀點的改變等。現分述於下：

1. 相同與相等的對應

當幼兒首次以雙手印壓麵土時，赫然發現麵土裡有兩隻自己的小手：那是我的手，但我的手還在這兒！幼兒試著去弄清楚這二者的關係，知識的建構便開始了。然而，如何才能幫助幼兒瞭解相同與相等的不同呢？舉例來說，桌上有數個杯子，其中有兩個長相一樣，教師拿起其一並告訴幼兒：這是我的，然後放下。接著，教師請幼兒指出屬於他的杯子。此時，幼兒若能指出教師剛才放下的那個杯子，表示幼兒知道「同一個」的意思。若教師是請幼兒找出和他杯子一樣的杯子，幼兒所建構的是「相等」的知識。事實上，這只是此課程中最淺顯的例子，其他還有「三洞箱」、模擬遊戲場、輪子與斜坡等；但已顯示出工作人員設計活動的嚴謹性。

2.轉換的呈現

建構論視知識為一包涵狀態及狀態間運作過程的系統，而非刺激與反應而已。因此，面對這種動力系統，學校必須引導學習者將事實轉換成較具效應的系統。在建構遊戲學校裡的幼兒便被要求畫下動態過程，如：影子的變化、羽毛隨風降落與靜止的狀態、滾球畫、齒輪碾過的薄麵土、靜脈滴管滴畫、鐘擺沙漏所造成的沙跡等。

3.尋找變數間作用的關係

當幼兒發現人走向牆壁，影子也就跟著變小；於是他們來回的測試記錄，試圖瞭解為何會有這種改變。同樣地，在學校裡也準備一些標準化的設備，供幼兒探索變數間作用的關係。如：天平般的鞦韆，沾了粉筆灰的鐘擺球等；以鐘擺球來說，球可在黑板上留下記號；幼兒可自己調整鐘擺球的長度，以及該放開球的位置，於是他們發現拉下的繩子長度，與他們該放手的位置，以及能否擊中鎖定的目標有密切的關係；換言之，他們從中體會到變數間的關聯性，與正逆向的關係。

4.觀點

由於個體能意識到自己所經驗到的事物，同時，又能想到這些經驗中，外界、他人與自身間的關係；將有助於有效知識的建構。因此，本課程也安排了許多瞭解自身與他人的活動。

以上四項雖可自成獨立的小系統，但事實上是環環相扣相互影響。佛曼（Forman, 1990）在東京演講時，便透過設計取向的課程（the project approach）以「機器」為例子作了說明；對象是五歲半的幼兒。

首先，是花一段時間去好好的瞭解幼兒對這個主題的想法，如：討論或發問等。到了第二天，教師把大家的焦點引到教室內的紙巾抽取機 (a towel dispenser)，並要求幼兒把自己所想的紙巾抽取機的內部畫下來；藉此教師可以瞭解幼兒對機器的想法，結果發現幼兒只知道槓桿及紙，但不知道其中的機轉 (mechanism)。

　　第三天，教師為了幫助幼兒瞭解機器產生動作的因果關係，設計了一個小機器，並問幼兒是否能把這機器內部運作的情形畫下來。因此，幼兒開始分組討論，提出假說；而教師則是慎重的引導幼兒辯論以邁向事實。

　　當教師發現幼兒所想的機器運作不合實際時，決定提供簡單但與小機器運作原理有關的材料，來幫助幼兒做具體的探索。所以，第四天，幼兒們就分組進行這些材料的組合工作，當然，他們還是會產生很多爭議、辯論；但他們也發明一些辦法，並且指導其他幼兒。然後，教師宣佈即將打開小機器，而幼兒也得到驗證答案的機會。

　　不過，活動並沒有結束，教師要求幼兒將自己所知的教給其他班的幼兒；但不是面對面，而是透過圖畫，一步步的畫出來。如此一來，幼兒必須統整自己所知的，再加以分析，並以別人能瞭解的方式畫出來；如果他們畫的別人無法了解，則也表示他們也還沒完全了解。

　　這個「機器」的主題，還繼續發展了好幾週；他們不僅研究機器人的動作，還發明一系列以圖畫來表達動作順序的指令。

　　最後，佛曼表示要多多利用機會詢問幼兒：周圍的事物是如何的在改變？是何種原因使它改變？該如何把這種改變透過符號表現出來？以及這組改變是否類似於其他組

的改變？等問題來引發幼兒思考。

　　這樣的課程，正如佛曼所說的，是教師及所有工作人員不斷的思考、改進的結果；至少都具有不錯的表面效度。同時，他們也研發出許多搭配課程活動的教具與設備，與前兩節不需要特別設備的課程有所不同；其專門性可想而知。目前國內也有不少標榜皮亞傑理論的園所，是否也能如此深入的去研究理論的要旨及實踐的途徑，發人深省。

三、評量

　　既然這些活動與設備的產生都是有理論的根據，因此，有關的評量也分理論及行為兩方面進行：

㈠理論方面

1. 所發展的活動是幼兒喜歡的嗎？
2. 不同能力的幼兒來參與活動都會有教育的效度嗎？
3. 透過這個活動所呈現的是皮亞傑的那一個特定的觀念？
4. 這些活動幼兒是否都能自己探索？
5. 當幼兒試圖去解開活動中所隱藏的問題時，會產生那些認知衝突？

　　對本課程來說，上述這五個問題的評量，真是太重要了。至少大家可以放心，在這些高度反映理論的活動中，幼兒的興趣需要及發展仍是最被關心的焦點。否則，幼兒

若成爲驗證理論的工具，不就太可怕了嗎？

(二)行爲方面

　　包括對每個活動進行測驗、修正，及再測；亦即將一個從觀念而來的活動，加入人及課室管理的因素。如：物理環境無法配合或會造成觀念的混淆等，便進行修改；但最重要的還是觀察幼兒的反應。

　　看完這三種方案，大家是否更深刻的體會到理論對課程發展的影響力呢？以這三種方案來說，雖都採用皮亞傑的理論，也都重視幼兒是如何學習的問題；但課程的呈現方式却各有特點：有的視幼兒爲主動的學習者，有的分析幼兒認知的特徵，有的探討如何有效的學習；故均可作爲所謂「認知發展」觀點下的課程範例。

```
本節思考重點
1.在看過這些課程後，找一本介紹皮亞協理論的書，好
  好的讀一讀，並摘下心得？
2.試以自己的方式介紹並比較這三種課程？
3.請選一家以皮亞協理論來設計課程的園所參觀並訪問
  之。
4.請在三種課程中，自選一種延伸出具體的活動。
5.請與同學一起，完成一份根據皮亞協的理論而來的課
  程設計。
```

❖❖❖❖❖❖❖❖❖❖❖❖❖❖❖❖

參考書目

Forman, G. E. (1987). The constructivist perspective. In J. L. Roopnarine & J. E. Johnson (ed.). *Approaches to Early Childhood Education*. Ohio: Merrill Publish Company.

Forman, G. E. (1990). Piaget, art, and childhood education. Presented as keynote to: *International Congress for Child Educators*. Osaka, Japan.

Sigel, I. E. (1987). Educating the young thinker: A distancing model in preschool education. In J. L. Roopnarine & J. E. Johnson (ed.). *Approaches to Early Childhood Education*. Ohio: Merrill Publish Company.

Weikart, D. P. & Schweinhart, L. J. (1987). The high/scope cognitively oriented curriculum in early education. In J. L. Roopnarine & J. L. Johnson (ed.). *Approaches to Early Childhood Education*. Ohio: Merrill Publish Company.

第十三章

開放式教育的課程設計

- 認識開放式教育的定義
- 瞭解開放式教育的特徵
- 培養運用開放式精神設計課程的能力
- 激發創新課程的動機

　　自民國以來，我國的幼兒教育在精神上是支持進步主義思潮的；但在實際運作上，卻常常落入以教材爲中心或以教師爲中心的模式。因此，談起「開放式教育」（open education），總會認爲這是新觀念、新作風；其實讓學習者依著自己的步調學習，從做中學，重視其間過程的教學觀，早出現在我國幼教前輩的著作中。

　　事實上，麥當勞（Macdonald, 1975）在探討開放式教育時，也曾提出三個參照的觀點：歷史觀、當代觀、及語

意學上的觀點。他認爲就歷史的事件來看，開放式教育並不是意外，它早有其穩固的地位；因爲早在蘇格拉底以產婆式問答法教學開始，便是鼓勵學生思考及開創自己的答案與問題。其次，盧梭相信人本性善，是人爲（制度）使之變壞或不平等；因此崇尚自然的教育觀，且顯見於愛彌兒一書當中，開啓了自由教育思潮。

到了十九世紀後期，美國對教育界的影響漸露頭角，杜威與進步教育衆所皆知，其後雖各家看法不一；但麥當勞整理出七點認爲頗能代表當時的精神：(1)學校是一個小型的社會，(2)學校是社會的一部份，(3)人有自由與選擇的權利，(4)重視個別差異，(5)求知的方法：問題解決法，(6)師生共同建構課程，及(7)視學科爲教育上潛在的終點，而非起點。不過，到了一九五〇年代早期，美國的進步教育也逐漸式微了。

直到一九六〇年代中期，開放式教育的聲浪由英國吹入美國，再由美國吹到台灣，其間加入了皮亞傑的理論、存在主義的哲學觀等。過去所用的字眼有了變動，但追求自由教育的基本精神卻沒有太大的改變。由此可見，開放式教育並非是突發，而是有其根源的。

旣然，我國的幼教在精神上，也一直是崇尚開放自由；但現況爲何不盡如此呢？到底怎麼做才稱得上是開放教育呢？本章除先一探開放式教育的定義外，也將試著介紹此定義下所追求的課程實例；盼能和大家一起步入「已開放的幼兒教育」之林。

第一節　開放式教育的定義

何謂「開放」？或開放式教育？這個問題已被談論多年。本節將從國內外學者或研究者的論點來說明之。

一、國內學者

談到「開放式教育」，國內如：羅淑芳（民73）；張翠娥（民73）；邱志鵬（民77）及盧美貴（民77、80）等都曾討論過，現按年代介紹之：

羅淑芳（民73）提到開放式教育是將學習環境設計成不同的角落，如娃娃家、工作角、語文角、積木角、科學角等等，這些角落是依據幼兒身心發展的特徵與需要來佈置的。

另張翠娥（民73）在一篇介紹「開放式學前教育模式」的文章中，也概括的提到它的理論基礎、教育目標、教育特色等，其中談到開放式教育的課室組織是採非結構的角落佈置，提供豐富的教材教具，同一時空可以有很多項興趣活動同時進行；而其成員組織是採混合年齡編班，不以年齡、智力測驗或其他任何的標準來分班。

而邱志鵬（民77）於其介紹啓發教學與開放教育的文章中，談到啓發教學法是思考教學法的一種，強調兒童思

考及解決問題能力的培養；故在學習活動設計、題材的選擇、教學的形式上，除考慮兒童的經驗、能力、興趣與需求外，還強調兒童的自主性、獨特性與個別性。師生關係則是站在相同水平立場，引導兒童由已知的經驗出發並加以探討。

至於開放式教育的「開放」，指的是非形式與非結構，因為開放的基本理念是相信兒童有內在的學習慾望與動機，只要提供妥善的環境，兒童自然會與環境互動產生學習；兒童是學習的主體，教師扮演多元輔助的角色，可以引導，不可注入。故在教學的實行上，有下列六個主張：

1. 「空間上開放」指教室內與教室外的環境資源充份利用，室內有數個學習中心或角落等等。
2. 「時間上開放」指沒有節次，採彈性時段，容許學生依興趣速度充份自由使用時間。
3. 「結構上開放」指不分年級，不排進度課表，使學生依能力興趣選擇適合自己步調的學習。
4. 「內容上開放」指提供多種學習內容，讓學生選擇。
5. 「溝通上開放」指師生角色的雙向平行溝通，共同策劃設計學習活動。
6. 「方法上開放」指多種方法交互或同步進行，教師時而指導，時而提供資源，時而觀察記錄等。

雖然以上所提的六個主張，在尺度上仍將不易拿捏；但對於想進行或已進行開放式教育方案者，至少是提供了一些較明確的比較方向。

此外，盧美貴（民77）則稱開放教育為一種尊重兒童個性與尊嚴，打破分科制，佈置多彩多姿的興趣中心，以

鼓勵、支持兒童自主學習的教學方式。所以在環境佈置上，是以豐富而多樣性的材料來佈置一個誘導性的、能刺激思考與感受的學習環境，使兒童自主學習。環境上雖設興趣角，但注重統整學習。而盧美貴（民80）再度談到開放教育的特性，認為開放教育的教師允許幼兒選擇自己的興趣，並鼓勵幼兒熱衷於自己的興趣與學習；再者，開放並非放任，它的自由以不侵犯他人的自由為度；最後，開放學習以幼兒為中心，成人為輔導者。

以上學者雖從不同的角度說明他們所瞭解的開放式教育，其中均談到佈置環境與學習的關係，或許它是一般園所要邁入「開放式教育」最具體的手段；但其實各層面的開放都很重要，尤其是師生雙向平行溝通，共同設計學習活動的互敬精神；恐怕才是其中的根本。

二、國外學者

對於開放式教育詮釋上的眾說紛紜，其實早在一九七五年，當史波代克與沃伯格（Spodek & Walberg, 1975）合編過一本由多位學有專精且具實務經驗的教授執筆，探討開放式教育的理論來源、定義、課程與目標、課室的運作情形，及此種教育的實施等問題的「開放式教育研究集」（Studies in Open Education）時，史波代克便表示有關「開放式的教育」的定義是很難以捉摸！

故當時有人建議，何不以什麼不是開放式教育來區分，如：開放式教育並不只是一種學校組織或建築，無隔

間的開放區域若只是提供不阻隔的空間，卻無法配合幼兒的學習做彈性及多元的使用，甚至受到教師的限制，則仍不是開放式的教育。

但如果學校能擺脫傳統的領導方式，重視溝通、尊重教師與幼兒的個別性，讓他們都能做自己想做的事；則即使是傳統的教室，師生却有相同的自由、主動性及參與決策的權利；教師不再只是某種權威的代表，課程與活動是來自師生相互溝通的結果；這便是開放式教育。

由此可見，開放式教育的關鍵不是教室大小、有無隔間，而是「教育的信念與行動」。

關於信念及行動，湯馬仕與沃伯格 (Thomas & Walberg, 1975) 提出八個效標，頗值得參考：

1. **教學：引導與學習的延展** (instruction：guidance, and extension of learning)

以個別化教學為主，鼓勵幼兒自己做選擇；教師則以傾聽、觀察或以開放性的問題來幫助幼兒學習。

2. **準備：學習的環境** (provisioning：the classroom for learning)

教師對於教室該有什麼？對幼兒有何影響？負有責任；除了硬體設備、材料的選擇，團體的形態、互動狀況、氣氛或如何引發幼兒學習等；都是有關的因素。

3. **診斷：學習事件** (diagnosis：of learning events)

主要是指參與性的觀察，從觀察中瞭解幼兒真實的行為與學習經驗，作為發展課程的依據。

4. 評量：針對診斷所得的資料分析與討論 (evaluation ：of diagnostic information)

　　除可瞭解幼兒，還可以幫助教師發展有助於幼兒的活動。

5. 人性化：尊重、開放、與溫暖 (humaneness：respect, openness, and warmth)

　　即教師能坦誠的面對幼兒，將自己只是一個也會傷心、有優缺點、很人性化的人呈現在幼兒面前；則教師不必再扮演全知全能的角色。因此，教師也能尊重每位幼兒的真實面，不管是做法、想法等；並誠實的反應。

6. 追求：專業成長的機會 (seeking：opportunities for professional growth)

　　由於幼兒不僅是從學習活動上成長，也從教師言行上學習；故教師不只要在教室裡從幼兒身上學習，更要與同事溝通，參加進修活動；作為終生不斷地自我學習的最佳典範。

7. 教師的自我知覺(self-perception：of the teacher)

　　主要是指教師要能知覺出自己對幼兒與教育信念的影響。

8. 假說：對幼兒及學習過程的理念 (assumptions：ideas　about children and leraning process)

　　如：幼兒是獨立的個體，或幼兒好奇心強等；藉由這些理念可以界定出所須的學習環境與課程。

　　這些效標再度顯示教師的理念與知能，將如何決定教室的氣氛、教學的形態等等；因此，對教師而言，若能就這些方向來思考討論，其作用和邱志鵬（民77）所提之六

點；倒有異曲同工之意。

　　在國內外學者的說辭中，最簡單明瞭者莫過於「開放式的教育重在教育的信念與行動」。如果國內的幼稚園或托兒所是以相互尊重為前題，提供幼兒自由自主的學習環境，使他們充份的發展，則設不設角落並非關鍵。

　　就像一些設有角落的園所，其行動卻是由教師來指派幼兒到各角落學習，不僅顯現出以教師為中心的跡象，幼兒更是缺乏自我選擇與延展活動的機會；「尊重」與「師生共同設計學習活動」的信念盪然無存，就算有角落又如何!?

　　但怎麼做才算是信念帶動行為，進而能實現開放式教育呢？

本節思考重點

1. 請為自己所認為的「開放式教育」下一個定義，列出它的條件與同學或同事比較及討論。

第二節　開放教育的信念與行動

在經過上一節有關開放式教育的澄清，教師該如何在幼兒到校之際，提供一個符合他們的能力與需求，又能激發他們探索興趣的學習環境，進而把環境的運用權開放給幼兒，鼓勵幼兒提出自己的意見，與教師共同完成課程的設計，成為學習的主人呢？

一、澄清對師與生的信念

思想是行動的指標，對主張開放式教育的園所，其中的教師是否真的相信：

㈠幼兒

1.幼兒是課程的主體，幼兒的能力、需要及興趣是設計的考慮重點。
2.環境佈置是達成開放式教育的重要關鍵，當環境適宜時，幼兒有自己選擇活動與學習的能力。
3.由於有個別差異存在，並不是每位幼兒的學習步調都一樣。
4.幼兒會因為享受學習而更喜歡學習，即幼兒的學習源自於內在需求與動機。

5. 幼兒可由互相觀察與互相教導中學習。

6. 教學結果固然重要，但教學過程更不可忽視。

(二)自己：教師的角色

1. 教師和幼兒一樣，是平等的人。

2. 對開放式教育有充份的信心，願意成為此種教育的一員。

3. 教師是引導者、觀察者、資源提供者，同時也是學習者。

4. 教師必須具有敏銳的觀察能力、評估能力、開放性問答的能力、搜集資料的能力、組織歸納的能力、主動積極的行動力，實踐及修改計畫的能力，以及欣賞自己及幼兒的能力；最重要的是一個快樂健康的人。

在開放教育信念的薰陶下，幼兒是獨立自主，喜歡學習的個體，似已是教師想法的一部份；然而，想法還不是行動；這些想法必須經由教師角色的正確扮演，才可能達到相互尊重，發展的效果。

二、研擬彈性的時間表

對主張探索及強調經驗重組的學習過程而言，時間的彈性是重要的條件，因為每個人的學習興趣與步調各不相同，快者數分鐘後已轉入另一階段的學習，慢者可能還在摸索；再者，興趣高者可對單一問題窮追不捨，由簡到繁、由頭至尾，做深入性的探究，此時，學習者所需要的是不

打擾的時空及充份的自主權。

在這種學習步調下，教師還有必要制訂時間表嗎？就看教師是站在重視個人需求或是社會需求，還是二者折衷的角度而定。就「個人的需求」來看，幼兒若想和別的小朋友玩或說話，他自會去與人交往或互動；若他肚子餓，只要設有吃東西的地方，他就會去吃，不需要教師提醒；不過，這對剛入學或比較被動的幼兒，就是很大的挑戰；而且一個除了一早來校及放學時間之外，沒有時間表的教室，須有相互配合的環境做後盾，方有可能達成。否則，不定時的有人在吃點心、有人想睡覺；如果教師沒有周全的準備，豈不亂成一團，憑添班上的壓力。

至於從「社會需求」的角度來看：身為團體的一份子，配合團體的步調運作，本是必須學習的團體經驗；此外，教師所帶領的是一個團體，雖然要注意個別差異與需求，但面對人數多於教師十多倍以上的幼兒，有時候的確很難做到滿足每個個人的需求，因此，教師可依一天中重要的活動訂出一個大段落的時間表，做為班級運作的依據，但仍應預留彈性；因為未必每次所有的幼兒都能完全的配合。或者，教師可與幼兒共同討論出個人與社會需求折衷的時間表；如：

一早到校

自發性學習時間（一邊等待晚到的同伴）

收拾

團體活動

點心

小組

分享

戶外

中午午餐

午休

自發性學習時間（一邊等待晚起的同伴）

收拾

點心

小組

團體活動

分享

下午放學

（詳細的格式，可參考第十四章表14-3）

三、開創師生都自在的學習空間

有關空間的條件不勝枚舉，下列只是最基本的原則；但對開放式的教育而言，真正的關鍵是，教師對幼兒使用空間及自己使用空間的自由度與權利上，是否一樣？或者有何差別？其間的理由師生是否明白？舉例來說，當幼兒在這些開放的空間裡自由走動或徘徊游離時，教師是否會急著要他們趕快找到自己想玩的角落？甚至產生空間太開放，管不住幼兒的想法呢？或者教師會擔心幼兒在某個角落玩太久，不願更換，而想關閉該角呢？還是教師無法忍受四角而來的噪音，想要控制幼兒的音量呢？

就像史波代克所說的，空間的大小或有無隔間尚無法成為開放的表徵，因為當教師無法忍受幼兒走來走去，或幼兒在某個角落的興趣超過聽從教師指令時；即使是開放

的空間也只是形式而已。

㈠安全、完備的室內外環境

1. 合於安全、整潔、美觀、寬敞、通風、採光、乾濕度標準的教室空間。
2. 符合幼兒需求（高矮、大小、重量、堅固度及角度）的基本設備，如：桌子、椅子、櫃子等。
3. 充裕的設備與器材，並能配合教學目標加以佈置規劃：
   (1)備有個人與團體性的教玩具。
   (2)動線要清楚。
   (3)有彈性的隔間：可按活動受喜歡的程度，擴大或縮小。所以，活動性器材設備會比較方便。
   (4)動靜分開：鬧動的區域及戶外，均要劃分清楚。
   (5)接近水源：美勞或沙水區比較需要水，則應接近水源。
4. 清楚明確的歸放空間，便於幼兒可以自行使用與收拾：
   (1)教玩具擺放時，應先想好可能的優先活動與位置。
   (2)放置東西的位置，如：要低、開放及方便取拿；而掛衣服的地方，應接近入口處等。
   (3)供給每個幼兒及物品所需的空間。
   (4)存放空間應有事先的設計與規畫，以便能快速有序的存放。
5. 通往洗手間及戶外的通道，應暢通無阻。
6. 清潔工具應方便幼兒取拿及清理。
7. 便於教師觀察：即教室擺設後，應不阻礙教師觀察幼

兒的視野。

8.戶外環境應具備的條件：
(1)安全
(2)遊具的數量充足
(3)可滿足大肌肉的發展
(4)鼓勵社會性與創造性遊戲

9.教具或教學資源應注意下列原則：
(1)安全性
(2)易取得性（經濟性）
(3)探索性
(4)易操作性
(5)耐用性
(6)遊戲性
(7)教育性
(8)想像性
(9)多功能性

(二)依幼教目標及幼兒發展安排能引發學習興趣的環境

1.依幼兒的發展與幼教課程的目標，師生共同設計符合
幼兒學習興趣的環境。如：圖書角、益智角、美勞角、
科學角、積木角、音樂角娃娃家、大肌肉體能區、沙
水角、木工角、陶藝角等。

2.引導幼兒負責部份整理及佈置的工作。

3.教室內所展示的學習內容，不管在難易度、放置的高
度、字體或圖案的大小應是配合幼兒的程度、身材與
視線。

4.從教室內的佈置就能察覺到幼兒目前的學習內容，且

這些內容是幼兒能理解的，而不是做給大人看的（一般上軌道的園所會製作屬於家長的公佈欄）。

5. 教師要隨時評估自己所規劃學習的角落（如下列項目），當評估的答案為「是」，則幼兒正走入一間光線充足、空氣流通、物品擺設井然有序，各種學習角落也依活動形態及聲量加以劃分，動線分明互不干擾，一切都是為他們設計的教室。

(1)角落間是否動靜隔開？
(2)空間是否寬敞？
(3)動線會不會互相干擾？
(4)幼兒可以自己取用嗎？
(5)會自己收拾嗎？
(6)物品、材料的位置是否清楚且充足？
(7)幼兒喜歡嗎？使用率高不高？
(8)他們能像科學家作研究般的不受干擾嗎？

總之，室內、戶外，教具或設備，雖是以幼兒的發展為設計的重點；但空間卻是師生共有共享也共管的；要雙方彼此都覺得「很自在」才是一個開放的學習空間。

四、發展出重過程的課程

在談完尊重幼兒，平等對待，共同設計等開放精神之後；大家不免要問：設計什麼呢？怎麼設計？當課程的設計得視學習者的學習行為及教師對該行為的反應而定時，自然不是紙上設計，而是到現場去觀察及瞭解幼兒的相關

資訊。

　　此時，課程看似沒有所謂具體的目標，但隨著對幼兒的觀察與討論，很多的可能就會湧現；而教師專業的知能正可針對幼兒的健全發展，隨時調整、更換或提供所須的活動。幼兒到底可以學到什麼，也將隨著這個不斷修正的過程越來越清楚明確。

1. 根據幼兒的發展與有關條件，擬出幼兒發展的方向：可參考各種有關幼兒發展的資料。
2. 根據此時此刻幼兒的能力、需要與興趣，與幼兒討論，選出現階段的一般性目標，然後提供幼兒有關的環境與機會。
3. 鼓勵幼兒探索、發問、收集資料、做計畫。
4. 教師進行觀察與記錄。
5. 適時的發問，引導幼兒做更進一步的探索與經驗重組。
6. 評量與修正環境來配合幼兒的學習步調，自然健康的發展。

　　以上程序與前述過程模式中的羅生門模式是類似的，即：一般目標→創造性的教學活動（或自發性的學習活動）→記述→依教學活動實施評鑑。同時，也和前一章所介紹的「高廣度認知導向的幼教課程」不謀而合。

　　開放式教育是如此的重視個別差異，因此，教師能力若能應付，有可能一班十八個幼兒就有十八個計畫在進行；但是對一個才想踏入此境的新手來說，本身就是一個變數；這種新舊教師間的差異理當被接受。不是嗎？開放式教育的迷人處正是它尊重每個人的步調——幼兒與大人

（教師），教師若能看清這一點，也許就不會過於要求自己或幼兒了。

本節思考重點

1. 在教育目標之下進行開放式教育會限制它的開放性嗎？

2. 幼稚園或托兒所是一個小型的社會嗎？若是，則在這個小社會中，以幼兒為中心及以社會需求為中心之間，如何能找到平衡點？

3. 你認為自己能做到開放式教育嗎？

4. 與同學討論時間表與課程的關係。

第三節　重過程的課程與角落的運用
——以剛開學爲例

　　還記得羅生門模式的程序嗎？一個強調過程的課程並不是沒有目標，而是不預先列出具體的行爲目標；因此，本節將藉一個剛開學的情境，透過過程模式課程的發展程序，來說明班級層次課程的運作情形。

一、安排開學前的新生適應

　　以現階段的社會形態來看，托兒所及幼稚園可說是幼兒生活空間的第二個家，而園所中的教保人員也等於是他們的另一種親人；幼兒們藉由教保人員的引導，與環境中的人事物互動並學習。那麼，當教師與幼兒都是這個環境的新鮮人時，該如何開始呢？

　　一般而言，教師總是先於幼兒進入園所的，且有制度的園所通常會安排職前說明，或者讓新手教師觀摩熟手教師的工作流程，再逐步進入本身所擔任的工作；因此，新手教師可好好的利用這段時間熟悉環境，確知自己在環境中的角色與任務；這段探索與適應的過程對新手教師的意義，就如同「新生適應期」對幼兒的重要性一樣。

　　故本節所舉的例子，便是以新的學期、教師及幼兒爲基礎，並選擇幼兒一進團體生活就會面對的事項，包括：

每日例行的娃娃車接送、問早、自發性的學習活動或稱為自由選角活動、點心、以及戶外活動、午餐、盥洗、午睡等，還有一些可能配合課程而設計的親子活動、長途旅行、節慶與校慶活動等，幼兒所實際面臨的生活經驗，為觀察及引導的方向。

　　舉例來說，新生適應日就可將園所的歷史佈置在幼兒看得到的地方，並放些相關的資料供幼兒探索翻閱，以幫助新生了解園所的由來、功能、每日的各種活動與規則；從而建立幼兒愛校及愛學習之心。另由於開放式教育並不以年齡來劃分班級；故上述的佈置亦可用來提醒舊生發揮自己的舊經驗，溫故而知新，展開更有效率的學習。

二、利用環境佈置引起動機

　　教師可收集各種活動（娃娃車接送、問早、自由選角活動、團體活動、點心、戶外活動、午餐、盥洗、午睡，親子活動、長途旅行、節慶或校慶活動）的照片，一部份佈置於牆面上，一部份則做成討論用的圖卡，如此一來，幼兒既可以自由的從牆面佈置上，觀察到園所的活動，亦可利用圖片和同儕或教師討論，進而更清楚的認識園所裡的各種活動。

　　不過，更重要的是，在觀察或討論之後，一定要在環境中給幼兒有實際操作及練習的機會，別把幼兒口頭的回答，過度解釋為「他們說：他們知道了」；畢竟口頭，並不等於行為。幼兒必須經過實地的操作與練習，才能較具體的吸收所學習的內容。教師要多給幼兒練習的機會才是。

三、課程目標——一般性目標的訂定

在教師與新生和舊生都有過接觸之後，大致評估出新舊生此時此刻的發展狀況與需求；教師若有把握，可引導年紀較大的幼兒一起做計畫、佈置環境，甚至帶領新生熟悉環境；反之，若不很肯定，則可根據幼兒的需求，編擬出此時幼兒學習的一般性目標，而六大課程領域可做為聯想活動及佈置角落的參考（見表13-1）。待所有幼兒及教師都能安全自在的使用教室環境，且對團體的步調也能適應時，教師一顆緊張的心終於可以獲得舒展，其開放度自然就會增加，幼兒的主動性與參與度必然也會提高。

表13-1 課程目標與角落的關係

課程	一般性目標	學習角落
健康	• 建立良好的衛生習慣（入廁、洗手、刷牙、灑掃、收拾等） • 養成正確的飲食習慣 • 學習愛護自己的身體並照顧別人 • 知道學校內外可進行的體能活動 • 養成遵守運動規則的習慣 • 建立注意運動安全的態度	• 盥洗角 • 餐點角或烹飪角 • 室內、戶外體能角 • 娃娃家

工作	・知道各種用具的使用方法 ・養成收拾的好習慣 ・激發創作的動力 ・欣賞自己及他人的作品	・美勞角 ・木工角 ・沙水角 ・積木角
音樂	・知道學校用來提醒各種活動的聲音 ・認識學校裡的樂器 ・參與各種音樂活動 ・享受音樂的樂趣	・音樂角
語文	・知道在校一天的活動順序（可透過戲劇表現出一天活動的特徵） ・知道各種活動的用意 ・知道如何參與團體討論 ・培養喜歡閱讀的習慣 ・認識基本的表情動作 ・利用戲劇扮演演練處理問題的方式	・圖書角 ・語文角 ・益智角 ・娃娃家 ・各種小組或團體活動
常識 (自然) (社會) (數學)	・認識學校裡飼養及栽種的動植物 ・知道如何照顧學校裡的動植物 ・認識學校裡的人 ・知道如何與同伴、教師等相處 ・主動參與室內外的活動 ・熟悉團體的運作時間 ・知道學校的生日	・動植物角 ・科學角 ・娃娃家 ・益智角 ・數學角

四、角落佈置——為自發或創造性活動做準備

　　配合新學期的開始，教師可先規劃出角落的基本概況，為幼兒自發性活動做準備。下面除幼兒公佈欄外，尚有十一個角落的說明；教師可依據班上的人數、教室的大小，以及學習目標來決定角落的數量。切記，多未必就是好！

㈠幼兒公佈欄

　　可貼上教師收集的活動照，如：娃娃車接送、問早、自由選角活動（個別或團體）、點心、戶外活動、午餐、盥洗、午睡，親子活動或長途旅行，並以文字及時間標示。

㈡盥洗角

　　雖說上廁所、洗手、刷牙是幼兒在園所中的例行活動，通常會做之後，都不會逗留太久；可是如果幼兒在其他的地方沒有找到好玩的活動，而這個地方又不在教室裡面，可能就是死角了。所以，教師如何透過本角的規劃，明確的引導幼兒進行上述例行活動，或想使它成為學習生活自理的角落，都須仔細思考與設計。

㈢圖書角

　　作息時間系列圖卡、矮書架上擺著與開學有關的圖畫書、錄音帶、錄音機、寫前練習的桌椅與工具，另各類圖書、畫卡、舊報紙、宣傳單、海報等，亦可歸放在本角的

書櫃中。

㈣益智角

配合班上幼兒年齡的拼圖、操作玩具、數敎具等。

㈤娃娃家

鏡子、各類衣飾框、假牙、牙刷、繡有摺痕的抹布、餐具擺設等，幼兒可透過遊戲學習生活自理技巧。

㈥烹飪角

餐具、廚具、食物等。

㈦積木角

大、中、小形積木各一套、人物或交通工具等配件。

㈧美勞角

膠水、剪刀、布、各種紙類、彩色筆、水彩、水彩筆、釘書機（針）及打洞機等。

㈨木工角

幼兒尺寸的鎚子、鋸子、釘子、螺絲、螺絲起子、木頭、樹脂、油漆與刷子等。

㈩沙水角

沙水箱、沙或水、各種容器、收拾用的工具。

㈤音樂角

一些關於作息的兒歌、歌曲錄音帶（如暖身體操、吃點心、休息、睡午覺的音樂），或在樂器聲外，教師可錄下班上用來提醒收拾、休息或轉接活動的各種特定的聲音，兒歌圖、各式樂器、樂器使用說明圖及節奏型式圖等。

㈥體能角

各種球類（幼兒尺寸）、小型跳房子圖、跳高架、投準器、保齡球、呼拉圈、沙包、跳繩或水谷氏遊具等。

以上各角可張貼各角的活動照，如：幼兒使用材料、操作或製作作品的過程及成品等，則新舊幼兒在觀察照片之後，對角落該如何使用，應會有一個較清楚的輪廓。當幼兒會使用後，可鼓勵幼兒增添或調整角落。另外，像烹飪角、木工角，因為有火及利器，需要較多的監督，教師應視實際條件來安排；不必在剛開學就急著呈現所有的角落，或各角落的設備與材料。

五、自發或創造性活動的展開

新老師與新幼兒，該如何在新的學期與環境中，展開自發或創造性的學習活動呢？本文舉認識園所活動流程，建立幼兒使用角落的能力，以及認同並關愛園所三方面說明之：

㈠認識園所活動流程

1.一般性目標
(1)認識學校生活
(2)覺察時間的存在
(3)知道流程的順序
(4)增進語言的組織與表達

2.準備
將舊的活動照片加以整理，一部份製成作息時間系列圖，擺在圖書角或益智角，做為幼兒看圖說話或排時間序列的活動教具；或將作息做成圖示表並影印多份放在該角。至於另一部份照片則可以貼在幼兒看得到的公佈欄上，按園所一天的流程來張貼；如：娃娃車接送、問早、自由選角活動、點心、戶外活動、午餐、盥洗、午睡、及一些特殊的活動(親子活動、長途旅行、校慶或節慶活動)，並以文字標出各類活動的名稱及活動的時間（畫出幾點幾分）。

3.過程
(1)教師可觀察幼兒看到牆上照片時，他們流露出何種表情，或發出什麼訊息及問題。
(2)必要的話，教師可詢問一些曾觀察照片的幼兒，都看到些什麼？知道照片裡的小朋友在做些什麼嗎？
(3)至於放在角落的作息時間系列圖，則視班上幼兒的年紀來引導，年幼者就由教師利用這些圖卡，簡扼有趣的講述出「園所的一天」；倘若幼兒的年紀較大，就可視時間先請數位幼兒看圖說話，最後再請一位小朋友或教師精要總結。

(4)在過程中，教師可以引導幼兒將一些關鍵時段的名稱，如：娃娃車接送時間、問早、自由選角活動、點心、戶外活動、午餐、盥洗、午睡等圖卡做成謎語，讓幼兒來互猜，以增加他們對這些活動名稱的認識與瞭解。

(4)影印好的「圖示作息表」則可鼓勵幼兒自己勾打自己的作息情形。

4.注意事項

每一園所的活動方式不盡相同，有關活動的時間與順序，須視幼兒及園所的狀況來擬定。但如何才能達到和諧的運作？教師應思考的是，所訂出來的時間表是否方便教室裡的大人與幼兒，還是只方便教師或少數幼兒。

在活動後，除須觀察幼兒對園所生活的熟悉度與參與度外，還要適時給予協助，並鼓勵幼兒逐日的進步，將有助於團體秩序的建立。

㈡建立幼兒使用角落的能力

一般性目標

(1)知道前述各角的位置
(2)知道各角的用途
(3)獲得使用各角的技能
(4)培養對各角的興趣

前述所介紹的角落相當多，此處僅以音樂角、體能角及動植物角為例，進行說明：

1.音樂角

(1)目標：

①認識音樂角的功能

②知道音樂角的使用原則

③瞭解節奏樂器的操作

④培養正確使用樂器的技能

⑤培養喜歡音樂的情操

⑥辨別拍子與節奏的不同點

(2)準備：擺在音樂角的節奏樂器：木魚、響板、鈴鼓、三角鐵、手搖鈴、沙鈴、刮壺等，兒歌或音樂帶（二拍子、三拍子、四拍子）、錄音機、兒歌圖、樂器使用說明圖、節奏型式圖，張貼一些幼兒使用音樂角的活動照片。

(3)過程：

①觀察幼兒使用錄音機、樂器說明圖等的情形

②必要時，教師可介入協助幼兒認識音樂角的用品、樂器及使用的方法。並引導每位參與的幼兒說出樂器名，及操作該樂器至少一次，以確知幼兒使用樂器的能力。正確者鼓勵之，不正確者則再示範及鼓勵他們多練習。（可配合樂器使用說明圖）。

③有關二拍子、三拍子、四拍子的基本節奏型的演奏：教師可先錄下幼兒熟悉的音樂帶，好讓幼兒能自選樂器配合拍子演奏。

④觀察幼兒演唱及打拍子的情形。

⑤鼓勵幼兒找自己的好朋友，一起演唱及打拍子。

⑥可引導幼兒將自己的聲音或演奏情形錄下來，再仔細聽聽錄音帶，好不好聽、吵不吵鬧？並說說原因何在？

(4)注意事項：平日應多觀察幼兒使用音樂角的情形，並鼓勵幼兒欣賞及享受音樂；如此才能發揮音樂角的功能，避免音樂變成一個噪音製造場，或乏人問津的角落。

(5)延伸：幼兒可以組成樂隊，配合歌曲的節奏，邊唱邊演奏。

2.體能角

(1)目標：
①認識體能角的功能
②知道體能角的規定
③增進正確使用遊具的技能
④培養運動員的情操
⑤建立運動保護的觀念

(2)準備：各種球類（幼兒尺寸）小型跳房子圖、跳高架、投準器、保齡球、呼拉圈、沙包、跳繩、水谷氏遊具、置物架；以上這些物品的多寡，應視每個園所的體能角是設在各班教室內的一個小角落，還是一個單獨的室內空間（如：多功能的大寢室、有遮陽篷的風雨操場）而定；此外，也可張貼一些幼兒使用體能角的活動照片。

(3)過程：
①由於幼兒好動，一看到大的空間就會又跑又叫的，易發生危險；故教師將體能角的功能與玩法，利用圖卡或實際的活動照來引起幼兒注意。
②註明該空間的極限人數及原因，如規定該角八人，就應讓幼兒了解此限制的原因，以建立使用規則。故：

a.首先，除固定的設施無法搬開外，先不動任何體能設施，而是利用自由律動的概念，引導幼兒們模擬各種動物，徒手的在體能角內，慢步走、快步走、跳、跑而不撞到或碰到別人。

b.接著，教師可介入進行一些簡單的遊戲：老鷹抓小雞、木頭人、紅豆冰，目的是讓幼兒知道在體能角內，可以遊戲到何種程度。

c.當幼兒具有空間使用的概念與能力之後，教師便開始介紹體能角的遊具設施；介紹遊具是由簡而繁，逐次漸進的介紹，好讓幼兒仔細的探索遊具的性能及用法。

d.教師介紹遊具時，除了正確的示範外，也邀請幼兒逐一演示，以防危險動作。

e.最後，就是放手讓幼兒自行使用體能角，只要在安全的限度下，教師只是觀察不加干涉。

(4)延伸：同樣的活動原理可延伸到戶外，教師視園所及附近戶外場地的狀況，並配合室內所遇到的問題，與幼兒討論、模擬演練、實地操作，逐次拓展幼兒的體能與經驗，幼兒能掌握自己，也可減少意外傷害的發生。

3.動植物角

(1)目標：

①知道動植物角的位置

②培養觀察與記錄的能力

③養成愛護動植物的情操

④增進照顧動植物的能力

(2)準備：有關生態保護的故事書與錄音帶，園所及敎

室內外的動植物、相關書籍、小澆水瓶、動物飼料、處理動物糞便的工具、舊報紙，尺、秤、餵食記錄紙、動植物成長記錄紙、筆。

(3)過程：

①呈現一些生態保護的故事圖或錄音帶，以引發幼兒對園所及教室內外的動植物的關心。

②將與栽種或養殖的動植物有關的書籍置於動植物旁，供幼兒對照參考。

③引導幼兒將園所及教室內外的動植物，一種一張的畫下來並標上號碼、名稱及認養人的姓名；必要的話，可以影印，一份認養者保存，一份擺或掛在該動植物前。

④鼓勵動物組認養人及植物組認養人討論動植物的飼養、栽種與照顧的方法，以及記錄的方式與功能；必要時，教師可提供資料、示範，並請幼兒模擬。

⑤經常邀請幼兒分享認養的動物或植物的狀況，或者大家一起去觀看。

(4)延伸：除認養動植物外，園所或教室的種種，都可有計畫的讓幼兒認養，尤其是動植物很少，而幼兒很多時。

㈢認同並關愛園所：籌辦校慶

1.一般性目標

(1)增進對園所的認識

(2)激發策畫活動的能力

(3)培養共同合作的態度

(4)養成愛護園所的情操

2.準備

日曆、園所草創時的舊照片及每年校慶活動的照片(部份佈置在娃娃家幼兒看得到的牆面上，部份討論時用)。

3.過程

(1)觀察幼兒看過照片後的反應。

(2)引導幼兒談一談對園所的感覺。

(3)由教師介紹過去的校慶活動，並鼓勵幼兒發表慶祝的方法。

(4)也許幼兒提的是舊的慶祝方式，如：同樂會、園遊會、餐會、運動會，或是美化園所；只要可行，教師就可引導幼兒們表決出慶祝的方式。

(5)然後，根據慶祝的方式，討論出籌備事項，記錄下來並分組進行。

4.注意事項

只有投入及參與才能增加個人對團體的了解，雖然幼兒年紀小，但他有權認識自己就讀的園所。也許剛入學的小班幼兒尚無法舉出校慶的方式，可是他們能感受到自己生日時，大家為他祝福的快樂。所以，只要引導恰當，小班的幼兒也會為園所的生日而高興的慶祝的。

至於慶祝的方式應多採用建設性、長期性的活動為宜。亦即活動過後，仍應繼續鼓勵幼兒愛護園所、喜歡園所的精神與態度。

上述的活動是配合剛開學，及新生（建立自我選擇與作計劃的需求）而設計的，故過程中的討論及導引成份頗高，其目的是在培養幼兒使用環境及獨立活動的能力，以便逐步朝自發或創造性活動的方向邁進。

六、評量——角落活動的觀察記錄

　　以上所描述的活動，教師只是在一開始訂出一般性目標，以及大概的流程；然後就得依著幼兒在此活動中的脚步，時時加以修正。因此，教師在過程中，必須觀察與記錄幼兒在各角落的學習與互動行為，以便評估這個角落的安排是否能一般性目標，然後進行修正或延伸活動的安排；即過程模式中的評量回饋的部份。

　　現就以開學之後，幼兒在音樂角、積木角、圖書角的行為為例，說明在此種模式下，即使所重視的是過程，但仍可觀察到幼兒達到一些具體目標；也因此影響到接下來的一般性目標與環境的安排。

(一)音樂角

一般性目標	創造性活動與環境佈置	觀察並記錄幼兒在此角的學習與互動行為	可延伸的活動
• 知道生活周遭有各種聲音 • 增進辨音的能力 • 知道防止噪音的方法	錄音遊戲： • 錄音機具	• 會操作錄音機及使用錄音帶 • 能分辨生活周遭各種的不同聲音 • 能分辨聲音大小、高低、快慢、輕重、停 • 能分辨悅音與噪音 • 能畫出對聲音的感覺 • 能說出聽不到聲音（語言、音樂、歌唱等）的感覺 • 能輕聲細語對別人說	• 發起全園所消除噪音的活動，如：提示牌、相互提醒等

		話 • 會適當的控制自己的音量	
• 認識音樂角的樂器 • 培養使用樂器的能力 • 培養節奏感 • 增進身體四肢對節奏的表現能力	猜一猜: • 各種節奏樂器與標示 • 各種樂器的錄音帶	• 會說出音樂角所擺的樂器名稱 • 能分辨不同的樂器所發出的聲音 • 能指出錄音帶中發聲的樂器 • 會正確的使用樂器 • 會愛惜樂器 • 能在使用樂器時輪流及等待 • 能說不同樂器的發音原理（弦、管、敲擊等) • 能隨樂器聲的輕重、快慢節奏擺動身體	• 提供不同的歌曲演奏卡及錄音帶，以便有興趣的幼兒能一直探索下去
• 獲得製作簡單樂器的技能	克難小樂隊: • 製作自製樂器的工具與材料、製作流程圖或教師從旁討論協助	• 會製作簡單的樂器 • 能指出友伴樂器的優點 • 能學會友伴演奏樂器的長處 • 會和友伴一起快樂的演奏	• 安排當眾表演的機會
• 培養欣賞音樂的能力 • 認識音樂家及其作品 • 激起音樂創作的興趣	音樂家的故事: • 各音樂家的故事帶 • 各音樂家的錄音帶	• 會專心的聽故事 • 會安靜的欣賞音樂 • 會說出一兩位音樂家的名字 • 會與同伴討論音樂家 • 能將音樂的感受透過圖畫表現出來	• 舉辦小小音樂欣賞會

(二)積木角

在新學期的開始，教師為幫助幼兒妥善運用積木角，除在教室一角擺上各式積木與配件外，亦可根據一般性目標發展創造性活動。以下舉出四個積木角的基本活動，而其延展性則是根據幼兒的進度而定。

一般性目標	創造性活動與環境佈置	觀察並記錄幼兒在此角的學習與互動行為	可延伸的活動
• 認識放置積木的地方 • 知道各種不同材質的積木 • 增進分類的能力	積木的家： • 先將各種材質的積木加以分類圖示，並貼些過去幼兒探索這些積木的照片 • 利用圖示引導幼兒進入該區正確取拿與歸放積木	• 會在該區觀看、摸索 • 開始動手搬動積木 • 慢慢會依積木外觀（形狀、大小、顏色、材質）來分類 • 會告訴同伴如何分類 • 會按積木的外型將積木歸位 • 會糾正同伴	• 為建立幼兒使用積木的能力及對積木的愛護，可舉辦積木小天使的選拔
• 知道各種建構積木的技巧與方法 • 增進分類與組合的能力 • 培養互助合作的工作習慣 • 知道使用積木的規	我會搭積木： • 可以貼些建築物、動物或其它立體造形的圖片，引發幼兒對立體的興趣 • 擺一張正金字塔與倒金字塔的圖片，以及過去幼兒建構積木過程的照	• 會利用各種積木搭建基本形：縱向、橫向、馬蹄形、四方形等 • 會想辦法讓建構的基座穩固：底面積加大（下大上小）、三角定點或四方定點 • 能自由自在的組合各類積木 • 會模仿實物或照片組合積木	• 視幼兒建構的能力，提供進一步所須的材料與資訊，鼓勵共同建構積木造型；並互相觀摩

則	片 • 必要的話，教師可搭一個不知名的造型，引發幼兒探索與建構	• 會活用積木以外的配件 • 當與友伴有紛爭時，可以控制自己；不會拿積木打人 • 會按積木的使用規則來建構積木（不亂丟積木、不用積木打人、建構高度不超過自己，搬運時要小心、應一塊一塊的拆除積木等）	
• 增進互助合作的精神 • 激發想像與創造力	我們一起搭積木： • 幼兒互相合作搭建積木的照片，包括：共同討論、搬運、建構、利用成品進行扮演遊戲及收拾等	• 會和友伴一起收拾或搬大型積木 • 需要他人的積木或配件時，會徵求對方的同意 • 能與友伴共同策劃及完成建築物式樣 • 會利用建構成品分配角色進行扮演活動	• 當幼兒建構造型固著時，可與之討論；或鼓勵他們收集資料與進行觀察
• 增進共同策畫的能力 • 養成與他人分享的習慣	積木造型大集合： • 提供充份的欣賞時間 • 準備紙筆或照相機做記錄	• 能和同伴一起策劃及完成展示會 • 能向團體介紹自己的作品 • 會觀察他人的作品 • 會指出他人的作品的優點 • 願將自己的作品與人共賞及共玩	• 引導幼兒與同伴交換建構心得或為成品做記錄

(三)圖書角或語文角

一般性目標	創造性活動與環境佈置	觀察並記錄幼兒在此角的學習與互動行為	可延伸的活動
• 認識圖書角 • 知道如何閱讀與查資料 • 養成喜歡閱讀的習慣 • 知道如何使用圖書館	誰最會看書： • 各類書籍、字卡、兒歌圖 • 教師故意在該角安靜看書，以身作則 • 參觀圖書館	• 能正確適當的翻閱書籍 • 在適當的書距下看書 • 會保護書本的乾淨與完整 • 會按字的排列方式閱讀 • 可以和友伴一起看書 • 會和同伴討論所看的內容 • 會重述看過的故事 • 書籍閱畢會歸回原位 • 能說出圖書館的功能 • 到圖書館看書會安靜 • 能將圖書角佈置成圖書館 • 會和友伴一起扮演借書遊戲 • 能保持圖書角的安靜	• 發起幼兒自行管理圖書、修護圖書的工作 • 模擬圖書館，並由幼兒自行管理，舉辦借書活動
• 知道書與文字的關係	書的修護、黏字、認字、畫字，或做本書： • 舊報紙、舊雜誌、宣傳單、海報、白報紙、色紙、膠水、剪刀、釘書機針、膠帶等	• 看到破的書會修護 • 會按中國字閱讀的方式黏字 • 能把自己想的故事畫出來 • 能按中國文字的筆順由左至右、(上到下) • 臨摹字體寫出故事的名稱 • 會把裝訂好的書介紹給他人	• 貼字展、臨摹字展 • 舉辦自製書展

· 養成專心傾聽的習慣	尋寶遊戲： · 錄有教師說明此遊戲與指令的錄音帶與錄音機 · 將寶物佈置在指令所示的地方 猜謎大會： · 謎題錄音帶及謎題紙 聽故事： · 故事錄音帶與錄音機	· 會使用錄音機具 · 能戴上耳機，專心的聽錄音帶裡說明 · 能正確的跟隨指令去尋找寶物 · 能找到寶物 · 能根據謎題說出謎底 · 能享受文字語言趣味 · 會仔細聽完故事的段落 · 能經由圖片聯想相關的情節 · 同伴說故事時，也會傾聽	· 將專心傾聽與訊息收集用於日常活動 · 探索不同的語文材料與活動
· 增進語言表達的能力	說故事與錄故事： · 空白錄音帶與錄音機 · 配音的道具	· 會複述故事 · 會和同伴一起編故事 · 會使用錄音機錄故事 · 會指認別人及自己的聲音 · 會利用布偶來增加故事的趣味	· 繼續給幼兒編錄的機會 · 可發展成戲劇活動

　　以上各表所列的幼兒行為，未必是發生在同一個幼兒身上；之所以這麼列，是想顯示教師在該段時間裡，所觀察到的種種行為反應及教材被使用的狀況。事實上，在現場的記錄上，教師是可以將幼兒的名字或代號寫上去，以分析每位幼兒的差異性，如：某某幼兒只停留在某個角落進行同一項活動；或某某幼兒出現在每個角落但什麼都沒有做；這可能是年齡或發展上的差異，也可能是角落安排出問題；藉此可作為與幼兒討論或修正環境與課程的參考。而這種來自幼兒學習動機且有專業教師引導的課程，

就在逐步發展與修正下，幫助喜歡學習的幼兒，趨向獨特但統整的發展。

故再重覆一次，抓住課程的信念，依信念來辨識所須的課程內容、組織型態與教學方法；然後不斷的澄清與修正，便是這個教室層次的課程發展的過程。不妨也試試看！

其實，「開放式教育」對國內幼教界來說，稱得上是老朋友了。秉持此信念所發展的園所層次或教室層次的課程也施行了許多年，雖各園所的特性或教師的理念，未必顯現一樣的尺度或表現形式；但不斷的觀察及師生互相尊重的討論，應是不約而同的信念。

可是，能像民國六十年的發現學習課程實驗或民國七十八年開放式幼兒活動設計之初探，對課程本身的發展與設計進行研究的園所不多。而本章所呈現的也只是開放式教育教室層次下，一種重過程的課程設計的部份實例；並未與其他模式課程相比較，無法回答此種課程是否優於單元或其他類的課程，即各方案式課程的比較，還有待加強；但就觀察與評估幼兒本身的發展而言，倒都呈正面反應。

本節思考重點

1. 就開放式教育的觀點，若由你來編擬剛開學的課程，你會怎麼開始？
2. 如何將開放的精神運用於角落之中，請以實例說明你的看法？
3. 試著去觀察幼兒是如何進入角落？且如何展開學習？
4. 試著去瞭解教師是如何決定角落的位置、空間與擺

設？

5. 觀察教師是如何引導幼兒使用角落？你贊成教師的做法嗎？爲什麼？

6. 如何才能設計出一個引發幼兒探索的角落？

7. 觀察一名幼兒並試著將他的行爲記錄下來，評估他所需要的角落活動並設計之？

8. 試利用過程模式的程序與特徵，安排屬於教室層次的具體課程；請與同學研討並寫下來。

參考書目

邱志鵬（民77）：啓發教學與開放教育。*幼教天地，六期*，213～218頁。

張翠娥（民73）：開放式學前教育模式。*學前教育論集*，103～108頁。

盧美貴（民77）：個別化的教育。*幼教天地，六期*，219～230頁。

羅淑芳（民73）：開放式學習。*台灣教育403，7*，36～38頁。

Spodek, B. (1975). Open education: Romance or liberation. In B. Spodek & H. J. Walberg (ed.). *Studies in Open Education*. N. Y.: Agathon Press.

Thomas, S. C. & Walberg, H. J. (1975). An analytic review of the literature. In B. Spodek & H. J. Walberg (ed.). *Studies in Open Education*. N. Y.: Agathon Press.

Macdonald, J. B. (1975). Perspective on open education. In B. Spodek & H. J. Walberg (ed.). *Studies in Open Education*. N. Y. : Agathon Press.

第十四章

混齡編班幼教方案——
以兒福系所附設兒童發展
觀察研究中心爲例

　　臺灣的幼教自光復以來，已走過四十多年的歲月；其根源不管是承襲大陸、日本或歐美，比較顯著的課程實驗多以幼稚園及師範體系為導向（黃世鈺，民80）。至於屬於福利體系的托育服務，則少有類似的實驗報告發表。不過，默默耕耘者仍不少；其中，私立中國文化大學青少年兒童福利學系自民國六十二年設系以來，除致力於提倡兒童福利的觀念外，亦一直開設相關課程，培養對於學齡前兒童托育服務工作有興趣之學子。

　　並於民國六十三年六月，由第一任系主任熊慧英教授

成立兒童發展觀察研究中心，隸屬於兒童福利研究所暨青少年兒童福利學系，俗稱「華岡兒童中心」或簡稱「兒童中心」。兒童中心自成立以來，一直秉持其設立的宗旨；除提供系所學生實習與研究外，在課程的發展上，也因為民國七十二年邱志鵬主任的加入，出現更具體的理論架構。

邱主任有見於本土的幼教應建立其哲理基礎，發展出屬於本土風格的幼教方案；便分析幼兒的需求、台灣社會家庭的結構，及有關的研究結果；於當年選擇以「混齡編班」方案在兒童中心實驗。但礙於兒童中心是一個沒有贊助者的研發單位，經費較為短缺；再加上每當中心想改以一班混齡班，其他為單齡編班來進行比較研究；總因為教師們已經接受混齡的優點及對幼兒的感情，捨不得拆班而作罷！

因此，在沒有對照組的限制下，混齡編班方案遲遲沒有提出實驗結果。而今，本章所能報告的，也只是描述這十年來，該中心想過、做過，以及觀察到的情形。以下就分理論基礎、環境、課程與評量，來說明兒童中心如何澄清本身的理論基礎，進而透過環境與課程來實施的混齡編班幼教方案（以下簡稱混齡方案）。

第一節　理論基礎

　　其實兒童中心在民國七十二年以前，雖是單一年齡層
編班，但隨著以幼兒為中心，在遊戲中學習的「開放式教
育」理念；中心所呈現的也是一種以兒童為中心但由教師
加以設計的課程模式；且頗獲家長的支持與好評。如今，
要將一個大家認為也還不錯的模式加以改變，那怕只是編
班上的不同，那怕改變後有更多的優點，卻仍引起舊有家
長不小的質疑。

　　不過，家長所要的無非是一個能滿足孩子發展需求及
適合孩子的地方，在中心努力和家長溝通下；能接受者就
留下來，沒信心者也只好自由離開。而混齡方案也就如此
的「實驗」起來。

　　基於中心在未施行混合年齡編班之前，導引中心的理
論就不是某一單獨的理論，除因兒福系所為一門整合科際
的學系外，也因為不管是教育哲學或兒童發展方面的潮
流，如：進步主義或精粹主義，心理分析、行為主義、或
認知論等，在流傳時，必對中心產生或多或少的影響。本
節將分哲學、社會與文化、心理學理論，以及理論基礎與
方案的發展說明之。

一、中心的哲學觀

　　誠如前面所說的，中心在未實行混齡編班之前，便受到各種不同理念的衝擊；加上各任主任的專長，福祿貝爾、皮亞傑等的觀點都曾在中心實驗並留下痕跡。後來，更在邱志鵬主任積極推動下，除將中心行之多年的教育做了一番總檢外，並整理出中心對幼兒及教育的觀點；包括：

1. 兒童是人，為一獨立完整的個體，應受尊重。
2. 兒童本身有其強烈的學習動機。
3. 兒童由操作中學習，遊戲是兒童的重要學習方式。
4. 兒童有不同的興趣和需要，及快慢不一的發展速度。
5. 兒童透過與環境中人、物的彼此互動，發展他的能力、概念及價值觀。
6. 同儕團體的互動，是兒童成長過程中，不可或缺的經驗。
7. 家庭對兒童教育的良窳，有其重要的影響；幼兒教育應與家庭教育配合。

　　上述觀點，是中心工作人員在教育的目標、教材的選擇、教學方法的實施，以及評量時，討論的依據。尤其隨著社會的變遷，教育思潮的改變；中心對尊重兒童的自主與個別差異，及重視個人的社會性，及個人在社會中的適應力等問題；也常有不同的澄清與討論。

　　故在課程的發展上，必也出現過個人與社會間如何取

得平衡點的難題。於是安排各種學習角落來滿足幼兒個人的選擇與需求；並試著以幼兒生活中，所共同關心的主題來進行活動；同時藉由混齡編班的組織特性，以期幼兒間可產生高品質的社會互動與學習。

二、中心的社會觀

課程、社會與學習者存在著密不可分的關係，中心是如何看待目前國內的社會在經濟、政治、與家庭結構上的改變？對課程又有何影響呢？

㈠經濟

兒童中心基於教育是樹人的工作，很希望經濟的發展能反應在幼兒托育的服務上，以縮短社會階層（貧富）所造成的教育差距。故對於利用政府的經費來協助低社經或原住民家庭子女，儘早接受教育，提高人力素質，進而改善生活相當的贊成。只不過，中心因為地緣及經費的關係，在這方面能做的有限。

但是中心在課程目標上，一直秉持以恢宏人性，發展幼兒健全的人格為考慮；故沒有才藝班、也不強調學習是為了比別人強；有的只是各種來自幼兒發展需求的統整性課程。雖然，不能滿足所有的家長，但願意送子女到中心的家長都有極高的配合度。

㈡政治

一個真正民主的政體，所追求的不僅是教育之前人人

平等，還要人人有適合他的教育的場所，藉此傳遞理性、開放、尊重與鼓勵的教育觀；引導學生自由的思考，尊重自己與他人，並自我實現。幼兒教育在我國雖非義務教育，且因管轄單位的不同，幼稚園與托兒所在發展上也不太一致。不過，不管是幼稚園或托兒所，所應關心的焦點是一批批年幼的兒童。因此，透過幼稚教育法及托兒所設置辦法等法規的基本保障；幼兒有權獲得能夠照顧並幫助他們發展的幼教機構。

故中心在進行各種研究或課程模式規畫時，必以法規為基本的依據；並希望能充份開放給有需要的幼兒，同時，致力於提供適合幼兒的學習機會。

尤其目前的社會正是一個明顯的轉變期，幼兒可以目睹選舉、議事的進行；聽到很多「自由的言論」、「自由的行動」，卻缺乏尊重方面的示範；因此，中心也很慎重的將民主的精神注入幼兒學習的活動內，如：透過問題的討論、不同意見的說明與表決、體會小數服從多數、多數尊重小數等問題的解決過程；目的是讓幼兒從小就能在廣泛、開放、平衡的課程內容中，感受互相尊重、自動自發、自由學習、獨立思考與判斷的快樂，並了解自己，接受自己，以期實現民主的精神。

為使民主政治的理想與教育相結合，中心對於教師的自我了解也相當重視，在計畫課程時，必討論及綜合所有工作人員的標準與意見，作客觀有效的評量來改進目標與教學內容及方式。因為教師若不能真正掌握自由與尊重的分寸，正在觀察學習的幼兒又如何從教師的示範或課程計畫中，瞭解民主的真義呢？故當幼兒不解的談著戰爭的報導時，「戰爭與和平」的話題不免也就成為中心與幼兒討論

的焦點。

(三)家庭

家庭對社會及個人的重要性眾所皆知，舉例來說，家庭是個人社會化的第一個主要單位。在過去，家庭中的年幼子女，不但有人照顧，一些生活習慣也有人督促與教導；但近來因家庭結構的改變，小家庭及雙生涯家庭增多，若再加上不同的家庭背景或社經環境的因素，幼教工作人員所要考慮的層面就更多了。

以中心來說，一半以上的幼兒來自文大的教職員，其餘的則來自大學城附近社區與店家的子女；不僅居住地不太相同，工作內容與時間也不太一樣，因此，除了照顧與教育幼兒外，了解每位幼兒的家庭狀況，引導家庭認識中心的課程，以期家庭教育與學校教育相輔相成，幫助幼兒獲得良好的發展；也是中心發展課程時的因素。

故在課程目標上，除了培養幼兒健康的身心、良好的生活習慣，並透過混齡編班的方式來建立手足與群體的關係；帶領幼兒在活生生的生活中去觀察、討論與運作外，親職教育及家長參與更成為中心課程中不可缺的一環。畢竟，再好的園所也不能取代父母對子女的愛與照顧。

(四)社會變遷

從民國六十三年到今，時間的腳步伴隨社會的變遷，靠天吃飯的炎黃子孫不僅有了耕耘機、農藥、化學肥料及各種栽培技術，資訊與科技的進步，更改善了人民的生活，也提高人民的教育水準。

面對「此時此刻」只有三到五歲的幼兒，卻是二十一

世紀的青少年，屆時是不是有更多的高科技用品、更嚴重的污染、或更大的文明壓力呢？那麼；「此時此刻」的幼兒，到底需要什麼才能適應並關心此一變化不斷的社會呢？

　　針對如何幫助幼兒適應並關懷所處的社會與環境，中心除以混齡編班讓幼兒由家一般的氣氛中，去培養對自己及周圍人倫的關心外，也引導他們去關愛自己生長的地方，並以實際的行動去維護它。希望因而使幼兒對環境的關心成為一種態度與習慣；當有一天他們必須考慮經濟與環保的問題時，他們能有明確清楚的主張。

　　至於，暴力、犯罪與色情的污染，犯罪年齡的降低、比率的增加，中心除透過親職教育預防家庭問題或成人的不良示範影響幼兒的心靈外；更藉由主題的選擇，幫助幼兒建立正向的社會行為及正確的性觀念。

三、中心的文化觀

　　就像各種向西方學習的事物，希望能本土化一樣；中心在吸收西方思想的同時，也致力於思索我國文化的傳統與價值，現階段幼兒所需的知識等，以期能夠適合本國幼兒：

㈠傳統

　　既然「傳統」，是過去歷史流傳下來的風俗、習慣、道德等；故對於經過五千餘年的中國文化是否仍適合現在的中國人？當然也是中心非常關心的問題；不過，中心也相

信只要是好的文化，不分中外，擷長補短，並不是件壞事；尤其不該拿「潮流」當成不正常發展的理由，潮流是人所主導的，是人造成的。因此，在中心課程目標與內容上，對於引導幼兒去關心本國文化的發展，參與瞭解過去的一些風俗、習慣與道德等由來的活動相當重視。當然，也會介紹他國的風俗與習慣等，供幼兒比較；做為幼兒探索本國文化的基礎經驗。

(二)價值

面對傳統與現代，中心試圖由衝突中，尋找所欲傳遞的文化與價值，並積極協調現勢的衝突，提供合適的價值或標準，以引導幼兒的學習。以孝道為例，中心除透過探討家、家人關係的主題，幫助幼兒瞭解父母對子女的付出外，也引導幼兒去思考及實踐自己能對父母的回報，做法上雖然傳統，但卻是透過幼兒自我思考的結果；「價值澄清」成為中心課程發展上非常重要的問題。

民國七十八年，原本擔任文大中美研究所所長的劉毓棠教授正極力推廣「良知教育」的紮根工作；每週他都到中心來引導幼兒感受自我內在的準則。劉老師非常和藹可親，引導幼兒時不疾不徐，可說是完全的接納與尊重，是幼兒眼中的好爺爺；於是年齡不是距離，就像他們之間所交流的良知良能一樣。

另外，今日乃至未來，社會需要什麼樣的人格典範呢？幼教課程能發生何種影響力呢？費尼克斯認為道德教育並非僅來自學校，更來自每日生活中的法律、習俗與儀式，因此中心重視由生活中學習，並強調親職教育的推廣。

(三)知識

在如此衆多的知識裡，中心該將那些敎給幼兒呢？以科學來說，它的知識偏重於明晰性的要求，重治學方法的訓練與態度的養成；而人文學科則重視抽象性，偏重想像與創造性的歷程。中心要如何在這衆多的知識中，兼顧文化的傳統與現代社會的需要，選出最適當的知識，成爲幼敎課程的內容呢？

中心除參考幼稚園課程標準與托兒所敎保內容外；更以幼兒的發展爲考量，小心篩選及淘汰與社會目的不合的知識。另由於知識不等於行爲，故中心除總記得「學習者」比知識更重要外，對於知識的傳遞必也兼顧情感與技能。

(四)科技

今日科技的發展提供敎學上許多的便利，各種視聽媒體可把一時無法取得，有危險性或路途太遠的景物輸送到幼兒眼前；短短的時間裡，卻吸收到相當完整的資訊。雖然有人認爲這種剪裁過的資訊對幼兒認知能力的提昇幫助不大，但其輔助敎學的功能卻不可全盤否定。

另外，電腦在幼敎上的運用，不僅簡化了許多行政上的工作；當幼兒也能按自己的能力、興趣去接觸電腦，跟程式上的指令互動時；中心看到的不是他們會操作、他們反應快，而是來自探索的那股力量——他們勇於接受新事物，一點都不害怕！這一點不就是人類解開許多謎團的動力嗎？所以，中心重視並使用科技，同時也引導幼兒瞭解其正面的意義。

四、中心的心理學觀

當某一理論的興起，並不表示先前所流傳的論點將一筆勾消，故當人們開始接受行為主義所提供的科學化的心理學研究，佛洛依德所倡導的心理分析也不會因此而完全消失。在這種因著不同時代背景或研究觀點所產生的新的心理學論點，當然也一波波的受到兒童中心的重視，卻不是照單全收；因為兒童中心一直秉持以幼兒為中心的教育觀，天天接觸活生生的幼兒；故他們的發展、興趣或需要就在眼前，理論雖有助於瞭解幼兒，卻不是硬套到幼兒身上。至於有那些理論被中心用來瞭解幼兒呢？

(一)常模理論與成熟理論

對幼教工作者而言，如果不能瞭解二、三到六歲的幼兒發展狀況，他們的能力、限制與需求；又如何能提供幼兒所需要的學習環境與活動呢？其結果勢必產生衝突與抗拒，使得原本可以很快樂的學習，變成師生的惡夢。而源自於霍爾（Hall），由葛塞爾發揚的兒童發展狀況的研究，就在葛塞爾的研究室中，以科學的方法統計兒童的各種發展，建立了「常模理論」，告訴大家發展的特徵常是依循預定的模式，雖也有個別差異，但順序大致是相同的。即何時長牙、何時爬行、何時會說話等。

此種以大規模兒童樣本資料來顯示一般兒童發展的情形，幫助中心瞭解幼兒能做什麼？或將會有何發展？但卻不是揠苗助長或比較的工具。

㈡人格理論（情感發展）

1.心理分析論

　　佛洛依德的人格理論中，提到人格結構：包括本我（id），自我（ego）及超我（super ego）三部份交互作用形成內動力，支配了個人的行為。而人格發展：出生至週歲是口腔期；一歲至三歲則是肛門期；三歲至六歲轉為性器期。這段年齡正是目前兒童中心托育服務的年齡範圍。以下是實際觀察與理論的運用情形：

　　對於兩歲半還包尿布到中心的幼兒，混合年齡提供一個相當有趣的畫面，即這些包尿布的新生，常會好奇的跟著大哥哥們衝進廁所，當他們看到大哥哥是去「尿尿」時，他們若有所感的表情，往往也是他可以試著不包尿布的前兆；此種觀察學習的結果，減少訓練大小便的痛苦。

　　由於中心的洗手間就像家中的浴室，並未男女隔開，只不過有屬於小男生的小便壺，有趣的是每年都會有至少一位接近三足歲的小女生，模仿小男生以站姿小便。雖然這是幼兒發展的特徵，但也成為教師判斷與輔導幼兒的依據。

2.心理社會發展論

　　艾立克遜認為人類行為，除了受內在驅力的影響外，社會文化也很重要，尤其在六歲前會因為互動的優劣，面臨信任或懷疑、自動自發或害羞和懷疑、積極性或罪惡性，以及勤勉或自卑等心理社會的危機。

　　由前六年的認同危機來看，幼兒正處於自動自發，認真積極的階段，他們是愛做事、愛工作的，做父母及教師者，切勿剝奪他們的權利。

不少剛到中心的幼兒，吃飯時並非沒胃口，卻情願坐在椅子上，等同伴或大人餵他們；而同樣的狀況也發生在穿衣或鞋襪上，他們好像是不動的模特兒，站在那兒等著大人往他們身上套衣服；難道他們天生如此？其實未必，卻有可能是因雙生涯家庭，父母急著上班乾脆代勞；更可能是全職媽媽或保母「錯愛」的結果。

其實對集體式又是混齡的的托育中心而言，「代勞」可以減少許多衝突，但中心在考量幼兒正值自動自發與勤勉的發展關鍵，且有權力也有潛力做好照顧自己的事時，儘管明知很麻煩，仍是選擇讓幼兒自己來。過程中不免辛苦、挫折，但只要想到這樣對幼兒比較公平，便一直做下來。

故對於想到中心工作的教師與實習生，中心會花很多時間去幫助他們瞭解到自己所應扮演的角色，並澄清自己對此一角色的看法；尤其是如何分辨幼兒是否需要協助，以避免該協助幼兒時，未能幫上忙；而幼兒需要自己來時，工作者卻剝奪他們學習獨立自主的機會。

3. 人本主義心理學

人本主義心理學的觀點不僅在心理學界造成很大的迴響，同時也深深的影響教育的看法。尤其在面對過度工業化的社會，澄清個人的存在與價值，似乎已是社會重整所必須的一環。

中心在馬斯洛的需求理論與羅傑斯重視個體所生長的環境及經驗等現象論等論點的影響下，除尊重工作人員及幼兒各有不同的生活背景、不同的經驗與需求；更反映在環境的安排上，如提供各種不同的學習區域，供幼兒根據自己的需求與步調去做選擇與學習，且在課程上亦以幫助幼兒建立正向自我概念為基礎，從而發展自己與外界的良

性互動。

故在中心可以看到幼兒從一早到中心便知道自己想要玩什麼，且相當執著；而教師對他們的選擇也都能尊重，目的就是希望幼兒在自主與自決的同時，也能因受到尊重而尊重他人。

(三)皮亞傑的理論

不管是皮亞傑的發展觀、學習論或表徵理論，都帶給中心許多的省思；因此，在設計課程時，如何以幼兒的舊基模爲基礎，安排引發幼兒思考的學習環境，以產生適應與平衡的學習歷程，便是課程設計的要點。

再者，皮亞傑認爲兒童獨特的適應力是來自與同儕或相類似年齡幼兒的互動；在互動時，也許會發生衝突，卻也可能發展爲相互接受；正因如此，可幫助幼兒去自我中心觀，除了瞭解自己也瞭解別人。

故對學習環境，中心除提供有助於引發幼兒產生調適的各種學習機會外；對於發生在幼兒之間的衝突，只要不影響幼兒的身心安全，均鼓勵幼兒相互討論解決。例如：兩位幼兒同時看上一塊空地準備建構積木，但他們意見不同且各有堅持；建構活動被迫停止，但他們又不滿意這種狀況，於是認命的協調了起來。在此過程中，幼兒並不希望他人介入，他們學著去覺知對方的想法，從而取得協議；對皮亞傑的理論來說，這正是一種社會認知的表現。

(四)社會學習的研究

枸曼 (Goldman, 1981) 發現三歲幼兒在混齡班級中，比在同一年齡班級中，更能從事較明確的互動；較少平行

遊戲及受教師的指揮所控制。同樣地，相似的結果也出現在四歲組的幼兒。

路基等（Lougee, Grueneich & Hartup, 1977）以三歲及五歲幼兒作配對，發現三與五歲的配對，較同樣是三歲的配對、或五歲的配對，有較強的完成工作的傾向。其中的原因可能是三歲幼兒對五歲幼兒產生行為模仿的緣故。

事實上，上述的情形也發生在兒童中心的幼兒之間，陳淑琦（民80）的研究，便發現混齡編班下的幼兒其遊戲的發展有提前的跡象；可能就是年幼者觀察模仿年長幼兒的結果。

綜合前述各種影響幼兒教育及兒童中心的教育思潮、社會與文化因素，以及心理學的研究等；就像麥當勞以歷史的觀點分析開放式教育的根源一樣，回顧兒童中心創立至今，它隨著社會的脈動與學術研究的發展，一邊吸收、也一邊修正；但大體而言，在精神上都沒離開麥當勞所說的自由教育發展的軌跡（Macdonald, 1975）。

故當民國七十二年，中心在行之多年的單齡式的開放式教育中，注入屬於混齡在生物、社會與家庭功能的研究優勢；使之在年齡分組上更符合開放教育的特徵。並在強調幼兒的同時，更不忘社會因素；以期二者自然溶合。讓幼兒在一種家庭的、兄友弟恭的，但又各有天地的空間裡，和諧自在的發展。

所以，就方案的理論基礎來說，它並不是推翻前面所做的，而只是針對舊有的架構進行更新，使其概念間更趨完整。其所欲彰顯的特點如下：

1. 具有家庭功能。
2. 同儕自然地相互學習。
3. 各年齡層需求不同，可減少爭執。
4. 有助於培養利他行為。
5. 利於社會性能力與經驗的學習。
6. 可培養責任感。
7. 可發展自我成就、自我實現。
8. 有利於幼兒情緒的穩定發展。
9. 可奠定良好人格的發展基礎。
10. 有助於日後的社會適應。
11. 可逐漸使其明瞭：當以個人所能，貢獻群體，服務他人。

五、理論基礎與方案的發展

　　方案既是特定理論下所產生的一整套課程，如：蒙氏教育方案便是隨著她的信念而來的課程內容、教具與教學法；而佛曼（Forman, 1987, 1990）及他的工作夥伴等也根據皮亞協的理論發展出活動與教具。那麼，綜合了這麼多理論的混齡編班幼教方案，其中又特別強調社會學習理論與社會認知對幼兒發展與學習的影響；是不是也有一整套課程呢？或是一套發展課程的程序呢？

　　首先，混齡編班幼教方案並非是來自一個從無到有、全新的理論基礎，它是基於中心原有的信念，加入現代社會需求的考量，及相關研究支持同儕互動有助於學習效果等論點予以更新而成。因此，在課程發展的程序也是依據

原先單齡編班所選定的組織類型進行補充或改進。換言之，原先中心在單齡階段所採取的「單元教學活動設計」，以及「開放式教育的角落活動設計」並存的設計方式；混齡方案也繼續沿用。

雖然幼兒在前述這兩種課程設計裡的自由度略有不同；不過，二者均強調師生共同設計，故只要能夠靈活運用，則單元可提供完整的經驗，符合幼兒學習的特徵，又可促進幼兒間共同合作，有助於團體或社會性的發展；而角落活動除允許幼兒按照自己的能力、興趣與需求，自由選擇與探索外，將有利於幼兒個別性的發揮。因此，混齡方案的課程並沒有重新去選擇課程的組織與設計的方式；而只是設法將同儕互動的好處反映在混齡方案的課程之中。

以「開放式教育方案」為例，其所關心的是幼兒怎麼學？而非幼兒學什麼？故課程的發展便是在符合教育目的與幼兒發展特性下，鼓勵幼兒照自己的步調去選擇去探索；那麼，混齡方案若強調幼兒可以透過互動學習，就必須在此種尊重個人學習自由的課程特徵下，加上人際關係；正如在家裡，每個人都是無拘無束卻又息息相關互相影響一樣。

因此，如何提供一個這樣的環境，且將有助於互動的知能融入單元主題之中，以引發幼兒彼此討論，促進幼兒本身成為彼此學習的一個要素；就是下兩節「環境」與「課程」所要討論的重點。

本節思考重點

1.兒童中心的理念是受到那些因素的影響？你是否贊成
  該中心對這些因素所持的觀點？爲什麼？
2.假設你和同學也要一起發展出某種課程，試描述所依
  據之理論基礎？

第二節 環境

　　正如湯馬仕與沃伯格（Thomas & Walberg, 1975）
所說的，環境指的並非只是其中的傢俱、設備或材料，更
是氣氛、流程或運作的方式。因此，兒童中心該如何將混
齡所欲的優點，融入原本就是開放式教育特徵的學習環境
之中，使之成為一個合於幼兒學習、具有混齡編班效果，
並能反映社會文化傳承的高品質環境呢？真的是非常大的
挑戰。現粗分為人員與室內外環境兩方面來說明。

一、人員

　　基本上，對一向標榜開放的中心來說，人員間必然也
以相互尊重為根本的信念；如今，所不同的只是各班的幼
兒是從三到六歲不等。而此種編班所要回應的是一個接近
真實社會的組成；打從人一出生，就降臨在一個年齡都比
他大的群體裡；然後，他可能也有機會比另一個新生命
大；就像兒童中心的人員，不管是教師、工讀生、實習生、
家長或幼兒，所呈現的就是一個自然的混齡狀態。
　　然而，這只是一種人群組成的自然狀態；中心該如何
做，才能發揮社會學習理論所說的「觀察學習」？進而幫助
大家在自然狀況下，觀察到不同階段的發展，加深彼此的

瞭解；做到「年齡不是距離而是機會」呢！以下分教師、其他工作人員、家長及幼兒四方面來探討之：

㈠教師

教師是推動混齡編班幼教方案的主力，那麼，中心所需要的是何種特質的教師？又該如何找到這樣的教師？

首先，中心的教師必都來自兒福系所的畢業生，且這些畢業生都曾是中心的實習生、工讀生、義工或助理；並有心於幼教者。故來源並不是問題，但適不適合，以及她們的生涯計畫，才是雙方必須考慮的問題。因此，中心一直是以持續培訓的方式來確保教師的品質，及避免理念斷層的問題。其內容如下：

1.正式的教育

藉由在校期間到中心的實習等，澄清此一工作現場的信念；如：

(1)爲何會選擇中心爲實習或工作的現場？

(2)爲何喜歡或支持混齡編班？

(3)對於自己也將是這個混齡團體的一員，有何看法？

(4)會不會是一位有趣或快樂的成員？爲什麼？

(5)混齡班級有大有小，會如何佈置教室以滿足不同年齡幼兒的需求？

(6)如何營造兄友弟恭、互敬互愛的手足情誼？

(7)會不會有教學上的限制，如：習慣於傳統教師應該教的角色，以致課程內容上，偏向口頭或大班程度爲主？

(8)對於大班的幼兒會不會產生過度的要求或依賴？就像父母對老大的期許與要求一樣？

(9)對於大班幼兒與中小班幼兒間的衝突，會如何解決？

(10)如何處理上課中間，可能要協助小班幼兒擦屁股或其它，而必須放下正與其他幼兒進行活動的種種狀況？

(11)平時自己會如何來察覺和思考與上述有關的問題？

2.安排職前訓練

除了上述實習的訓練外，新教師必須更清楚中心的哲理、目標、組織狀況及更實際的教學實務。因此，會要求新教師接受職前的再訓練：

(1)認識工作及環境。

(2)觀摩教學。

(3)參與實際的教學活動。

(4)討論與中心運作有關的問題。

(5)新舊教師的情感交流。

3.在職教育

主要是平日的督導及每週的教學與課程討論會，另外是參加短期的研習會；以及一學期至少三次校外參觀活動。其中督導的目的是爲了幫助並支持教師：

(1)澄清自己的理念與幼兒學習的關係。

(2)發展出一套適合自己的個性，又符合幼兒學習的教學型態；而此一型態又能實現中心的理念。

(3)能更有自信的達到史波代克（Spodek, 1982）所提的六大教學準備的目標：

①能設置並維持一個安全且健康的學習環境。

②能增進兒童身體與心智之能力。

③能支持兒童的社會情緒發展，並提供正向且積極

的輔導與紀律。

④能建立與家庭間正向且積極的關係。

⑤能確保課程的良好運作，能提供反應出幼兒需求的有意義的課程。

⑥能保持對幼教專業的承諾感與使命感。

(4)能自己尋找資源，不致視督導者爲材料的傳遞者或助理教師、或是挑剔者。

4. 鼓勵加入專業組織

如保育學會、幼教學會。

如此，中心也可維持及增進教學的品質、教師的成長，同時達到評量的效果。督導的方式有個別及團體兩種，但職前及在職訓練常是團體式的。另外，中心也鼓勵教師自組督導系統，由教師制訂訓練計畫；如安排討論會內容、主持討論會等。

對中心而言，教師既是混齡團體的一員，自然也視之爲發展中的個體，鼓勵她探索、自覺，重組經驗；但不可否認的，她也是一名專業的工作者，對中心此方案的施行負有責任。對於教師的理念將影響混齡方案的學習氣氛與效果，但每位新教師又未必都已完成萬全的準備的實情；幫助教師釐清並做好自身的準備，是中心非常看重且投入許多心力的一大工作。

即使是經過實習生、義工，充份的職前訓練；但面對活生生的幼兒，種種與新手教師有關的問題，中心都碰過；尤其是這些新教師必須注意到三個年齡層的需求，其中的挫折、壓力在所難免；故幫助並支持教師安然度過求生期，且不致因爲顧著摸索而使幼兒的學習停頓；便是中心

日日年年都在努力的重點。

㈡教室中其他工作者的準備

臺灣的幼教界一直面臨師生比率過低的困境，因此中心在實驗混齡編班時，也就考慮到配合實況，以一個教師約帶領十八到二十個幼兒來進行之。不過，近期的中心因教室隔間與幼兒年齡分佈偏小的關係；改由兩位教師合帶二十五個幼兒。

另外，由於家長參與及實習制度，並非只有本中心獨有，許多園所也出現這些半專業或非專業的工作者；故在此，也特別談一談中心的教師如何發揮創意與合作的精神，讓幼兒看到成人最好的示範與引導 (Spodek, Saracho & Davis, 1987)。

1.兩位專業教師共管

(1)經常討論教育理念。

(2)共同設計課程與流程，並清楚的分配任務。

(3)對教學策略及常規的看法與作法也應取得一致。

(4)建立良好的溝通習慣及團隊工作的精神。

(5)相互觀摩、打氣。

2.半專業工作伙伴：助理教師、實習生

其實中心教師與半專業工作伙伴的關係，和上述兩位專業教師共管時，並無太大的不同。同樣的，專業老師亦必須與半專業工作伙伴建立良好的溝通管道，協助半專業者瞭解課程、常規及每名幼兒的狀況與問題，以及在教學上如何協助教師與幼兒，如：幫助例行的工作，點心或午餐的準備；或當幼兒進行自發性學習活動時，協助教師觀察幼兒的學習；抑或照顧有特別需求的幼兒，佈置環境

等；如此人力才能獲得充份的使用。並給幼兒「大帶小」或「會的帶不會的」的具體示範。

3.義工

(1)教師也是清楚具體的說明所需要的幫忙。

(2)中心還清楚的列出義工的職責及義工所須的參考資料。

(3)與義工溝通，了解對方願意參與的方式，排定時間。

(4)視義工的狀況給予協助。

中心的義工主要是家長以及非兒福系的大學生。但因為家長在中心有其特定的角色，因此，以下繼續擴大說明之。

(三)家長

家長一直是中心教育理想可否實現的關鍵因素，沒有支持的家長，一個自給自足的研發中心就不可能存活。然而，中心並未因為需要家長的支持而放棄教育理想；反倒是更賣力的與家長溝通，接受家長的批評，歡迎他們加入中心各種活動的行列。因此，多年以來，只要是接受中心教育理念的家長，對課程的配合度都非常的高。

由於中心沒有娃娃車，家長必須親自接送；因此，中心與家長最直接的溝通管道便是來自父母親與教師的溝通與互動，即「親師互動」。故每當新手教師問道：對於中心幼兒來源，她們能幫什麼忙時？中心的回答總是：做好教學，並多與家長溝通就可以了。因為中心相信只要能幫助家長建立正確的教養觀，扮演好親職角色；家長自會產生明智的判斷力，增進幼兒教育的效果。

因此，建立中心工作人員對親職教育的共識，瞭解教

師與家長溝通的重要性；可說是推動中心和諧氣氛不可缺的一項。此外，如：家長公佈欄、課程表、幼兒評量表、園所通訊，或是圖書、玩具、錄音錄影帶的借閱，則是屬於平面或書面的形式，可溝通教學內容或理念；並降低新手教師直接面對家長的壓力。同時，中心還編訂手冊來幫助家長：

1. 認識並參與各種親子活動

如：教學觀摩、觀察幼兒、家長參與、園遊會、運動會等。

2. 體認親子活動的意義

如：促進親子間的互動與了解、學習更積極正向的相處方式、培養親子相處的習慣。

3. 認識自己的角色

認識自己在各種活動中所應扮演的角色。

4. 認識中心「愛心媽媽與爸爸」的任務

整理圖書、教具、說故事、協助教學，整理中心環境等。

5. 安排家中的親子活動

協助家長將親子共處溶入家中的作息，安排家中的親子活動：如配合單元活動與課程表，提供親子可共娛的親子活動等。

如果教育必須注意個別性，親職教育自當無法逃脫此項原則；既然教育子女是父母的責任；中心對支持並鼓勵家長參與中心的活動，自是不遺餘力。如此一來，家長對於中心的計畫會逐漸由被動的告知變成主動的參與，對於每學期的親職教育活動有很大的幫助。而中心亦會不定期

的以簡單的問卷詢問家長的需求及對中心的滿意度，進行評估與改進。

(四)幼兒

從中心創立以來，幼兒就一直是處於被重視的地位；當年改爲混齡編班雖未徵求他們本人的意見，但至少是取得家長的認可。不過，幼兒的福祉永遠高過於「研究」，在這種想法下，如何幫助幼兒接受這種改變，享有自己的步調，又能適應團體生活；一如置身在家中享受溫暖安全的氣氛，同時還更豐富有趣呢？

首先，中心除爲新生家長準備有關的手冊外，教師也會邀請每位新生家長，個別的帶著幼兒來和教師見面，由教師陪同認識中心、及與教室有關的人事物，然後鼓勵新生自己探索一下新環境。必要的話，也邀請一兩位舊生從旁示範與協助，除可減輕新生對新環境的恐懼感，也是兄友弟恭的預備。不過，中心雖鼓勵舊生參與迎新，但絕不是因爲年紀大的就「該」照顧年紀小，而是希望引導幼兒自覺自己是個有能力爲他人服務的人；在出自自願中建立眞正的責任感與自我的價值。

其次，爲增進幼兒對中心的作息與環境中的人事物有更深刻的印象；中心及教師更在開學的二至三週，按幼兒的步調安排瞭解作息、規範與練習基本技巧的課程。同時，仔細評估班上大小幼兒與相關大人的狀況，以兼顧新舊與大小幼兒的需求。

對舊生來說，他們對團體生活與中心的環境都有某種程度的瞭解，因此，這段時間是他們從假期「收心」的緩衝期；如果他們願意，便可加入協助新生適應的行列。如：

為新生介紹環境及示範所需的技巧，如：洗手、刷牙、入廁、吃點心和物品的使用等，好讓新生能充份的練習。

如此一來，教室裡的幼兒不再只是一群「烏合之眾」，他們是經過妥善組織與預備的。只不過，這些準備工作是視教學環境與幼兒的狀況來作調整的。幸好，混齡方案的前身培養了許多能幹的中大班幼兒，他們不僅能適應此一轉變，且主動成為小幫手，以致連小班的幼兒都能很快的適應中心的作息；減少了維持秩序或處理糾紛的時間。教師便可以好好的觀察幼兒的需求，既有助於師生感情的培養，也可引導他們從事個人或彼此互動的學習活動。

故在這個方案裡，幼兒是影響自己學習與發展的重要因素；因為大家不僅視他為獨立的個體，同時，也是能與人互動的社會人。

二、室內外環境

既然中心所承襲的是開放式教育的思潮，在室內外環境上早就秉持充份利用資源，佈置各種角落供幼兒自由選擇的原則。故有關混齡教室內外環境的佈置，其基本原則與前一章第二節中「開創師生都自在的學習空間」的內容類似。

雖然中心在室內外環境並不新穎也不豪華，但它累積了將近十年的資源；且由學者及專業的工作人員來推展；這也許就是當年能在一個暑假的預備下，把原本大中小單一年齡編班轉為三班混齡班的主因吧！

(一)規劃的重點

除了要符合前述開放式教育精神的環境條件之外，「家」的感覺應是中心為必須離開家，到另一個空間生活的幼兒，所擺入第一個的特色。

1. 由充份準備的「新」老師，以溫暖、接納的態度迎接幼兒的到來。
2. 有屬於幼兒熟悉的經驗，如：一些不需教導就能操作的玩具，可以自由安全的探索操弄，就像在家裡玩自己的玩具。
3. 隨著幼兒的步調，逐步認識環境中的人事物等；沒有催促。
4. 肚子餓了，有喜歡吃又營養的點心與正餐等。
5. 鼓勵原是中心舊生的中大班幼兒，主動迎接新朋友。
6. 鼓勵互相幫忙與照顧，而不是競爭。
7. 工作人員彼此關係和諧，和幼兒就像一家人。

其次，當這些角落按所有原則規劃好之後，該如何來調整從原先單齡需求轉為混齡共用角落的新狀況？除了教師間不斷的開會討論外，最幸運的應是各班的中大班都是具有使用角落經驗的舊生，他們本來的常規就很好，能力也很強；角落一經他們帶動，即使是新生也知道如何取拿或收拾。故教師就站在觀察或從旁協助的方式，除回應幼兒個人所須的經驗，也引發同儕間的互動。

對中心來說，環境的規畫與幼兒的使用息息相關；往往要經過實際的觀察，教師間或師生間多次的討論，從紙上作業到實際的搬動，再觀察與評估幼兒的使用情形（類

似於第十三章「角落活動的觀察記錄」）；然後再討論、再搬動、再評估、再修正；周而復始直到環境產生同儕互相學習、兄友弟恭等效果。只可惜，目前尚未能效法蒙特梭利將所有的觀察整理成可讓大眾參考的記錄，或發展出有系統的教具；故是未來必須加強的部份。

(二)中心室內外環境的概況

1.環境佈置
有固定不變的佈置，也有經常更動的部份，爲的是要保持環境的新鮮感，增加幼兒的觀察力與學習動機。

2.佈告欄
配合當時的主題活動來佈置，包括：
(1)兒童讀物
(2)幼兒的作品
(3)每日討論的內容
(4)兒歌圖等

3.家長佈告欄
(1)單元活動標題、課程表
(2)中心環境介紹、註冊指引……
(3)親職教育的短文

4.各種學習角落
(1)靜態的：
　①圖書角（有燈光、圖片、書籍及舒服的位子等）
　②益智角（有各種拼圖、建構玩具、數教具等）
　③美勞角（有各種美勞用具與物品、展示牆或處、離水源近）
　④科學角（可觀察的動植礦物及儀器等）

(2)動態的：

　　①積木角（各種積木及附屬用品）

　　②音樂角（各種眞實樂器、兒歌圖卡、錄音帶）

　　③娃娃家（各種衣物及家庭用品等）

　　④大肌肉活動區（室內運動器材）

另外還有水角、木工角、烹飪角、隱密角、季節桌、及家長閱讀區等。

其規畫的基本原則除安全外，所考慮的因素不外是發揮混齡的特色，家的特色；以及教學目標、空間的許可性、幼兒的總人數、幼兒的興趣、能力與需要等。

5.廚房

雖然從意外傷害的觀點來看，廚房並不是一個安全的場所；但它是幼兒餐點的製造地點，常會有香氣從裡面飄出來，若能妥善管理應可避免意外。因此，中心也引導幼兒認識這個地方，知道它的用途，但在一般的狀況下，廚房不是幼兒的遊戲空間，故未經允許不准入內。

6.廁所

(1)以通風、清潔爲原則。

(2)隨時提供衛生紙，以培養幼兒自理的技能與衛生習慣。

(3)隔間形式與家庭同；故不分男廁、女廁；但使用的是幼童尺寸的小便壺、便桶與洗手槽。

7.寢室

中心幼兒幾乎都是全天班，故午睡的空間便格外重要；然而，爲給幼兒一種有別於自己一個獨睡的團體經驗，中心採用的是大通鋪的木板床。但若有幼兒一時無法適應，則視狀況提供緩衝的空間，以逐步調整之。

8.儲藏室

以兒童中心來說，圖書、錄音帶、錄影帶、教具、玩具量相當豐富；包括：

(1)研究設備：照相機、錄音機、攝影設備等監視觀察系統。

(2)教具設備：有福祿貝爾恩物、蒙特梭利教具、皮亞協觀點協調教具、語文教具、數教具等多種，以及顯微鏡、望遠鏡、放大鏡、天秤、音樂器材、體能器材等數十種。

(3)圖書：有幼兒用書一千餘冊、教師用書一百餘冊、教科書，教育雜誌多種；另有本所系圖書館及附屬兒童讀物研編中心內藏書數千冊，可供使用。

(4)玩具：有操作玩具、組合玩具、裝扮玩具、沙箱玩具、小積木等各種玩具，共一百多種。

(5)其他：如種植盆栽、飼養金魚及其他小動物。

因此，管理與儲藏和教師能否善用，對發揮這些資源的功用有著密切的關係。故：

(1)各類用品依性質分別放置。

(2)將儲藏空間及儲藏分類設計以圖表示，公告於牆上或櫃子上。

(3)櫃上設有指示牌，以便尋找。

9.戶外遊戲場的器材

有平衡木、滑梯、搖椅、沙池、梅花樁、爬架、鐵鍊攀網、肋木、輪胎、小木屋等各種遊具。此外，整個文化大學校園與設施，以及整座陽明山國家公園的景觀資源。

10.使用與管理規則

既然教室為師生所共有，規則也是由雙方共同討論制

訂，方式非常類似於距離模式中，教師從旁引導幼兒討論出積木角的人數及協商之道。此外，幼兒還認養各學習角及盥洗室；除了維持整潔、更換器材、還有向其他同伴介紹的責任。

11.園中參觀原則

　　(1)事先聯絡，視性質安排進教室的人數；一間教室以二位參觀者爲限，且高度要與幼兒保持視覺水平(坐著或蹲下來)。

　　(2)照相應爲私人保存或學術研究用途。

本節思考重點

1.就你的觀點，探討混齡班的教師與一般教師所須具備的條件與訓練有無不同？

2.就你的觀點，混齡班的幼兒與一般同齡的幼兒會有不同嗎？爲什麼會如此？

3.混齡編班的用意爲何？你相信同儕互動有助於幼兒學習嗎？請到施行混齡編班的園所去觀察之。

4.若是你要進行混齡編班，那些信念是你最想展現在環境之中的？爲什麼？怎麼做？

5.試與同學討論，混齡編班的環境設計對達成此方案有那些影響力？與開放式教育的設計有無異同之處。

第三節　課程

　　混齡方案所強調的是不同年齡的幼兒可以互相觀察學習，故不管是單元的編選或角落的安排都是以激發觀察學習、「尊重個人」與「關心別人」，為設計與實施時的基本指標。現以課程實例、新的嘗試及評量說明之。

一、課程設計實例

　　七十八學年度為配合新教師的經驗，幫助她們更瞭解環境及社會性技巧在本方案課程中所扮演的角色；便決定以角落的學習與社會性的主題，交錯進行。因為教室是師生天天相聚的空間，蘊涵各種有趣的學習素材與經驗；而人際之間又充滿著各種情感的交流，師生共同去探索這樣的內容，應是雙方皆宜的。其發展步驟如下：

㈠收集可用的教材

　　根據選擇單元的原則，經教師們共同討論，確定幼兒的需要與興趣、中心的發展目標、相關資源、可行性等，先列出一些課程的大方向；然後收集可用的教材。

㈡選擇適當的主題

再經教師們共同討論、提供意見及表達自己的興趣所在後，選出直向與橫向都能平衡的主題。即兼顧幼兒所應學習內容的深度與難度，並隨著幼兒的成熟、興趣、能力與需要循環，具有集中焦點、邏輯性和準備度特徵的主題。

㈢排定進行的時間

針對擬定的初稿，再次討論、修正、排定各單元預計進行時間。

㈣完成課程大綱的編寫

由這一學年的課程大綱（見表14-1及表14-2）可知，中心所選擇的內容除配合單元與角落的特性，更將同儕或社會互動融於其中。

表14-1 七十八年度第一學期課程大綱
——本學期主題爲我們的教室

週次	日期	單元名稱	單 元 目 標	副主題	目 標	備 註
一 ～ 二	9/13 ～ 9/23	我們開學了	1.認識新朋友 2.培養自我介紹與報告的能力 3.認識教室裡的人事物 4.增進新生適應學校的能力 5.養成遵守教室規則的習慣 6.熟練日常生活的技能	大家早（打招呼）	1.培養應對進退的禮貌，如：適時的說請、謝謝、對不起及主動的和教師、同學與來訪者打招呼	9/13開學日 9/14中秋節放假一天

			7.培養與人互動的能力			
三~四	9/25 ~ 10/7	好玩的沙與水（沙水角）	1.知道水的來源、功用、三態及重要性 2.知道沙、土的來源、特性、用途及重要性 3.參與沙、沙土與水的遊戲 4.建立對玩沙水的安全觀念 5.養成遊戲後收拾環境的習慣（如：沙箱角） 6.瞭解保護水土資源的常識	我會聽（傾聽）	1.培養專心聽人講話，並且不插嘴的習慣	9/28教師節放假一天
五~六	10/9 ~ 10/21	小小建築師（積木角）	1.知道使用積木角的規則並實踐之 2.知道搭建積木的基本技巧 3.增進搭建的能力，如：底部穩固、堆高、架橋等 4.培養分類及組合能力 5.培養互助合作精神 6.知道如何於積木遊戲中保護自己及他人的安全 7.認識世界有名的建築特色	我很溫柔（輕聲細語）	1.培養幼兒喜歡靜音，討厭噪音的態度 2.知道在室內要小聲說話 3.養成輕輕走路的習慣 4.養成輕輕操作玩具和挪動桌椅的習慣	10/10國慶日放假一天

七～八	10/23～11/4	童話列車（圖書角）	1.增進幼兒思考及想像力 2.促進傾聽及表達的語言能力（故事表達技巧） 3.培養幼兒閱讀的興趣與習慣（如：主動翻閱圖書故事畫、認識簡單的文字符號） 4.培養愛書籍及整理圖書角的能力	給你玩（輪流分享等待）	1.培養禮讓守規矩的態度 2.建立和友伴快樂和氣一起玩的習慣 3.建立和友伴輪流等待的遊戲習慣	10/25光復節放假一天
九～十	11/6～11/17	猜猜我是誰（娃娃家）	1.培養幼兒物歸原處及收拾衣物等的好習慣 2.增進幼兒扮演各種人物角色的技能 3.了解各行各業的角色行為 4.引導幼兒於活動中抒發情緒表達情感 5.鼓勵幼兒與其他幼兒產生互動，激發社會行為 6.運用想像力，創造各種遊戲活動	你怎麼哭了（情緒表達）	1.認識情緒的種類及成因 2.增進在團體中表達情緒的能力 3.培養包容他人的胸襟	11/13補假一天 11/15秋季旅行（暫訂）
			1.知道科學角器具的使用方法：天秤、尺、顯微鏡			

週次	日期	單元	目標			備註
十一〜十二	11/20〜12/2	奇妙的科學角	2.培養觀察實驗的變化並做記錄的能力 3.培養解決問題的能力 4.增進科學研究的能力 5.知道有關科學家的事蹟 6.激發科學探索的精神			
十三〜十四	12/4〜12/15	自己動手做（美勞角）	1.培養幼兒參與工作的態度 2.養成正確使用工具的習慣 3.養成收拾用具的習慣 4.知道廢物利用和愛惜公物 5.培養有始有終的精神 6.促進幼兒的創造力 7.引導幼兒自由嘗試創作 8.培養幼兒審美的能力 9.知道欣賞他人作品的優點	我會照顧及幫助別人	1.增進照顧自己的能力 2.加強助人技巧的培養 3.培養與人合作的態度與習慣	
		動動	1.知道各種玩具的玩法 2.養成收拾和歸類的習慣 3.知道愛惜公物 4.培養幼兒的認知技能（如：語文、形狀、			12/20聖誕節親子活

週次	日期	單元（角落）	目標	單元	目標	節日
十五～十六	12/18～12/30	腦（益智角）	顏色、大小、分類、順序與數字等概念及思考和解決問題等） 5.增進各種動作技能（如：小肌肉的發展及手眼協調的能力）			動 12/25行憲紀念日放假一天
十七～十八	1/1～1/13	小豆芽的故鄉（音樂角）	1.增進幼兒的辨音能力（如：分辨不同樂器所發出的聲音，分辨聲音的大小、高低） 2.發展節奏感（如：分辨快、慢之節奏） 3.獲得操作簡單樂器的能力 4.培養音樂欣賞的能力 5.知道防止噪音的方法 6.擴展使用音樂角的能力 7.知道音樂在生活中的功用	我就是我（喜歡自己欣賞別人）	1.增進自己的優點、長處 2.知道自己的獨特性 3.培養欣賞並讚美別人優點的胸襟	1/1、2開國紀念日放假兩天
十九	1/14～1/19	我們放假了	1.知道自己的進步情形 2.增進對自己的信心 3.知道新年所代表的意義 4.認識年俗應景的用品			

		5.參與應景飾品的製作 6.知道如何利用寒假		

表14-2　七十八學年度第二學期課程大綱
——本學期主題是愛學習的人

週次	日期	主題名稱	目　　　　標	副主題	目　　　標	備　　註
一〜三	2/13〜3/2	有禮貌的人	**在校** 1.知道應對進退的禮貌：如適時的說請、謝謝、對不起，及主動的和老師、同學與來訪者打招呼 2.培養專心聽人講話並不插嘴的習慣 3.養成喜歡靜音不製造噪音的生活習慣 4.知道團體的規範 5.培養輪流、等待的美德 **在家** 1.知道如何尊重與孝順長輩 2.培養兄友弟恭的手足之情 3.知道應對進退及待客之道 **別地方** 1.知道如何與陌生人接觸 2.遵守公共場合應有的禮儀，如餐廳、音樂廳、公園等 3.知道拜訪他人應有的禮節	娃娃家——人生舞臺	1.觀察學校、家庭及社會等場合，並進行佈置及各種角色的扮演 2.瞭解有關角色的特質與行為 3.增進利用道具創造新主題的能力	2/12新生適應日 2/13本中心開學日 3/1校慶 3/2補假一天

			4.養成隨時保持儀容整潔的習慣			
四 ～ 八	3/5 ～ 4/6	最健康的人	1.瞭解人的生長過程及變化 2.認識身體各器官的位置與功能 3.培養愛護及照顧自己身體的能力 4.認識男女角色及結婚的功能 5.知道受傷的處理方式及應變的措施 6.具有辨別安全和危險事物的能力，如：猥褻事件	科學角——大自然的奧秘	1.認識動物身體的各部結構與習性 2.瞭解動物繁殖及生長的情形 3.認識動物的種類並了解有效撲滅的方法 4.認識與自然法則有關的自然現象如： ·溫度的變化 ·浮力 ·動力：骨牌 5.運用法則預測物質交互作用的結果 6.運用法則解答問題	3/8婦女節放假一天 3/29青年節放假一天 4/3暫訂為兒童節活動日 4/4～7為春假及蔣公逝世紀念日放假四天
		食	1.認識各類食物對人體的幫助及其來源 2.建立良好的飲食常規及習慣 3.培養與友伴共同分享的情操	圖書角——生活百科	1.學習和同伴藉由討論方式來增進新知 2.增進幼兒的想像力 3.培養在書籍中尋求問題解答的習慣	
		衣	1.增進幼兒生活自助的技能，如：整理自己的物品及儀容 2.培養幼兒適切的審美觀念 3.認識衣服的功能、演變及種類 4.了解不同場合應有的穿著 5.增進幼兒對自己的認識及肯定			

九～十四	4/9～5/18	生活中的人	住	1.協助幼兒認識各種災害，如：地震、水、火災的安全措施 2.增進幼兒環境保護的概念 3.知道美化環境的方法 4.培養分工合作的精神	積木角——建築大師	1.促進觀察及建構的能力 2.培養互助合作的精神 3.知道於積木遊戲中保護自己及他人的安全	5/12暫訂為母親節親子旅遊
			行	1.認識各種交通工具的種類及功能 2.培養遵守交通安全的規範 3.增進創造思考的能力			
			樂	1.認識休閒活動的種類及益處 2.培養從事正當休閒活動的習慣 3.培養積極主動及團隊的精神	益智角——強棒出擊	1.增進幼兒的基本概念，包括數、時間、大小、長短、空間、形狀、顏色等 2.配合人體常識進行遊戲，激發幼兒有始有終，遇到挫折不退縮並試圖解決問題的能力	
			慶	1.認識慶典的意義及由來，如：母親節、端午節等 2.了解父母親的辛勞 3.養成幫忙做家事的習慣			
				1.認識情緒的種類及成因種類：喜、怒、哀、樂……各種情緒成因： ·身體上：如衣、食、住、行的滿足 ·心理上：如	音樂角——	1.認識音樂紓緩情緒的功能 2.培養幼兒音樂欣賞的能力及喜歡音樂的性	

週次	日期	單元	內容	角落	目標	備註
十五～十八	5/21～6/15	很快樂的人	安全感、成就感、愛、被尊重 2.知道情緒與身心變化的關係 3.培養在團體中適當表達情緒的能力與技巧 4.養成用正向的方式來與人溝通 5.練習用正向的方式來抒發情緒,如藉音樂、美術使之昇華 6.當他人有負向或暴力情緒時,知道如何保護自己 7.培養包容他人的胸襟	聲音之美 美勞角──雙手萬能	情 3.引導幼兒在音樂中舒發自我的感受 1.知道美勞工具的操作方法(如水彩、色紙、黏土等) 2.增進利用美勞作品來美化環境的能力 3.促進幼兒創造與審美的能力	5/28端午節放假一天 6/1大班參觀小學 6/6畢業生拍攝畢業照
十九～二十	6/18～6/28	愛學習的人	1.引導籌辦畢業典禮的事宜: ·討論畢業典禮節目 ·製作畢業典禮表演道具 2.接受有關的學習評量:個別施測、團體施測、觀察…… 3.知道一學期又將結束 4.表達成長的喜悅 5.迎接快樂的暑假: ·討論暑假計劃 ·整理教室及自己的衣物,並於結束時帶回家	沙水角──戲水之樂	1.培養節約用水的習慣 2.增進佈置沙水角並在遊戲後加以整理的能力 3.參與沙水遊戲並注意安全	6/28暫訂為畢業典禮

㈤進一步的設計

　　學期開始後，在每個主題快接近尾聲前，教師們便聚集一堂，除檢討上一個單元，也為下一個單元交換意見，通常是由其中一人發表她與該班幼兒對此單元的看法，並預擬出大概的發展方向（見例舉）；以激發其他工作人員共同思考，是兒童中心發展教室層次課程的步驟之一。

　　不過，各班幼兒及教師並不相同，故此例舉僅供討論及參考用，實際的運作可能會比例舉的內容少很多；因為幼兒是活的，他們對這些學習的內容有選擇的權利。

課程設計實例例舉

民國七十九年四月九日至五月十八日 主題三：生活中的人		
單元主題	與目標有關的內容	活動分析

食物的來源
* 動物
  * 陸：豬、牛、羊……
  * 海：魚、蝦、蚌、海帶……
  * 空：雞、鴨、鵝、火雞……
* 植物：根、莖、葉、花、果實

食物的種類
* 加工食品：餅乾、罐頭、香腸、果實……
* 天然食品：奶、蛋、五穀、蔬菜……

有用的食品
* 食物的安全：認識
  * 食品的保存期限長短
  * 食物的保存方法：冷藏、醃漬、避免日曬
  * 食物的處理：熱食的原則及清洗

食〔

工作
* 烤小餅
* 熱狗雕刻
* 馬鈴薯印章
* 食物的準備
  * 清洗
  * 切

語文（故事）（討論）
* 圖卡配對（食物的來源）
* 咪咪的妙計

健康科學
* 麵包發霉實驗
* 食物的製造日期
* 蔬菜加熱實驗

```
                    的程序
                    ＊營養的食品                    遊戲活動
                     ‧各種營養素對人體的幫助        ＊記錄每天的食物
                     ‧正確的烹煮防止養分流失：蔬菜    ＊娃娃角：餐廳
                      不可久煮而致養分破壞
                  ┌ 良好的飲食習慣                  參觀
                  ├ ＊當知盤中飧，粒粒皆辛苦：不浪費   ＊菜園、稻田
                  ├ ＊不偏食：營養均衡的重要         ＊牧場
                  ├ ＊飯後不劇烈運動               ＊菜市場、超級市場
                  └ ＊定時定量的習慣               ＊餐廳、廚房


                  ┌ 衣服的功能
                  ├ ＊保護身體
                  ├ ＊美觀
                  └ ＊辨識職業：警察、護士、學生
                                                  工作
                  ┌ 各類的衣服                    ＊碎布貼畫
                  ├ ＊男生的、女生的               ＊布的染色
                  ├ ＊大人的、小孩的
     ┌─┐         ├ ＊不同季節的：春夏秋冬          語文（故事）（討論）
     │生│         ├ ＊不同場合的：運動服、禮服、制服   ＊國王的新衣
     │活│         └ ＊各國傳統的服飾               ＊各國傳統的服飾
     │中│  ┌衣┤
     │的│         ┌ 衣服的演進：樹葉→獸皮→麻→布    健康科學
     │人│         ├ ＊古人織布的認識               ＊衣服清潔的方法
     └─┘         ├ ＊蠶絲的利用                  ＊不同質料的布
                  └ ＊現代的製衣方法
                                                  遊戲活動
                  ┌ 自助技能                     ＊袋鼠競跳
                  ├ ＊穿鞋襪、衣服、褲子、拉拉鍊、扣   ＊娃娃角：美容院
                  │   扣子
                  └ ＊對鏡整理儀容：拉衣服、梳頭髮    參觀
                                                  ＊成衣店
                  ┌ 合宜的穿著                    ＊百貨公司
                  ├ ＊大小合身的
                  ├ ＊婚、喪、喜、慶應有的穿著
                  └ ＊整齊、清潔的衣服
```

住

我們的地球
- *生態：動物、山、海、植物、地、空氣、水
- *天然災害：水災、旱災、火山、地震、颱風、冰雪（探討現象及原因）

安全的地球
- *地震：逃生及躲避的方式
- *水災：逃生的方法
- *颱風：防颱的準備

保護地球
- *污染的地球
  - ·種類：水源、空氣、食品
  - ·來源：工廠、汽車、農藥
- *資源的回收：玻璃、紙、金屬、塑膠
- *節約資源：水、電、樹林

美麗的地球
- *居住環境的清潔：家庭、學校、社區
- *美化環境：植樹、花、草、水土保持

工作
- *製作學校地圖

語文（故事）（討論）
- *地球上稀有動物
- *節約能源
- *盤古與女媧

健康科學
- *垃圾的家：垃圾分類、處理、回收

遊戲活動
- *大掃除
- *垃圾分類活動

參觀
- *社區
- *公園

行

交通工具
- *陸：機車、腳踏車、汽車、火車、公車、捷運系統
- *海：船
- *空：飛機、直昇機

行的安全
- *遵守交通號誌：紅綠燈、各種標誌、路線
- *交通規則
  - ·車輛：行車前檢查、不超速
  - ·行人：天橋、地下道、行人專用道
- *乘車安全：車上不跑跳、頭手不伸出車外

行的公德心
- *隨便停車的影響
- *排隊上車，公車上不喧譁、嬉戲
- *排出濃煙的車子

工作
- *製作交通號誌
- *紙盒工：交通工具
- *做拖鞋

語文（故事）（討論）
- *個人搭交通工具的經驗分享

健康科學
- *有用的油

遊戲活動
- *紅綠燈
- *交通安全
- *大家來搭車

參觀
- *搭火車（台北—萬華）

休閒的種類
*有益身心的
　·戶外：登山、郊遊、游泳、打球、
　　拜訪親友
　·室內：音樂會、參觀文物、插花、
　　收集
*有害身心的：賭博、電動玩具、大
　家樂、六合彩、酗酒

樂

有益的休閒
*對於生理的益處：身體的健康
*對於心理的益處：創造思考的能力
*連繫家人的情感
*興趣的培養
*社會的和諧

工作
*栽種樹苗
*製作樹葉標本

語文（故事）（討論）
*假日的休閒活動

健康科學
*戶外活動的益處

遊戲活動
*百寶袋
*班級畫展、作品展
*我的寵物
*班際球賽

參觀
*高爾夫球場
*兒童樂園
*登山小活動

端午節
*由來：典故
*意義
　·追思古人
　·民族傳統：忠、義精神
*民俗·划龍船
　·插蒲艾
　·喝雄黃酒
　·包粽子
　·帶香包

慶

母親節
*母親的角色：懷胎、養育、家務
*節日的由來
*愛的表達方式
　·協助家務
　·準備小禮物：花、卡片、畫
　·唱一首歌

工作
*包粽子
　·吸管材料
　·沙與葉子
*做香包
*母親卡、康乃馨、
　胸花

語文（故事）（討論）
*屈原的故事
*白蛇傳
*媽媽的一天
*鐘馗嫁妹

遊戲活動
*媽媽的照片
*交換家中的粽子

參觀
*看龍舟

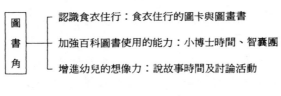

圖
書
角

├─ 認識食衣住行：食衣住行的圖卡與圖畫書

├─ 加強百科圖書使用的能力：小博士時間、智囊團

└─ 增進幼兒的想像力：說故事時間及討論活動

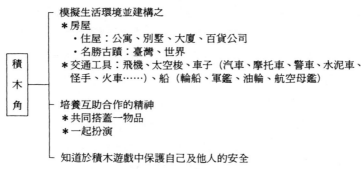

積
木
角

├─ 模擬生活環境並建構之
│　＊房屋
│　　・住屋：公寓、別墅、大廈、百貨公司
│　　・名勝古蹟：臺灣、世界
│　＊交通工具：飛機、太空梭、車子（汽車、摩托車、警車、水泥車、
│　　怪手、火車……）、船（輪船、軍鑑、油輪、航空母鑑）
├─ 培養互助合作的精神
│　＊共同搭蓋一物品
│　＊一起扮演
└─ 知道於積木遊戲中保護自己及他人的安全

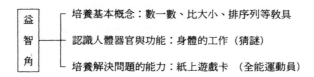

益
智
角

├─ 培養基本概念：數一數、比大小、排序列等教具

├─ 認識人體器官與功能：身體的工作（猜謎）

└─ 培養解決問題的能力：紙上遊戲卡　（全能運動員）

註：有關角落的安排，雖只列出上面三個，但其他的角落仍然存在，只不過，隨
　　著主題，更強調這三個角落罷了！

㈥主題與角落的平衡

　　處在單元活動下，幼兒是必須與他人共同去探討或進行某種屬於共通或共同經驗的活動；而角落的活動卻是幼兒根據本身發展的特質與需求去選擇，並按自己的意願與進度進行個別性的學習；萬一幼兒正專心於自己所選的活動，但團體所要進行的單元活動又快展開，則該如何﹖關於這點，便是選擇這種課程組織者所必須平衡的問題。

以中心來說，若幼兒學習動機很強，且從事的也是有益的活動；教師只會建議但不會勉強他停下個人的操作加入團體。更何況單元與角落並存時，單元主題就會導引角落的佈置；不管是將主題關聯式的佈置在所有的角落中，或重點式的突顯某個角落，還是規畫一專門擺放與單元主題有關的教學資源或材料的單元角；教師們除視單元性質與角落的聯結性來決定外，也可以和幼兒一起討論佈置。

　　如此一來，幼兒只要有興趣，隨時可以到與主題有關的角落去探索，即使沒興趣，在環境的耳濡目染下，也多少會有所吸收；尤其有些幼兒常常會主動的當起解說員或小老師；同儕間的學習也就開始了。這種情形最常發生在一早來及午覺起床後的自發性活動時間（自由活動）。但在教師的引導下，也可以發生在單元主題的討論與發展活動中；幼兒彼此溝通帶領進而學習，這便是本方案所相信的同儕學習。

㈦流程的安排

　　流程的安排可以顯示出方案對個人或團體需求的重視程度，對混齡方案來說，個人與團體是一樣重要；甚至還有意幫助幼兒感受與人共處共學的快樂。故在流程上，自然不會放過各種自然聚集的時間，如：吃飯、到戶外去或睡覺等例行活動。（見表14-3）

表14-3　兒童中心一週課程活動計畫表

八十＿＿＿＿學年度第＿＿＿＿學期第＿＿＿＿週

本週主題：

本週目標：

時間表	日期					
	星期	一	二	三	四	五
8:20〜9:10	到達、問早、開始自發性學習(自由選角活動)					
9:10〜9:30	收玩具、一天的開始 (打招呼、點名、天氣、日期、熱身運動)					
9:30〜10:00	團體時間					
10:00〜10:15	點心時間					

時間						
10:15 ～ 11:00	小組 活動 (同儕)					
11:00 ～ 11:30	戶外或 體能 活動					
11:30 ～ 11:40	檢 討					
11:40 ～ 12:40	午餐、盥洗暨靜態活動					
12:40 ～ 14:20	睡前準備(鋪床、故事時間)、午睡					
14:20 ～ 14:50	起床、整理、開始自發性學習(自由選角活動)					
14:50 ～ 15:20						
15:20 ～ 15:30	點心時間					

15:30 ~ 16:00					
16:00	統整、分享、放學				
記事欄	出／缺席人數				
	實習生				
	天　氣				
	重點評估				

註：各段落時間可視實際需求調整之。

下午14:50～15:20及15:30～16:00可做為戶外活動、小組活動或團體活動的彈性使用。

　　至於一天中的學習活動，和高廣度認知導向的幼教課程一樣；也會安排自發性學習（自由活動）、大團體活動、及各種分組活動；如：按年齡分組（因為混齡有大、中、小班，在發展需求上是有所不同）；按能力分組（此乃針對個別差異的發展特徵而設）；按興趣或需求分組（是為了幫助幼兒了解自己的興趣，或滿足他們發展上的需要）；以及特意安排的同儕教學。

　　所謂「特意安排的同儕教學」是混齡方案中的一種特色，雖然幼兒之間在自發性活動時，有人會自然的成為教導者，而有些就變成學習者，但自然形成的同儕教學其教

導者一經固定，其他的幼兒便缺乏嘗試的機會，故教師若能視機安排同儕教學活動，其他幼兒也就有擔當教學者的機會。

此外，同儕教學的習慣若養成，也可使分組活動的進行更具彈性；因爲在一名教師必須帶一整班幼兒的師生比例下，想要做好分組教學，人手的問題常無法克服，如果幼兒也可以成爲良性的幫手，帶領同伴學習，如此，在進行分組時，教師不會因爲受制於人手而無法進行；而幼兒也可以藉由教導同伴，重組自己的經驗，並呈現之。以下是進行的步驟：

1.事前要預告
　(1)早上的活動須在前一天放學前提醒幼兒。
　(2)下午的活動可在午餐前或睡醒後提醒幼兒。

2.活動前的團體討論
　選出小老師（通常需要考慮幼兒能力與他準備的活動是否相當），視當天的組數而定，盡量讓有準備的幼兒試試。

3.進行方式
　(1)介紹小老師及其帶領的活動：可讓小老師自己介紹。
　(2)決定小老師的帶領人數：可由小老師自己決定，教師從旁建議。
　(3)協助幼兒選擇活動及安排地點：小老師可先在選定地點等待同伴，工具則由小老師及同伴一起準備。

4.活動結束之際
　(1)教師可事前提醒小老師剩五分鐘夠不夠。
　(2)引導小老師協助同伴收玩具。

(3)作品介紹：可由小老師主持，最後再由教師鼓勵用
　　心的小老師及幼兒們。

5.活動中教師的角色

(1)引導幼兒進入同儕教學的活動中。

(2)提供材料（如卡紙、色紙、原料、黏土等）。

(3)提醒尚未進入狀況的幼兒進入小組及地點。

(4)收玩具前告訴小老師剩五分鐘夠不夠。

(5)提醒小老師要和同伴一起收玩具。

(6)教師扮演各同儕小組中的觸媒，協助小老師。

(7)必要時，教師扮演小朋友一起學習。

(8)教師藉機觀察幼兒間的互動，領導能力及教與學間
　　的情形。

　　上述自由活動、團體活動及小組活動，配合單元活動
的進行填入計畫表中；力求個人、團體，動與靜、室內與
戶外、及課程領域都能平衡。計畫表的填寫時間依預定進
度及未預定進度而有不同。

　　在有預定進度的學期中，如：七十八學年的課程；各
班教師可預先規劃，並在和幼兒溝通之後，填妥發給家長；
故通常是先於實際課程，家長頗喜歡這種計畫表，因為他
們可以視進度內容，主動提供相關資源；也算是很好的交
流工具。

　　另一種則是當課程沒有預定進度時，如新嘗試的課
程，就沒有預定的進度；教師只能預告方向及需要家長配
合的事項；計畫表的詳細內容需等實際課程進行之後，再
填寫發給家長。由於此種方式所寫出來的是已實施的課
程，家長原本很不習慣，但因教師會把該週幼兒的學習狀

況簡述於空白處；家長從中也逐漸瞭解幼兒一週來的成長與課程的關係，便慢慢的接受了。

二、新的嘗試

隨著師生共同設計的脚步，中心在學期大綱的訂定也有了轉變；教師們希望一學期，甚至一學年的走向，是從幼兒自己對周圍的發現與問題來做爲起點；但教師必須對相關資訊有些認知與了解；以免面對幼兒所提的問題「無言以對」。因此，教師們仍共同思考學習的方向，如：教師們認爲生活中的事物包涵許多設計者的巧思，是智慧的結晶；卻因爲看慣或習慣了它們的存在，便忽略或不珍惜。故以生活中的食、衣、住、行，進行問題的挖掘，以下小小設計師的架構與內容，便是教師相互激盪的結果；算是一種以問題來帶動課程的學習，初次嘗試沒有預定進度課程的練習。

有趣的是，新學期一開始，幼兒的興趣並不是「衣」，而是卡通片中的人物及工具；與教師間的練習完全不同。弄得教師們必須密切觀察幼兒的動向，研究他們的話題，並適時的澄清與討論外；教師間的討論更是頻繁。問問題、思考問題，不再只是練習，而是一種反應。且由於教師是以問題引發幼兒繼續自己的問題，並進行觀察、資料收集、及完成自己的設計；雖然幼兒經驗不足，必須循序漸近；但可以肯定的是，他們眞的是在動腦筋思考。

除此之外，年齡不一的幼兒因爲共同的興趣而聚在一起，七嘴八舌，溝通協調，分配工作，他們的主動性與互

動頻率也提高了；不過，教師的觀察與協助的工作也就更積極與機動了。

　　這樣的嘗試將來會不會繼續或恢復原狀，得視教師的經驗及幼兒參與的狀況而定；但不致影響方案的宗旨。

小小設計家──引導幼兒建立一完整的學習模式

探索問題 → 經驗、活動 → 能力發展 情感表現 知識獲得 → 回顧與統整

衣

角落佈置

* 人會冷死嗎？
* 動物需要衣服嗎？
* 衣服是怎麼來的？
* 衣服有那些種類？
* 布料有那些種類？
* 不同的色彩給人不同的感覺嗎？
* 不同的款式會給人不同的感覺？
* 色彩、樣式怎麼搭配？

* 比較、觸摸各種布料毛皮
* 穿全身同顏色的衣服來比較
* 介紹自己最喜歡的服裝
* 教室色彩變化實驗
* 簡單的衣飾配對、設計
* 蓋服裝店、招牌設計
* 參觀服飾店、洗衣店
* 服裝表演會、佈置展示台
* 扮演賣火柴的女孩

* 知道隨場合氣候搭配服飾
* 了解人類發明衣物的緣由
* 增進色彩組合力
* 培養穿著打扮的審美觀
* 培養欣賞各種打扮的態度
* 建立表現自己時的儀態與自信感
* 發揮想像力與創意
* 表現交易時的適當言行
* 培養整理衣物

* 娃娃家：服飾店、大形穿衣鏡
* 科學角：試管混色實驗、幻燈片混色、混形實驗、尿片實驗、小水缸與太空衣
* 益智角：小丑的變化、色彩配對、衣物分類、早安穿衣、第一及第二恩物、布料觸摸板
* 美勞角：浮水印、絞染、色

＊查閱各國古代
　的服飾
＊參觀中影文化
　城
＊服裝表演會、
　佈置展示台
＊養蠶

的好習慣
＊體會幸福的珍
　貴
＊養成珍惜衣物
　、愛心送溫暖
　的情操

形組合
＊日常生活區：
　衣飾框、小方
　巾
＊請家長提供舊
　服飾、海報、
　圖片

食

＊人會餓死嗎？
＊食物是怎麼來
　的？
＊青菜摘下來就
　可以吃嗎？
＊食用的方式有
　那些？
＊不同的民族飲
　食習慣有何不
　同？
＊食物為什麼會
　壞掉？如何辨
　認？
＊吃了壞掉的東
　西會怎樣？
＊食物太多或吃
　不完怎麼辦？
＊食品如何保存
　、包裝？
＊動物喜歡吃些
　什麼？
＊地球上的食物

＊翻土種菜、記
　錄蔬菜的成長
＊作菜、作點心
＊介紹、分享最
　喜歡的點心
＊觀察食物發霉
　的過程
＊食品包裝觀察
　比較
＊食品包裝設計
＊飲食店參觀、
　寫生
＊飲食店設計、
　佈置
＊郊遊野餐
＊觀看非洲饑餓
　影片及人間月
　刊

＊飼養小雞
＊認識食物的名
　稱與營養
＊了解食品的生
　產過程與保存
　方法
＊認識食物腐壞
　的因素與過程
＊懂得選擇安全
　衛生自然營養
　的食物
＊培養良好的飲
　食習慣與餐飲
　禮儀
＊發展分類規畫
　的概念
＊享受分工與共
　餐的樂趣
＊培養人饑己饑
　的情操
＊養成勤儉的精
　神

＊娃娃家：餐廳
　、收銀機
＊科學角：發酵
　實驗、食用色
　素、食物保存
　方法實驗、味
　覺瓶
＊益智角：氣味
　袋、食物鏈、
　安全食品標誌
＊日常生活區：
　敲搗花生、烹
　飪桌
＊美勞角：水果
　畫、調味瓶、
　水蠟畫
＊請家長協助幼
　兒力行環保工
　作

會不會被吃光光？　　　　＊建立環境保護的理念與習慣

（住）

＊為什麼房屋要有屋頂、窗戶呢？
＊為什麼有的屋頂平平的，有的卻尖尖斜斜的？
＊為什麼有電梯也要有樓梯？
＊陽台、院子有什麼好處？
＊兒童房和大人房不同嗎？
＊每間房間裡需要什麼家具物品？
＊動物的家需要什麼？
＊垃圾桶都裝些什麼呀？
＊我最喜歡家裡的那個地方？為什麼？
＊家裡有危險的地方嗎？
＊怎麼住才能安

＊介紹自己家的廳房與家具
＊參觀小朋友家的客廳、院子
＊設計搭蓋自己喜歡的兒童房
＊觀察各種不同功能樣式的垃圾桶、設計簡單的垃圾桶
＊家具分類
＊寵物房的設計
＊糖果屋製做
＊「瞎子走路」團體遊戲
＊教室角落用品大風吹
＊參觀兒童樂園昨日世界
＊房屋、社區立體模型製作

＊認識房屋的結構與功能
＊了解不同房間的用途及其與家人的關係
＊認識家具的名稱與擺放位置
＊瞭解居家用品發明的過程
＊激發設計物品的興趣
＊注意住家安全
＊認識方位、增進方向感
＊增進立體建構的對稱感與想像力
＊獲得測量、比率、問題解決的學習經驗
＊培養維護住家環境及愛護社區的精神
＊發展洞悉生活環境的警覺性
＊了解家的重要

＊娃娃家：客廳
＊科學角：方位與聽覺實驗、通電遊戲、量量看
＊益智角：立體農場、空間方位遊戲、第三、四、五、六恩物、大富翁
＊美勞角：立體造型、家具造型、房屋造型
＊日常生活區：擦、扭、夾、吸
＊請家長多與幼兒討論家裡的擺設

全、衛生又健
康？
＊社區裡有那些
公共設施？
＊誰沒有家？

（行）

＊人如果沒有脚
怎麼辦？
＊行走的方式有
多少種？
＊車子的種類有
那幾種？
＊為什麼要掛車
牌？
＊為什麼車子要
有安全門、煞
車器？
＊為什麼要有街
道馬路？
＊街道旁為什麼
要有花、樹、
椅子？
＊為什麼紅綠燈
是紅、綠、黃
三種顏色？
＊馬路為什麼如
虎口？
＊為什麼要讓座
給老弱婦孺？

＊觀察比較各種
動物的行走方
式並進行模仿
遊戲
＊觀察比較各種
交通工具
＊參觀車內的設
備
＊設計車牌
＊設計搭蓋簡易
的交通工具
＊交通標誌參觀
記錄
＊街道路線圖認
識與記錄
＊十字路口觀察
＊參觀療養院

＊認識各種行走
的方式
＊增進靈活運用
肢體的敏捷度
＊認識各種交通
工具及配備
＊認識各種交通
標誌
＊建立使用安全
門的技能
＊培養對車牌號
誌的記憶力
＊了解行的安全
注意交通規則
＊培養維護街道
馬路安全美觀
的習慣
＊加強珍愛身體
的行動
＊培養幫助老人
殘障的情操

＊娃娃家：太空
船
＊科學角：齒輪
原理、水車原
理
＊益智角：交通
安全、大富翁
、第七、八、
九恩物、交通
工具、分類組
合、各式迷宮
＊美勞角：交通
標語、車子造
型、飛機火箭
太空船造型、
迷宮圖的設計
製作
＊日常生活：三
輪車、脚踏車
保養
＊請家長多向幼
兒介紹街道馬
路的安全與特
色

三、評量

　　方案的評量是極為複雜的工作，除須確立是何種層級的評量外，還要按其程序決定目的、方式、工具；並要有人力去實施。首先，中心視自己為一托育服務的實驗中心，故實驗此一方案必須與如何做好高品質的托育方案相連結，因此，評量的方向除了教室層次的課程外，還參考美國幼兒教育協會（NAEYC, 1985）的自評手冊進行自評。此外，還追蹤畢業生小學生活適應的情形（尚未發表）。至於方案效果的實證性研究，則只有研究生的論文故也不完整。以下就分研究生的研究與中心所進行的觀察研究說明之：

㈠研究生方面

　　關於本方案效果的評估，由於本身未安排對照組；故很難說是幼兒正向的社會行為或互動，可以促進幼兒整體的發展與學習。目前除李信（民79）所做的社會能力的影響研究較為完整外；另有陳娟娟（民73）針對兒童中心混齡編班及師大幼稚園的同齡編班進行遊戲行為與互動的比較研究，發現混齡編班的幼兒其社會性遊戲較同齡編班的幼兒多。而葉蓁蓁（民74）是研究兒童中心混齡編班下的友伴關係，發現混齡班級下，幼兒的互動行為以正向的為多；且以五歲組最具社會性。

　　混齡似有帶來較多的社會互動，但是否真能藉此引發同儕的學習，進而促進幼兒較好的發展？則本方案目前仍

較缺乏實證研究的支持。

(二)中心方面

　　就一個高品質的托育方案而言，其所關心的是整個托育服務而非課程而已；因此，評量時，除了課程，還參考美國幼兒教育協會自評手冊中所列的項目；如：工作人員與幼兒的互動關係、與家長的互動、工作人員的資格與發展、行政管理、師生比例、活動空間、健康與安全、營養與食物供應及評量等十項進行之。舉例來說，混齡方案將家長視爲混齡團體的一部份，因此，每學期舉辦各種家長活動，並經由口頭與問卷，瞭解家長對此方案的滿意度及建議事項等；彙整後可作爲方案改進的參考。

　　不過，本書所談的是課程，因此，接下來還是以討論課程評量爲主。雖然混齡方案缺乏系統性的研究資料來回答所實施的課程對回映理論的基礎及目標的達成有多少相關度，但根據平日幼兒互動的品質及反映在單元目標或角落活動上的行爲（關於單元及角落活動的評量，中心是依第十章與第十三章的評量進行之。），以及幼兒的完整性發展（兒童中心幼兒發展檢核表，民73、79、81版）來看，是有其效果；但有待更嚴謹的研究來證明。現舉數例說明之：

1. 喜歡學習

　　吃完午飯是幼兒玩靜態活動的時段，有位中班的幼兒手拿一本書興沖沖的告訴教師：我找到了！這裡有早上用盒子做的房子，我現在要去找盒子來做。然後，他將書夾在腋下，就像那驕傲的傻鵝皮杜妮；但是大家都知道他不傻，他只是太高興了。

2.同儕學習

　　三歲的幼兒是中心的新生，但他們有旺盛的學習力，經常會觀察較大的幼兒在玩什麼或湊在旁邊插一手，大哥姊也會教他們或讓他們在旁邊觀摩。等到大哥姊結束之後，他們便「有模有樣」的玩起這個遊戲來；正所謂「良性互動，同儕學習」。

　　有兩位幼兒，一早到了中心問了早之後，便到美勞角去設計自己想要的交通工具，他們研究著車子的大小、形狀、要不要加車燈等，然後，另一個比他們小一點的小朋友也加進來討論，但沒有動手做。他們邊做邊看對方的作品，互相欣賞或幫忙，並用了彼此的點子；但最後他們各自完成自己想要的交通工具，樣子並不相同。

3.有幽默感

　　一天早上大家一起看著日曆上的日期：三月十一日，剛好那一週幼兒對交通工具相當感興趣，教師就打趣的站起來說，這兩條腿也是交通工具，大家都叫它「十一路」公車。然後，教師反問幼兒：今天是坐車還是走路來的？沒想到他們清澈的眼睛露出一絲頑皮，然後異口同聲的說：十一路！

4.有同情心

　　每次有人哭，總有幼兒放下手邊的遊戲，或是去告訴教師，或是直接去拿衛生紙來幫同伴擦眼淚；也可能就坐在旁邊陪他。

　　有一次戶外教學是觀察交通號誌，在他們發現「當心兒童」的標誌的同時，他們看到一隻跛腳的野狗，於是他們決定應該設計「當心狗狗」的標誌。

5.喜歡照顧別人

不少本身吃飯也不快的幼兒，當看到比他小，且吃飯更慢的幼兒，竟會放下自己的飯或快快把自己的飯吃完，好去幫忙餵這位幼兒。最有意思的是，有一個中班及一個小班，在廁所等一個小班，搶著要替他擦屁股！

6.有責任心

戶外教學時，幼兒找好自己的伴正手牽手的走著，突然有位大哥哥喊一聲，有水溝，換邊，小的走外邊。然後，整支隊伍該換邊的全換了邊。幼兒自發的舉動，連教師都沒想到！

7.滿腦子道理

問他們如果有一個自己很喜歡的玩具，但一個比他大的小朋友也很想玩，怎麼辦？如果是一個比他小的小朋友，又該怎麼辦？

對大的，他們就說：要輪流、商量、或聽聽良知的聲音。

對小的，他們就說：先讓他們玩一下，他們比較小或他們還小！

看到上面的例子，一定有人要問：難道他們沒有負面的行為嗎？當然有，而且還不少；但若與正向行為相比較，仍是正義的那一方勝利。就像所有的幼兒都喜歡演好人，當好人；而不希望自己是壞人。所以，衝著幼兒心中的「善」，則只要多讓他們看到正面與優點，看得多也就學得越多。至於那些個人或少數人的負面行為，按照中心的經驗，還是「個個擊破」、「私下解決」最為恰當。

雖然，實證研究上，中心幼兒只在「公共或陌生情境

中的反應」及「語言發展」社會能力上優於他所幼兒（李信, 民79）；但對中心來說，幼兒之間是不需比較的；故當中心目睹幼兒所表現的主動性、學習能力、利社會等行為時，真的是羨慕這群幼兒能如兄弟姊妹般，自由自在的談天說地，做東弄西的；他們過得很自在很豐富。

對教師來說，要尊重個人，又要關心他人；要注意個別性又要塑造互動氣氛，難免也會遇到傷心挫折的狀況；但當教師們往整個混齡方案所產生的氣氛去思考時，偶而的挫折也就不算什麼了，大夥兒只會更努力的討論，如何加以修正改進並繼續做下去。

本節思考重點

1. 混齡編班的課程和同齡編班在課程設計上有何不同？
2. 在看完混齡編班方案之後，試分析其課程發展的觀點？
3. 面對混齡方案在評量方面所遇到的限制，試探求解決之道？
4. 試探討發展適合本土的方案式課程的條件與可行性？

◆◇◆◇◆◇◆◇◆◇◆◇◆◇◆◇◆◇

參考書目

李信(民79)：華岡兒童托育實驗方案對學前兒童社會能力
　　之影響。中國文化大學兒童福利研究所碩士論文。

陳娟娟(民73)：學前兒童遊戲行為與互動——混齡同齡編
　　班之比較研究。中國文化大學兒童福利研究所碩士論
　　文。

陳淑琦　(民80)：學習區域與幼兒遊戲行為之研究。文大理
　　科學報，八期。

黃世鈺　(民80)：我國幼稚園課程實驗探析。幼兒教育。臺
　　灣省第二屆教育學術論文發表會。臺灣省：竹師。

葉蓁蓁　(民74) 混齡編班下幼兒友伴關係之研究。中國文
　　化大學兒童福利研究所碩士論文。

Forman, G. E. (1987). The constructivist perspective.
In Roopnarine & Johnson (ed.). *Approaches to
Early Childhood Education*. Ohio: Merrill Publish
Company.

Forman, G. E. (1990). Piaget, art, and childhood edu-
cation. Presented as keynote to: *International
Congress for Child Educators*. Osaka, Japan.

Goldman, J. A. (1981). Social participation of pre-
school children in same-versus mixed-age group.
Child Development, 52, 644-650.

Lougee, M. D. Grueneich, R., Hartup, W. W. (1977).
Social interation children-in same-and mixed-

age dyads of preschool children. *Child Develop-ment, 48,* 1353-1361.

Macdonald, J. B. (1975). Perspective on open educa-tion. In B. Spodek & H. J. Walberg (ed.). *Studies in Open Education.* N. Y. : Agathon Press.

Spodek, B., Saracho, O. N. & Davis, M. D. (1987). *Foundations of Early Childhood Education.* Engle-wood Cliffs, New Jersey: Prentice Hall, Inc.

Thomas, S. C. & Walberg, H. J. (1975). An analytic review of the literature. In B. Spodek & H. J. Walberg (ed.). *Studies in Open Education.* N.Y.: Agathon Press.

註：本章所用之學期大綱均是兒童中心教師們通力合作的結晶，特此致意並致謝。

附　錄

幼兒單元教學活動設計例舉

本附錄的目的在介紹，四種同屬政府單位所發展出來的單元教學活動設計的敍寫格式與項目；內容則是自創的，希望大家在參考之餘，打破對單元教學活動設計預設刻板的成見。其實，它和凱茲與查德所著的「設計取向的課程」差別不大；關鍵在於使用者是否清楚自己所要反映的是「師生共同設計」、「幼兒自發」或「教師依目標設計」的出發點，然後依其特性加以發揮就好了。

　　所以，以下各位將會看到四個依目標設計的單元教學活動設計，但單元標題的來源絕對是符合單元編選的原則，或許更人性化的說法就是從幼兒身上發掘的；且在進行的過程中，都非常強調引發幼兒思考及設計活動，以產生更多元的經驗，供他們自己選擇。

　　盼這份努力，能突破格式上的要求，不僅帶動幼兒思考，也能讓大家像是到了現場一起設計活動，如此，一遇有疑問之處，便可以圈畫出來進行討論與修改，這才是此處例舉的目的。

一、臺北市教育局的格式

單元名稱	美麗的春天	人數	18人	班別	大班	活動月份	二月

單元目標	活動要項
1.知道春天是四季之一 2.認識春天景象的特徵 3.知道景色變化的原因 4.知道春天對生活的影響 5.增進對大自然的觀察力 6.瞭解保護生態環境的重要性 7.實踐環保的各種措施	第一天：透過平日上學途中的觀察進行，以及討論校園巡禮 第二天：利用圖片、幻燈片、影片介紹冬景與春景特徵及討論景色變化的原因 第三天：透過觀察、討論，歸納出春天對動物生活的影響 第四天：透過觀察、討論，歸納出春天對植物的影響 第五天：在感受春天之美後，引導幼兒從事保護及美化環境的活動（修剪花木、整理環境） 第六天：春天景象記錄展（標本或美勞作品）

指導注意事項	1.應從幼兒生活中最容易感受到的景象或事物開始 2.多利用參觀活動引導幼兒直接去探索及瞭解春天的種種 3.從實際的美化活動幫助幼兒養成欣賞及保護大自然與生態的情操與習慣

具體目標	教學活動	教學資源	備註
1.能說出上學途中的景觀 2.能說出參觀校園的目的 3.會喜歡觀察事物 4.能發表所見所聞	第一天 1.教師以發問的方式，引入今日活動： (1)小朋友，你們從家裡到學校的路上，都看到些什麼呢？ (2)說明一起去逛校園的用意，並引導幼兒想想沿路想看的	冬天及春天的校景照片、植物圖片或標本	於本單元開始之前，即提醒幼兒對上學途中的景象、事物多加觀察

5.能說出春天是 　四季之一 6.能說出冬天和 　春天的不同點	種種景象。 2.在幼兒參觀校園的途 　中，教師可從旁提 　示，幼兒應注意觀察 　事項： 　(1)校園裡的花、草、 　　　樹木有什麼特別的 　　　地方，如：顏色、 　　　數目等。 　(2)人們的穿著又如 　　　何？ 　(3)注意昆蟲的出沒。 　(4)這些景象和冬天的 　　　景象有何差別？ 3.參觀校園後，返回教 　室互相討論並分享心 　得 4.將所觀察的內容畫下 　來 5.討論畫的內容，並進 　行佈置	蠟筆、彩色筆、 水彩、畫具、圖 畫紙、黏土	幼兒可投其喜 好，選擇表達觀 察記錄的畫具
1.能哼出春神來 　了的旋律 2.會專心觀看幻 　燈片 3.能指出冬景與 　春景的不同處 4.能說出景色變 　化的原因一種	第二天 1.教師在自由時間就播 　放「春神來了」歌曲 2.引導幼兒再度觀察自 　己的圖畫，然後進行 　幻燈片春景與冬景的 　比較 3.一邊觀看、一邊討論 　其中的異同 4.討論景色變化的原 　因，如：溫度、濕度 　等 5.討論如何記錄每天的 　氣溫，並開始行動 6.哼唱「春神來了」	錄音帶、錄音 機、幻燈機、幻 燈片溫度計、記 錄表	1.事前應有冬天 　氣溫的記錄表 2.提醒幼兒注意 　氣象報告

	第三天	多裝與春裝服裝	
1.能說出春天的氣溫會高於冬天	1.討論溫度記錄，氣溫有無升高	圖、動物多眠的書籍、春耕圖及室內植物	
2.會依氣溫選擇適當的衣物	2.請幼兒彼此觀察對方的服裝，是穿很多、很少、很厚或很薄？討論穿著與天氣有何關係		
3.能說出動物多眠的原因	3.討論動物爲何要多眠，又如何知道該起來工作		請幼兒和父母一起討論「春天常見的植物」，如果家裡有種或有圖片還可帶到園所
4.能說出農夫春耕的意義	4.討論農夫爲什麼也要在春天開始工作		
5.會持續照顧教室植物	5.模仿農夫春耕：爲教室中的植物翻土、澆水		
6.能和大家一起想律動的動作	6.回顧春天與生活的關係		
	7.一起創作「春神來了」的律動動作		
	第四天	春天常見的花草樹木或圖片、植物標本製作圖及展示面	
1.能和友伴分享有關的植物經驗	1.複習「春神來了」的律動動作		
2.能在野外觀察或採集時，說出明兩種植物的名稱	2.分享自己帶來的植物或照顧植物的心得		
3.能說出春天天候對植物的好處兩種	3.討論植物會不會怕冷？有無怕冷不怕熱、或怕熱不怕冷的植物？		
4.會說出春景美在何處	4.討論春天常見的植物及特徵		
5.不會亂摘花木	5.野外採集：以落葉、落花爲主		
6.會做簡單的植物標本	6.採集後，先分享對野外春景的看法，以及每名幼兒最喜歡的地方；然後，幼兒可以		

	選擇做記錄畫或製作標本 7. 做好的成品分享		
1. 樂於加入美化環境的工作 2. 日後仍會繼續維持美化園所的工作	第五天 1. 討論如何使園所也和野外一樣美麗？如盆景的清理、重新擺放，種花及插花等 2. 分組進行整體環境的清理 3. 觀賞辛苦整理後的成果，並討論如何繼續維持 4. 討論並列出維護環境的工作表，幼兒自由認領管理 5. 放學之前大家互相拜訪認領的區域	盆景、花種子、鮮花、修剪工具	如果人手許可，可分組進行，有的修剪盆景、有的去買花種或鮮花來美化環境，不然，種子、鮮花就要事先準備
1. 能說出五天活動的重點 2. 能愛護展示的所有作品	第六天 1. 複習春神來了 2. 引導幼兒回想這五天的主要活動 3. 和幼兒一起，將五天來所展示的各種記錄表、標本或作品稍做整理，並仔細的欣賞與比較 4. 心得分享、討論下一週的活動內容	展示的空間	作品可繼續展出，活動也可依幼兒的興趣繼續進行

單元設計的限制常在於它是預設的，其實幼兒看到滿山的杜鵑花，到底會有何種反應，只有帶班的教師才能真正的瞭解。春天的美因時因地不同，各班所關心的方向也未必一樣；所以，若事前所收集的資料正確，所發展的活動也是幼兒感興趣的，就放手去做。

　　但如果幼兒在某些點上，顯露特殊的關心或興趣，且具有學習的意義，則臨時更換活動甚至修正目標也無妨。或者各位覺得上述所安排的活動，都可以再多點時間來進行也無不可；只要記住：教材是死的，人是活的；依狀況修改課程才不失「活」動設計的真義。

　　另外，這是一個沒有學習區或角落的教室所發展出的單元，因此，教室周圍環境的佈置，往往只是顯示該單元標題所關心的重點，但這些重點可透過各種不同的方式來讓幼兒經驗，所以，好好的發揮並不亞於有學習區的教室。反而有可能因為大家全心一意，可以經由活動及所產生的作品，把教室佈置得更趣味盎然。試試看，動手設計一個更生動、更具想像力的春天！

二、臺灣省教育廳的格式

　　此種格式的設計，在小單元之上另有大單元；此處僅提出小單元加以發展之。

單元名稱：迎春接福	對象：大班
單元目標	活動主題與綱要
1.知道新年所象徵的意義 2.知道迎春接福的涵義 3.認識與迎春有關的風俗習慣 4.增進幸福的感受 5.培養傳承春節活動的能力	1.由日曆即將用完來討論新的一年的開始 2.介紹新曆年及農曆年的意義 3.進行大掃除（除舊） 4.寫春聯、剪春花等討吉利的迎新年活動（佈新） 5.迎新年 6.做團圓飯 7.為探望做準備 8.散播幸福與希望

行為目標	教保活動	資源	評量
	準備活動 一、收集與年有關的各種資料、圖片、用品 二、佈置角落 ㈠圖書角：談年、舞獅、剪紙、書法、及迎新年的各種風俗習慣的書；掛圖、錄音帶、各種賀卡 ㈡益智角：人物拼圖、名字拼圖、紙上遊戲卡、時鐘、日曆、月曆 ㈢娃娃角：鏡子、不同職業及地方色彩的服裝或飾物、幼兒自製道具、過年年貨、春聯 ㈣美勞角：剪貼本、膠水、剪刀、布、各種紙類	園所中的基本佈置 左列各角落所需之物品材料	

5
6
3

	(五)音樂角：各地慶祝新年的兒歌、音樂錄音帶、各式樂器	
	(六)體能角：小形跳房子圖、跳高架、投準器、保齡球、呼拉圈、彩帶等	
	(七)積木角：各形積木、扮演附件	
	(八)科學角：春天植物	
	發展活動	
	活動一　新年到	
	一、觀察與討論	
1.能說出一年有十二個月	(一)觀察剩沒幾張的日曆與新日曆	舊日曆、新日曆、月曆與年有關的書
2.能說出十二月是一年的最後一個月	(二)介紹一年有十二個月，最後一個月叫十二月	
3.能說出新曆年與農曆年的差異點	(三)介紹新曆年與農曆年的由來	
4.能參與有關新年的討論	(四)討論一年中都很辛苦的人及如何感謝他們？	
5.會自己到所選的角落去探索學習的內容	(五)有那些人需要被關懷？（為養老院拜年做預告）	
6.會報告自己探索的心得	二、分組	
7.會跟著唱新年到的歌曲	(一)圖書角：翻閱有關「年」與年俗方面的書、字帖等	與年有關的書、字帖、卡紙、粉彩紙、棉紙等
8.能將卡片貼上郵票寄出	(二)美勞角：美勞工具、做卡片	
	(三)益智角：排月份、玩月份陞官圖或拼圖	
	(四)自由選擇其他角落	
	三、團體活動	整個活動配合行

目標	活動過程	教學資源	評量
	(一)作品欣賞與經驗分享 (二)歌曲教唱：新年到 (三)大夥兒寄卡片去		為目標，以觀察、口頭、作品、表演及實做來評量
	活動二　除舊 一、討論與練習		
1.能參與討論並發言 2.能舉出新與舊的例子 3.能說出保養舊物的辦法 4.會模仿教師來整理舊物 5.能指出教室該整理的地方 6.能選出該整理的角落 7.能做好所負責的整理工作 8.能說出對整理後教室的感覺 9.能說出在家如何除舊的辦法 10.回家還能記得除舊計畫	(一)討論新年所代表的意義 (二)東西用了一年之後，會怎樣？（教師以教室的用具為例來討論） (三)如果不想丟掉它，該怎麼保養呢？ (四)教師示範重要步驟、並請幼兒模仿練習 (五)請幼兒巡視教室之後，發表那些地方該整理及如何整理？ 二、分組 根據討論分出各角的整理方式及人數，自由選擇以下區域： (一)圖書角 (二)美勞角 (三)益智角 (四)音樂角 (五)娃娃家 (六)積木角 (七)體能區 (八)科學角 (九)地面 　教室播放新年到的歌曲	教室中經常被使用的用具、書本等 抹布、噴水器、小掃把等清潔工具膠帶、剪刀等修補工具	

	三、團體活動 (一)一起來欣賞煥然一 　　新的教室 (二)互相鼓勵並分享經 　　驗 (三)引導幼兒討論如何 　　在家進行除舊活動	有關除舊活動應 讓家長知道，以 便幼兒也可將此 經驗帶回家	整個活動配合行 為目標，以觀 察、實做及與家 長的訪談來評量
1.能談談家中除 　舊計畫的進展 2.能說出自己進 　步的地方 3.能說出自己的 　心願 4.能舉出達成心 　願的辦法 5.能以春聯字畫 　表達心願 6.能專心聽同伴 　介紹作品 7.能跟著旋律做 　動作	活動三　佈新(新希望) 一、討論 (一)詢問幼兒有無和家 　　人談到打掃的計畫 (二)和幼兒討論這一年 　　來自己做得很不 　　錯、有進步的事？ 　　有那些事還沒做 　　好？有什麼願望？ (三)討論希望要如何才 　　能達成？ 二、故事：春聯的由來 三、把希望畫下來、寫 　　下來(春聯具體化) 四、佈新 (一)作品欣賞與分享 (二)將希望春聯佈置在 　　教室 五、律動：新年到 六、大家來為彼此的希 　　望加油	春聯 紅紙、毛筆	整個活動配合行 為目標，以觀 察、口頭、作品、 表演來評量
1.能說出新希望 　進行的情形 2.能專心傾聽並 　說出內容	活動四　迎新年 一、討論 (一)詢問幼兒有沒有開 　　始為自己的新希望 　　做些努力？ (二)教師分享自己的新	春天景象圖、農 夫耕作過程圖、 各地過年習俗圖	

目標	活動內容	評量	
3.能說出如何在教室進行迎新年俗活動 4.能為自己選擇適當的活動 5.會簡單的舞獅動作 6.能說出吃團圓飯的印象 7.會回去請教父母團圓飯的問題	希望及努力的方向 (三)介紹農夫們如何利用來臨的春天進行耕作 (四)討論各地如何過新年，以及在教室裡可以進行那些年俗活動 二、分組 (一)圖書角：年俗書籍、耕種方面的書 (二)美勞角：美勞用具、書法用具剪春花、寫春聯、做獅面、卡片 (三)音樂角：舞獅音樂、舞獅道具 (四)科學角：植物新芽觀察 (五)或自由選擇其他角落，以保留幼兒個別性的空間 三、團體活動 (一)大家來舞獅 (二)作品及經驗分享 (三)討論吃團圓飯的經驗，引導幼兒向父母請教如何準備團圓飯	左列角落所需之用具 整個活動配合行為目標，以觀察、口頭、作品、表演來評量	
1.能說出團圓是何意 2.能描述媽媽準備團圓飯的過程 3.能舉出在製作	活動五 團圓飯 一、討論 (一)討論吃團圓飯的意義 (二)討論如何準備團圓飯 (三)做團圓飯時，可以如何幫忙？		

過程中，小朋友可以幫忙的事 4.能說出吃團圓飯的注意事項 5.能參與與年俗有關的活動 6.能表達自己的關心 7.能提出幫助他人的具體方法 8.回家會繼續與父母討論	㈣吃團圓飯要注意的飲食習慣與禮節 二、分組延續前面的角落活動並發展與團圓飯有關的活動 ㈠圖書角：春節食品及食譜的書與圖片 ㈡美勞角：美勞用具、書法用具、剪春花、寫春聯、做獅面、卡片 ㈢娃娃家：年糕展示、包水餃 ㈣或自由選擇其他角落，以保留幼兒個別性的空間 三、團體活動 ㈠作品及經驗分享 ㈡故事：賣火柴的小女孩 ㈢討論：如何幫助像賣火柴的小女孩一樣需要幫助的人？做為探望老人與孤兒的前導活動，也可以回家和父母討論	年糕是下午的點心，水餃是娃娃家扮團圓飯的食物 整個活動配合行為目標，以觀察、口頭、作品、實做來評量	
1.能和大家一起討論 2.能和大家一起準備 3.能和大家一起練習 4.能關心友伴	活動六　為探望與拜年活動做準備 一、討論 討論如何來準備向老爺爺及奶奶拜年的活動，如：禮物的包裝、卡片春聯、春花及表演節目等 二、分組	事先應與老人院聯繫，瞭解他們的作息與需求，才不會變成打擾	

5.能幫助友伴	(一)拜年準備區:幼兒可將準備要帶到老人院的東西,在此整理一下		
	(二)美勞角:包裝、製作卡片、春聯等		
	(三)娃娃家:包水餃(送到老人院)		
	(四)節目排練:新年到、舞獅等		
	三、團體活動		
	(一)討論明天拜年的注意事項		
	(二)模擬明天給爺奶拜年的活動		
1.能和老人快樂的在一起 2.能照排演的步驟傳播新希望	綜合活動　散播幸福與希望		
	到老人院去陪老爺爺、老奶奶,給他們拜早年,另找恰當的時間拜訪孤兒院	帶著準備好的禮物	整個活動配合行為目標,以觀察、口頭、作品、實做來評量

　　原本有角落的教室,只要規劃出單元目標及做好準備工作之後,就是引導幼兒藉由教師環境上所安排的線索去探索;完全以「幼兒為中心」的教師,亦即持順其自然說的教師,其角色會較被動等待;反之,也持「幼兒為中心」卻認為環境有交互影響作用的教師,行為上就較主動,會估量幼兒的認知狀況,透過發問以引導他們去探索。

　　不過,不管是主動或被動,尺度的拿捏是最大的關鍵,如何在該等的時候等,該介入的時候介入;與教師的專業知識、觀察力與反映力很有關係,準幼教師可多加練習。

　　至於,上例之中,若按格式先列出行為目標,且希望

幼兒能如預期的達成，其中的主宰性與自由度相信大家也可以想像得到；尤其當角落及活動都不同時，幼兒達到那一個行為目標才算通過呢？所以，當有角落的教室，同時又進行著單元教學活動；除必須掌握尊重幼兒使用角落的自主性與個別性；更需要幫助幼兒瞭解團體所共有的標題方向；否則不是幼兒的活動被打斷，就是與團體格格不入。這豈是原先設計者所願意見到的現象！

　　故此表上的行為目標，是以團體的導向來敍寫；幼兒到各角的個別學習行為，則希望教師先行觀察，再由記錄來回饋其學習的適切性。

三、臺北市社會局的格式

單元主題：水	班別：中班	人數：20人	活動時間：六天	日期：6/
設定單元理由	當夏天一到，即使不特別設計「水」的單元，幼兒自己也會去玩水。因此，在季節適合，又是幼兒喜歡的素材下，「水」就成為一個可以發展的單元；尤其是缺水或水污染頻傳的臺灣，更應引導幼兒正確用水、保護水資源的概念。			
教學目標	(一)知道水存在的形態與來源 (二)瞭解水的功能 (三)增進運用玩水角的能力 (四)知道玩水時的安全 (五)知道自來水的由來 (六)建立保護水資源的概念 (七)知道水災防範之道	活動綱要	(一)小水滴的旅行：水的魔術 　　（水的三態） (二)有用的水 (三)多用途的玩水角 (四)大家游泳去 (五)自來水那裡來（介紹自來水廠的影片） (六)保護水資源 (七)可怕的水災	

活動名稱	行為目標	活動內容及過程		教學資源
活動一：小水滴的旅行‥水的魔術（水的三態）	・能分辨各種不同形態的水：雲、霧、雨、雪等 ・能舉出各種不同來源的水：河、溪、川、海、下水道、地下水、自來水等 ・能說出水有三態 ・能舉例說明水的三態 ・能參與水的三態的實驗觀察 ・**實驗後，會處理善後** ・能發現水的流動性	引起動機	首先在教室裡擺一盆水，引發幼兒的好奇心	・一盆水 ・絨布板
		故事圖片與討論	再利用故事圖卡說明盆裡的水，可能來自那些地方；又經過幾種形態的轉變	・水滴、雲朵、霧氣、雨、小溪、河流、海洋等的圖卡
		分組活動	1.小水滴的旅行故事圖 2.水三態的實驗 3.滴流畫	・酒精燈 ・燒瓶、橡皮塞導管 ・水彩或廣告顏料
		討　論	1.各組報告分組心得 2.提出發現的問題 3.雨、雲、霧等猜謎	
		評　量	口頭、觀察及作品	
活動二：有	・能說出水可供灌溉、飲用、洗滌、滅火、遊玩 ・能體會水的重	討　論	1.從早上起床的第一件事談起，不管是上廁所、刷牙、吃早餐，沒有一件事不用水？ 2.水到底有什麼用？ 3.假如沒有水會怎樣？	・日常事件與水的關係圖
			1.觀察有水及乾枯的植物	・有水及缺水的植物

用的水	要性 ·會說出應節省用水	分組活動	2.沒水可不可以清洗髒東西？ 3.沒有水怎麼煮飯？	·髒抹布 ·一鍋米 ·水
		討　論	1.三組報告分組心得 2.提出所發現的問題	
		唱　遊	魚兒水中游	
		評　量	口頭及觀察	
活動三：多用途的玩水角	·能提出佈置玩水角的具體意見 ·會和大家一起佈置及一起玩 ·能操作並記錄物品在水中的浮沈情形 ·能操作並記錄物品在水中的溶解情形 ·從不同的容器發現水的可變性 ·發現容器的容量各有不同 ·能小心有效的使用角落內提供的用具（容器、量杯等） ·能保持角落的完整 ·能節約用水	討　論	1.怎麼玩才不會浪費水？ 2.一起佈置玩水角	·浮沈物 ·可溶及不可溶物質 ·不同造形容器但容積相同的容器、兩倍大及二分之一大的容器
		分組活動	1.水與浮沈物 2.水與溶質 3.水與容器	
		討　論	1.三組報告實驗心得 2.提出所發現的問題 3.複習唱遊：魚兒水中游	
		評　量	口頭、觀察與記錄情形 ※提醒幼兒攜帶游泳衣、帽、浴巾	
	·能做到有大人才可下水游泳		1.請曾游過泳的幼兒分享游泳	·游水危險動作圖

活動名稱	目標	方法	內容	教材
活動四：大家游泳去	・游泳前，會做暖身運動 ・能在規定的範圍內游泳 ・能舉出游泳玩水應注意的事項 ・能分辨危險狀況（抽筋、體力不支） ・會二種求救的方法	討論與示範	經驗 2.討論游泳注意事項 3.示範暖身運動 4.求救動作	
		練習	1.求救動作 2.暖身運動 3.在小游泳池練習踢水	
		評量	口頭及觀察	
活動五：自來水那裡來	・能仔細觀看影片 ・能說出自來水的製造過程	討論	1.觀看自來水的製造過程 2.討論水源及消毒與過濾等步驟的必要性	・錄影帶、錄影機及電視
		分組活動	1.自來水製造過程遊戲卡 2.明礬淨水與混濁水比較 3.沙石及活性碳過濾	・明礬淨水、沙石及活性碳
		評量	口頭及觀察	
活動六：保護水資源	・能說出為什麼要保護水資源 ・能說出保護水資源的方法 ・能儘量不污染水資源 ・能繼續關心水污染的問題	引起動機	以故事「小河愛唱歌」，引發幼兒注意河川污染的問題	・故事書 ・河川污染的圖片
		觀察討論	1.觀察各種污染物或污染物的圖片 2.水源為什麼會被污染？ 3.如何減少水的污染？	・洗衣粉、染料、家庭污水、工業廢水、有害的化學物質、糞便等圖片或實物

		評 量	口頭及觀察	
活動七：可怕的水災	・能說出水災的原因 ・能舉出水災帶給人類的損失與不便 ・會提醒大人注意水土保持的重要性 ・能參與紙屑或廢棄物的清除	討 論	觀看水災記錄片，討論水災的害處、成因及如何避免水災	・錄影帶、錄影機及電視
		圖片說明	植物如何抓住泥土與土層中的水	・圖片
		清除水溝	由教師帶領幼兒清理園所附近的水溝	・撿垃圾的工具
		統整與評量	1.回想一週活動與心得 2.口頭及觀察	

　　此種格式有清楚的流程，幫助設計者檢視其流暢性與完整性，雖屬於無角落的教室，幼兒似只能跟著做水的活動；但若能兼顧各種經驗且讓幼兒自由選擇，或交換練習；其實彈性仍是很大的。

四、臺灣省政府社會處的格式

單元名稱	狗寶貝	適合年齡	四歲組 （中班下學期）
單元目標	一、認識狗的種類與特徵 二、瞭解狗的生活習性 三、知道狗的功用 四、知道警犬、導盲犬的訓練方式 五、增進照顧小狗的常識與技能 六、培養愛護動物的情操		

教保活動要項	一、狗寶貝大集合 二、靈犬萊西 三、狗警察 四、我會養狗 五、參觀養狗店及狗醫院 六、模擬開設養狗店及狗醫院

單元目標號碼	行為目標	教保活動	教保資源 教材準備	評量	備註
		準備活動 　收集各種狗的照片或圖片，並將之佈置在教室之中，引起幼兒的好奇和幼兒閒談養狗的經驗。 發展活動			
一	1.能說出狗的種類至少兩種	活動一　狗寶貝大集合 1.團體活動：	狗的海報		
一	2.能說出狗的特徵	(1)介紹自己帶來的狗或狗照片	狗照片 家裡的狗		
一	3.會模仿狗的叫聲	(2)討論狗的種類與特徵（外形、叫聲、味道等）	狗布偶 狗玩具		
六	4.會正確的抱住小狗	(3)請一位養狗的幼兒，把狗兒帶來抱一抱、摸一摸，示範愛護的動作 2.分組活動： (1)觀察及比較不同種類的狗 (2)學抱小狗 3.各組發表心得		觀察評量 口頭評量	
三	1.能說出狗的好處	活動二　靈犬萊西 1.引起動機： (1)教師簡述靈犬萊西	故事書 影片		

三	2.能說出警犬及導盲犬的功用	的故事 (2)觀看該片 2.團體活動： (1)討論觀看心得 (2)討論養狗的好處 (3)兒歌：狗警察	錄影機 訓練用具 音樂帶 錄音機	觀察評量 口頭評量 作品評量
四 四 一	1.能說出訓練警犬及導盲犬的方法 2.能模仿訓練警犬及導盲犬的動作 3.能模仿狗警察的動作	活動三　狗警察 1.團體活動： (1)觀看警犬及導盲犬的影片 (2)討論訓練警犬及導盲犬的方法 2.分組活動： (1)練習警犬及導盲犬的訓練 3.經驗分享 4.律動：狗警察 　根據對狗警察的種種觀察與討論，進行狗警察的律動活動	影片 錄影機 訓練用具 音樂帶 錄音機	觀察評量 口頭評量
二 五 六	1.能說出狗所吃的食物 2.會幫小狗洗澡 3.能訓練小狗大小便 4.能主動發表有關的意見	活動四　我會養狗 1.團體活動： 請養狗的小朋友介紹養狗應注意的事情如：狗吃東西的情形、狗的食物、如何幫狗洗澡、大小便處理等 2.分組活動： (1)餵狗吃東西 (2)替狗洗澡 (3)訓練小狗在廁所大小便並加以處理 3.團體活動： (1)照顧狗的經驗分享 (2)如果只是喜歡狗，	養狗用具 狗食物 養狗用書	

		不喜歡照顧狗，該怎麼辦？ (3)如果狗生病又該怎麼辦？		觀察評量 口頭評量	
五	1.能專心參觀 2.能主動發問 3.能說出狗生病的可能原因 4.能說出養狗應該注意的事情 5.能將參觀的心得畫下來	活動五　參觀養狗店或狗醫院 1.團體活動： 　狗生病怎麼辦？ (1)參觀養狗店或狗醫院 (2)討論參觀養狗店的心情 (3)討論養狗應注意的事情 2.畫出參觀心得	聯絡狗醫院及養狗店	觀察評量 口頭評量 作品評量	
五 六	1.能說出開狗店所需的用具 2.能說出開醫院所需的用具 3.能和同伴一起佈置狗店或狗醫院 4.會扮演帶狗看病 5.會真正的照顧狗	活動六　開設狗店及狗醫院 1.團體活動： 　討論如何開設狗店及狗醫院 2.分組活動： (1)佈置養狗店 (2)佈置狗醫院 3.進行帶狗看病與照顧的扮演遊戲	美勞工具 桌椅 積木 醫療用具 （玩具）	觀察評量 作品評量	
	1.能欣賞他人作品並與人分享 2.能專心觀賞	綜合活動 1.團體活動： (1)老師說故事：一零一忠狗 (2)複習兒歌：狗警察 2.分組活動：	故事書 音樂帶 錄音機 美勞工具		

		自由選擇素材,畫或做一隻自己最喜歡的狗 3.團體活動: 　作品欣賞與一週感受分享	觀察評量 作品評量 口頭評量	

　　由於此一格式亦是屬於單純的主題式的設計,故其所面臨的問題與一、三類似,此處就不多說。

　　總之,以上四種敍寫方式在格式與要項上,雖大同小異,但教師或編排者應視自己的教學環境及思考習慣,來幫自己從中作選擇;或嘗試使格式更符合自己的需求。

　　舉例來說,如此分層發展下來,雖產生完整的單元,但可能無法立刻從表格中察覺課程的各領域,導致整個設計已告完成卻有所偏向;故不妨配合第十章單元教學活動設計的活動概要分析表及檢核表,來檢驗一下何種格式,最能週延的完成設計。必要的話,可以修改其中不適合之處;則一份新的更好用的表格就會出現。所以,大家加油!

參考書目

臺灣省教育廳（民77）：幼兒學習活動設計。臺灣省教育廳。

臺灣省社會處編印（民74）：托兒所教保單元。臺灣省社會處。

臺北市教育局主編(民71)：臺北市幼稚園單元教學活動設計與指導。臺北：正中。

盧素碧指導（民74）：臺北市立托兒所活動單元。臺北：臺北市社會局。

國家圖書館出版品預行編目（CIP）資料

幼兒教育課程設計／陳淑琦著.
　--初版.-- 臺北市：心理, 1994（民 83）
　　面；　公分.--（幼兒教育系列；51015）
　含參考書目
　ISBN 978-957-702-076-5（平裝）

　1. 學前教育—課程

523.2038　　　　　　　　　　86008763

幼兒教育系列 51015

幼兒教育課程設計

作　　　者：陳淑琦

總 編 輯：林敬堯

發 行 人：洪有義

出 版 者：心理出版社股份有限公司

地　　　址：231 新北市新店區光明街 288 號 7 樓

電　　　話：(02) 29150566

傳　　　真：(02) 29152928

郵撥帳號：19293172　心理出版社股份有限公司

網　　　址：http://www.psy.com.tw

電子信箱：psychoco@ms15.hinet.net

駐美代表：Lisa Wu（lisawu99@optonline.net）

印 刷 者：玖進印刷有限公司

初版一刷：1994 年 1 月

初版三十一刷：2019 年 3 月

I S B N：978-957-702-076-5

定　　　價：新台幣 500 元